MARTINA RISSE (HRSG.)

VOLUBILIS

EINE RÖMISCHE STADT IN MAROKKO VON DER FRÜHZEIT
BIS IN DIE ISLAMISCHE PERIODE

SONDERBÄNDE DER ANTIKEN WELT

Zaberns Bildbände zur Archäologie

VERLAG PHILIPP VON ZABERN · GEGRÜNDET 1785 · MAINZ

MARTINA RISSE (HRSG.)

Volubilis
EINE RÖMISCHE STADT IN MAROKKO VON DER FRÜHZEIT
BIS IN DIE ISLAMISCHE PERIODE

Mit Beiträgen von Hassan Limane,
Abdelfattah Ichkhakh, Detlev Kreikenbom, Rachid Bouzidi und Sigurd Müller

mit Photos von Sigurd Müller

VERLAG PHILIPP VON ZABERN · MAINZ AM RHEIN

IV, 120 Seiten mit 157 Farb-, 16 Schwarzweiß- und 15 Strichabbildungen

Umschlag vorne: Ionische Kolonnade am *decumanus maximus* vor dem Gordianuspalast (vgl. auch Abb. 101 S. 72).

Umschlag hinten: Ausschnitt aus dem Mosaik «Arbeiten des Herkules». (Photo S. Müller)

Vorsatz vorne: Der zentrale und westliche Mittelmeerraum in der Mitte des 2. Jhs.n. Chr. (Zeichnung R. Szydlak).

Vorsatz hinten: Die Ruinen von Volubilis inmitten der fruchtbaren Ebene von El Gaada (vgl. auch Abb. 150 S. 100).

Frontispiz: Ausschnitt aus dem Mosaik «Bacchus entdeckt Ariadne» im «Haus des Reiters». (Photo S. Müller)

Die Deutsche Bibliothek – CIP-Einheitsaufnahme

Volubilis : eine römische Stadt in Marokko von der Frühzeit bis in die islamische Periode / Martina Riße (Hrsg.).
Mit Beitr. von H. Limane ... Mit Photos von S. Müller. – Mainz am Rhein : von Zabern, 2001
(Antike Welt ; Sonderbd.)
(Zaberns Bildbände zur Archäologie)
ISBN 3-8053-2664-5

© 2001 by Verlag Philipp von Zabern, Mainz am Rhein
ISBN 3-8053-2664-5
Gestaltung: Annette Nünnerich-Asmus und Ilka Schmidt, Verlag Philipp von Zabern, Mainz
Redaktion: Annette Nünnerich-Asmus, Verlag Philipp von Zabern, Mainz
Lithos: Scan Comp GmbH, Wiesbaden
Alle Rechte, insbesondere das der Übersetzung in fremde Sprachen, vorbehalten.
Ohne ausdrückliche Genehmigung des Verlages ist es auch nicht gestattet, dieses Buch oder Teile daraus
auf photomechanischem Wege (Photokopie, Mikrokopie) zu vervielfältigen oder unter Verwendung
elektronischer Systeme zu verarbeiten und zu verbreiten.
Printed in Germany by Aumüller Druck KG, Regensburg
Printed on fade resistant and archival quality paper (PH 7 neutral) · tcf

Inhalt

VORWORT	3	*Das Südviertel*	58
		Das Haus des Orpheus	58
ENTDECKUNGS- UND GRABUNGSGESCHICHTE	6	*Die Privathäuser des Stadtviertels am Ehrenbogen*	62
Britische Gesandte entdecken das «Schloß des Pharaos» – Französische Militärs erwecken die antike Stadt zu neuem Leben	7	*Das Nordostviertel*	67
		Ein Rundgang durch das Stadtviertel	67
		Der Stadtplan des Nordostviertels	68
MAURETANIEN BIS 40 N. CHR.	10	Breite Straßen und überdachte Bürgersteige	70
Phönizier, Karthager und Römer verfolgen ihre Interessen im Land der Berber	11	Der Plan der Herrenhäuser	71
Phönizier und Karthager in der Berberei bis 146 v. Chr.	11	Baumaterial	78
Mauretanien nach dem Fall Karthagos bis 25 v. Chr.	12	Konstruktionstechnik	79
Juba II. und Ptolemäus 25 v. Chr. – 40 n. Chr.	13	Das Haus der Venus	81
		Das Haus mit der Apsis	82

DAS VORRÖMISCHE VOLUBILIS — 15

*Die punisch-mauretanische Stadt –
3. Jh. v. Chr. – 40 n. Chr.* — 16
Volubilis – Eine Stadt entsteht — 16
Die Konstruktionstechnik — 18
Die punisch-mauretanischen Heiligtümer — 21

Die Wasserversorgung — 83

Die Mosaike von Volubilis — 88
Einführung — 88
Das Orpheus-Mosaik — 88

VOLUBILIS UND DIE RÖMISCHE PROVINZ MAURETANIA TINGITANA BIS 285 N. CHR. — 25

Das Land der Mauren wird romanisiert — 26

Der Wagen der Amphitrite — 90
Bacchus entdeckt Ariadne — 90
Die Arbeiten des Herkules — 90
Dionysos und die vier Jahreszeiten — 93
Die Nereiden — 94
Diana und die Nymphen beim Baden — 94
Hylas, von den Nymphen entführt — 95

DAS RÖMISCHE VOLUBILIS — 30

Die multikulturelle Bevölkerung und das öffentliche Leben — 31
Die Bevölkerungsstruktur — 31
Die städtische Administration — 31
Das religiöse Leben — 32

Bronzeplastiken in Wohnhäusern von Volubilis — 96

Landwirtschaft und Produktion — 100
Die Ölmühlen — 101
Die Bäckereien — 104

Die öffentlichen Gebäude im Stadtzentrum — 34
Das Forum — 34
Die Basilika — 37
Das Kapitol — 44

Volubilis und der Handel im Mittelmeer — 105

DAS NACHRÖMISCHE VOLUBILIS — 109

Einige Notizen zur islamischen Besiedlung von Volubilis — 110

Die öffentlichen Thermen — 48
Die Gallienusthermen — 49
Die Kapitolsthermen — 51
Die Nordthermen — 51

Volubilis und der erste König / Volubilis – Wiege Marokkos — 115

Der Ehrenbogen des Caracalla — 52
Die Reliefs — 53
Die Symbolik — 57

ANHANG — 118
Abkürzungen — 118
Literatur — 118
Anmerkungen — 119
Bildnachweis — 120
Adressen der Autoren — 120

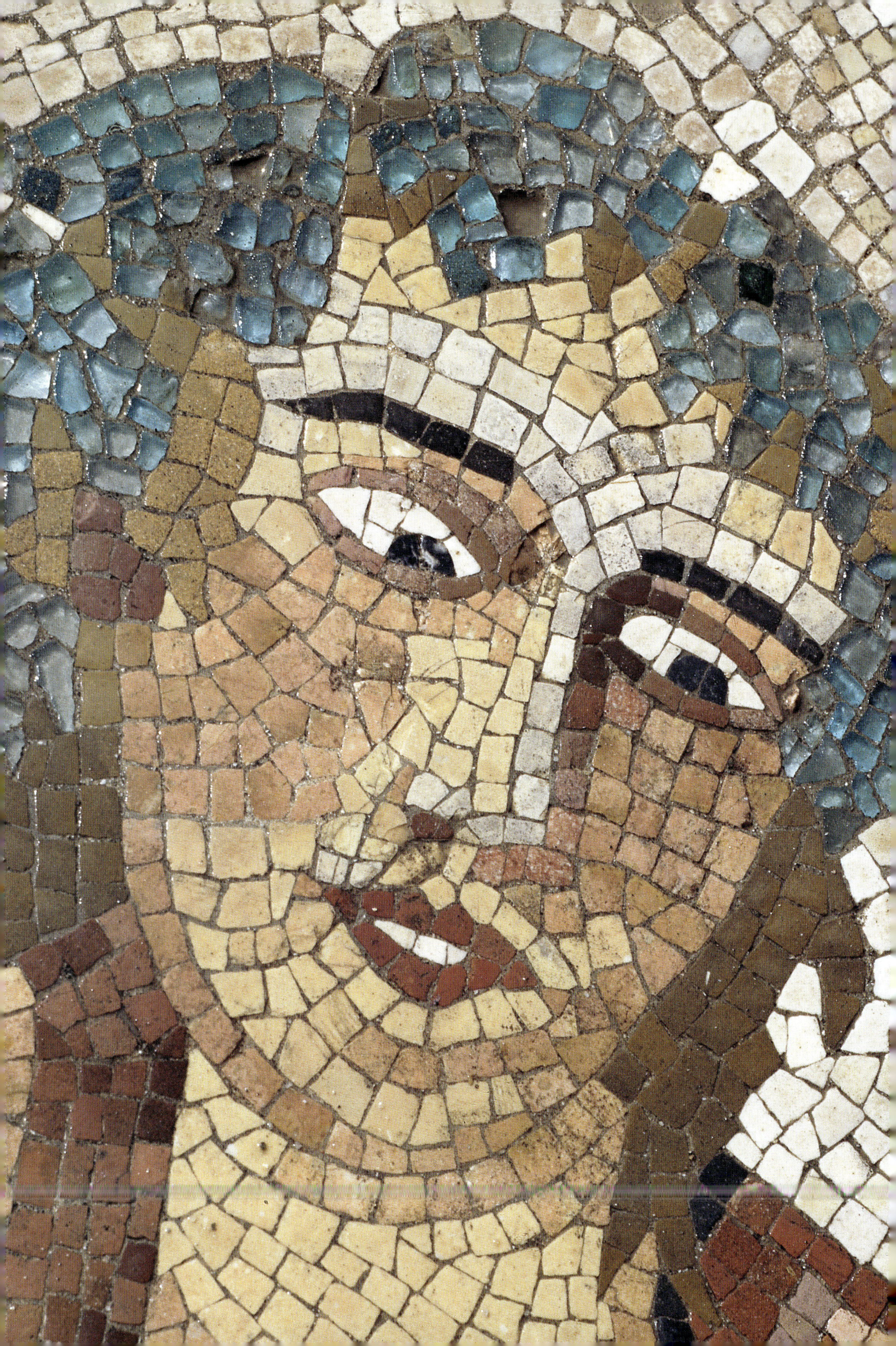

Vorwort

Die antike Stadt Volubilis, 1997 von der UNESCO in die Liste des Weltkulturerbes aufgenommen, gilt als die schönste römische Ausgrabungsstätte Marokkos. Der gute Erhaltungszustand der Ruinen und die grandiose landschaftliche Kulisse machen Volubilis zu einem der eindrucksvollsten römischen Orte in Nordafrika, der einen Vergleich etwa mit Timgad (Algerien) und Dougga (Tunesien) nicht zu scheuen braucht.

Das etwa 40 ha umfassende Ruinenfeld (Abb. 1) liegt auf einem durchschnittlich 400 m hohen Plateau inmitten der fruchtbaren Ebene von El Gaada zu Füßen des sich im Südosten erstreckenden Zerhoungebirges, einem Ausläufer des Riffs. Hier entspringt das kostbare Wasser, welches die beiden Flüßchen Oued Fertessa und Oued Khoumane speist, die Volubilis im Südosten und Westen umfließen (Abb. 2). Der römische Name «Volubilis» leitet sich von dem berberischen Wort «*Oualili*», Oleander, ab, der Pflanze, die noch heute an ihren Ufern gedeiht.

Etwa 180 km von Tingis (Tanger) entfernt, lag Volubilis im Landesinneren an der südlichen Grenze der römischen Provinz Mauretania Tingitana und somit gleichzeitig an der äußeren Peripherie des römischen Imperium. Die spezifische geographische Lage findet ihren Niederschlag in der wechselvollen Geschichte der Stadt: Der ökonomisch und strategisch günstige Standort führte schon im Neolithikum zu einer Nutzung des Gebietes und in der punisch-mauretanischen Epoche, genauer im 3. Jh. v. Chr., bildete sich hier eine erste Ansiedlung, die mit einer Befestigungsmauer umgeben war. Um die Jahrtausendwende ist Volubilis bereits zu einer der Residenzstädte des nunmehrigen römischen Klientelkönigtums «Mauretanien» avanciert und zwischen 40 und 285 n. Chr. eine reiche, blühende römische Provinzstadt, die zumindest zeitweilig den Sitz des römischen Statthalters beherbergt.

Und auch nach der römischen Okkupation wurde Volubilis weiterhin bewohnt. Epigraphische Dokumente, die den Zeitraum zwischen 599 und 655 n. Chr. abdecken, belegen die Anwesenheit einer christlichen Bevölkerung, die sich allerdings in den Westen der Stadt zurückzog. Gegen Ende des 7. Jhs. etablierte sich der Berberstamm der Auraba in «Walila», wie Volubilis nun genannt wurde. Diese nahmen 789 den heute in Marokko hochverehrten Heiligen Moulay Idriss auf, der von Volubilis ausgehend das erste muslimische Königreich im Maghreb gründete. Das 3 km östlich von Volubilis am Hang

Abb. 1 Volubilis, Blick über die fruchtbare Ebene. In der Bildmitte sind die ausgedehnten Ruinen der antiken Stadt zu sehen.

1 Haus des Orpheus
2 Gallienusthermen
3 rekonstruierte Ölmühle
4 Kapitol
5 Basilika
6 Forum
7 ~~Markt~~
8 Haus des Resultor
9 Nordthermen
10 Caracallabogen
11 Haus des Hundes
12 Haus des Kompaß
13 Haus des Epheben
14 Haus der Säulen
15 Haus des Reiters
16 Haus der Zisterne
17 Haus der «Arbeiten des Herkules»
18 Haus des Flavius Germanus
19 Haus des «Dionysos und der vier Jahreszeiten»
20 Haus der badenden Nymphen
21 Haus der Raubtiere
22 Haus im Westen des Palastes
23 Gordianuspalast
24 Haus des Unterrichtes
25 Haus ohne Namen
27 Haus mit den Halbsäulen
28 Haus der Nereiden
29 Haus der zwei Ölpressen
30 Haus der Sonnenuhr
31 Haus des Marmorbacchus
32 Haus des Goldstücks
33 Tangertor
34 Haus des Goldringes
35 Haus der Bronzebüste
36 Haus der Venus
37 Haus mit der Portikus
38 Haus mit dem Kleeblattbecken
39 Haus ohne Peristyl
40 Haus mit der Krypta
41 Haus der dicken Pilaster
42 späte Stadtmauer
43 Stadttor mit drei Toren
44 römische Stadtmauer
45 islamische Thermen
46 Tempel A
47 Tempel B
48 Tumulus und Tempel C

Vorwort

des Zerhoungebirges liegende Örtchen «Moulay Idriss» beherbergt das Grabmal des Heiligen – die bedeutendste Pilgerstätte in Marokko. Im 9. Jh. schließlich fanden Flüchtlinge aus dem maurischen Emirat Cordoba ihre Heimat in Walila und noch bis ins 11. Jh. belegen schriftliche Quellen die Existenz der Ansiedlung.

Die Stadtanlage, wie sie sich heute zeigt, ist das reiche Volubilis des 2. und 3. Jhs. n. Chr., einer Zeit, in der die Stadt ihre wirtschaftliche Blüte erlebte. Der sich auf dem höchsten Punkt des Plateaus ausdehnende monumentale Stadtkern beherbergt u.a. die Basilika, das Forum und das Kapitol. Der ganze Komplex, in severischer Zeit (193–235 n. Chr.) über Vorgängerbauten errichtet, ist teilweise rekonstruiert worden. Aus der gleichen Zeit stammt der Ehrenbogen des Caracalla an der Straßenkreuzung, wo die frühe Siedlungszone rund um das Stadtzentrum auf ein etwa in der 2. Hälfte des 1. Jhs. n. Chr. erschlossenes Viertel trifft. In den zahlreichen herrschaftlichen Peristylhäusern dieses sog. «Nordostviertels» befinden sich beachtliche Fußbodenmosaike in situ, die erst kürzlich restauriert wurden. 168/169 n. Chr. wurde das Stadtgebiet mit einer 2500 m langen Stadtmauer umgeben, die acht Tore und 40 Bastionen besaß und das neue Stadtviertel mit einschloß. Der gewaltige Mauerring darf als das am besten erhaltene städtische Befestigungswerk Nordafrikas gelten.

Während die vorrömische Epoche von Volubilis schon in zahlreichen Publikationen behandelt wurde, mangelt es an zusammenhängenden modernen Darstellungen des römischen Volubilis. Der vorliegende Bildband will nun versuchen, diese Lücke zu schließen. Obwohl der Schwerpunkt auf der römischen Zeit liegen wird, soll auf eine zusammenfassende Darstellung der Siedlungsgeschichte der vor- und nachrömischen Epoche nicht verzichtet werden, da nur in diesem Zusammenhang die zahlreichen Facetten des «Kulturerbes» von Volubilis beleuchtet werden können.

Neben der Vorstellung der archäologischen Relikte der verschiedensten Epochen, die, von einigen Ausnahmen abgesehen, mit eigens neu aufgenommenen aktuellen Photos präsentiert sind, stehen einführende historische Darstellungen. Gemäß den Erfordernissen moderner urbanistischer Forschung kommen auch Überlegungen zur ethnischen und sozialen Zusammensetzung der Bevölkerung, zu den Lebensbedingungen der verschiedenen Schichten und zu ihrem Einfluß in Politik und Verwaltung zur Sprache. Eingehend erörtert wird v. a. auch die ökonomische Basis der Stadt – die Produktion und Vermarktung der Agrarprodukte, insbesondere des Olivenöls, die innerhalb der handelspolitischen Strukturen des Imperium Romanum stattfinden mußte.

An dieser Stelle soll all denjenigen gedankt werden, die bei der Vorbereitung des vorliegenden Bandes helfend mitgewirkt haben. An erster Stelle sind hier die marokkanischen Kollegen der Konservation von Volubilis zu nennen, H. Limane, A. Ichkhakh und R. Bouzidi, die mich anläßlich meiner Aufenthalte in Volubilis geduldig unterstützt haben und wertvolle Hinweise und Autorenbeiträge lieferten. Danken möchte ich auch dem Institut National Des Sciences De L'Archéologie Et Du Patrimoine in Rabat, das bereitwillig die Genehmigung zur photographischen Aufnahme der Ruinen erteilte und während der Recherche die Unterbringung im Grabungshaus ermöglichte. Desweiteren sei den Autoren D. Kreikenbom und S. Müller für ihre bereichernden Beiträge, S. Müller besonders auch für die umfangreiche photographische Dokumentation und G. Dieck für seine freundschaftliche Hilfe gedankt. Zuletzt möchte ich den Mitarbeiterinnen des Verlages, insbesondere I. Schmidt und A. Nünnerich-Asmus, meinen Dank für die Hilfe bei der Gestaltung des Bandes aussprechen.

Bleibt zuletzt zu hoffen, daß die Gratwanderung bei der Konzeption des Bandes gelungen ist, die als potentielle Leser den interessierten Nichtfachmann wie den fachkundigen Archäologen gleichermaßen berücksichtigen möchte.

Abb. 2 Topographischer Stadtplan von Volubilis.

Abb. 3 Tafel der UNESCO am Haupteingang. Volubilis wurde am 6. Dezember 1997 in die Liste des Weltkulturerbes aufgenommen.

Entdeckungs- und Grabungsgeschichte

Britische Gesandte entdecken das «Schloß des Pharaos» – Französische Militärs erwecken die antike Stadt zu neuem Leben

Marokko im Jahre 1721: In der Bucht von Tétouan an der marokkanischen Mittelmeerküste, nicht weit von der Meerenge bei Gibraltar entfernt, ankert ein britisches Kriegsschiff. An Bord befindet sich eine diplomatische Delegation unter der Führung des königlichen Gesandten Kommodore Carl Stewart.

Marokko ist zu dieser Zeit unter dem strengen Regiment des Sultans Moulay Ismail (Abb. 4) ein relativ gefestigtes Königreich mit einer 150 000 Mann starken Armee. Moulay Ismail hatte bereits 1672 die Nachfolge des ersten Herrschers der Alaouitendynastie, Moulay er Rachids, angetreten und sollte noch bis 1727 das Land führen. Die Stammesunruhen im Landesinneren hatte er schon zu Beginn seiner Herrschaft dank seines schlagkräftigen Heeres niederwerfen können, aber nun muß er sich an den Küsten der europäischen Kolonialisten erwehren.

Die britische Delegation hat den Auftrag, mit dem Sultan einen Friedensvertrag auszuhandeln und die zahlreichen christlichen Gefangenen auszulösen. Der Bassa von Tétouan empfängt die Gesandten und geleitet sie an den Hof des Sultans in Meknès. Unter ihnen befindet sich auch der Historiograph John Windus, der uns eine interessante Reisebeschreibung hinterlassen hat: Bevor die Reisegesellschaft Meknès erreicht, schlägt sie ein letztes Mal ihr Lager auf. «*Um zehn Uhr lagerten wir uns in einem Felde; ein hier begrabener Heiliger Muley Idris, hat diesem Felde den Namen gegeben, auch die Stadt Fés angeleget, und ist er der erste arabische Prinz, welcher in der Barbarei regieret hat [...] Es ist auch in hiesiger Gegend eine Stadt, welche nach ihm genennet wird, und an dem Fuß des hohen Gebirges Zarhon lieget. Dieses Gebirge soll nach der Erzählung der Einwohner sich eben so weit als der berühmte Atlas erstrecken. Eine halbe Meile von dieser Stadt siehet man auf einem anmutigen Hügel die Bruchstücke eines sehr alten und prächtigen Schlosses, welches die Mohren «Cassar Pharaon» oder «Pharaons Schloß» nennen, aber von ihm nichts weiter zu berichten wissen, als daß er ein Christe gewesen [...]. Die obgedachten Rudera liegen ungefähr fünfunddreißig deutsche Meilen südwärts von Tetuan, und vier Meilen Nord-Ost von Mequinetz. Der im beigefügten Abriß befindliche Bau A [= Ehrenbogen des Caracalla] scheinet ein Stück von einem Triumphbogen gewesen zu sein; auf verschiedenen zerbrochenen Steinen sind Überschriften, wovon das meiste unter halb dem Schutt lieget [...] Siebzig Fuß von dem Bogen stand noch ein gutes Stück von dem vorderen Giebel eines breiten, viereckigen Gebäudes [G= severische Basilika]. [...] Von den vier Ecken ist noch etwas weniges übrig und stehen geblieben. Rund um den Berg, auf welchem dieses Schloß gebauet worden, ist noch der Grund einer Mauer zu sehen, welche zwei Meilen im Umkreise hält, und das Schloß [...] einschließet [...]. Der Bogen I [= eines der römischen Stadttore], welcher eine halbe Viertelmeile von den anderen Gebäuden entlegen ist, scheinet ein Torweg*

Hintergrundabb. S. 6: s. Legende zu Abb. 7.

Abb. 4   Moulay Ismail, 1672–1727 König von Marokko; Kupferstich aus der Reisebeschreibung des Engländers John Windus, 1725.

*gewesen zu sein und ist so hoch, daß ein Mann zu Pferde so eben hat hineinreiten können.»*¹ (Abb. 5).

Dies ist die erste bekannte schriftliche Nachricht, die wir in der Neuzeit von der römischen Stadt Volubilis erhalten. Anscheinend hat Windus diese noch nicht als römisch identifiziert. Die von ihm dokumentierten «Bruchstücke des christlichen Schlosses» sollen sich später als die Reste der römischen Basilika und des Ehrenbogens erweisen. Eine zeitgleiche Darstellung der Monumente findet sich in dem anonymen Werk *«Several Voyages to Barbary»*.² Der einzige Kommentar lautet: *«die Ruinen eines altertümlichen römischen Gebäudes, sechs Wegstunden von Meknès entfernt, an der Straße nach Tetouan»*. Der Kupferstich stammt von einem gewissen Henry Boyde, Kapitän eines von Piraten gekaperten englischen Schiffes, der unter den von Windus Delegation auszulösenden Gefangenen war.³ Die Übereinstimmung zu Windus Dokumentation zeigt, daß es sich um die gleichen Monumente handelt, hier jedoch als römisch erkannt.

Im 19. Jh., einer Zeit, in der sich die europäische Reiselust immer weiter entfernte Gebiete erschließt und besonders die Kolonialmächte im Zuge ihres wachsenden Interesses an Marokko vermehrt Delegationen in das Königreich schicken, mehren sich die Berichte über die *«römische Stadt in der Nähe von Meknès»*. Inzwischen hatte das Erdbeben, welches 1755 von Lissabon ausgehend auch Teile Marokkos erreichte, den Ruinen von Volubilis weiteren Schaden zugefügt. Es ist ein Deutscher, F. Freiherr von Augustin, der im Jahre 1830 Marokko bereist und dem wir weitere Zeichnungen und Beschreibungen der Ruinen verdanken (Abb. 6).⁴

1874 untersucht M. Charles Tissot, bevollmächtigter Minister Frankreichs für Marokko, im Zuge einer topographischen Analyse der ehemaligen römischen Provinz Mauretania Tingitana die antike Stätte. Nach mehreren fehlgeschlagenen Versuchen anderer Altertumsforscher, die in antiken Quellen erwähnte römische Stadt «Volubilis» zu lokalisieren, führt Tissot als erster den Beweis, daß die bisher als «Ksar Pharaon» bezeichneten Ruinen mit «Volubilis» zu identifizieren sind.⁵ Unter den zahlreichen Reiseberichten des 19. Jhs.⁶ sei noch der des englischen Offiziers Ph. D. Trotter erwähnt, welcher 1880 die ersten Photos der Ruinen aufnimmt.⁷

Im zweiten Jahrzehnt des 20. Jhs. startet in Volubilis eine Grabungskampagne beeindruckenden Ausmaßes. Inzwischen hatte sich, seit den Zeiten Moulay Ismails, die politische Lage in Marokko drastisch verändert. Abhängig von diversen Schwankungen der innenpolitischen Stabilität des Königreichs changierte auch der Einfluß der erstarkenden europäischen Länder. Schließlich, zu Beginn des 20. Jhs., kristallisieren sich Frankreich und Spanien als alleinige Kolonialmächte auf marokkanischem Boden heraus. 1912 werden die Grenzen zwischen dem französischen und dem spanischen Protektoratsgebiet

Abb. 5 Die Ruinen von «Ksar Pharaon» (Volubilis) wie sie Windus 1721 vorfand: A. Ehrenbogen des Caracalla; G. severische Basilika; I. eines der römischen Stadttore; Kupferstich aus der Reisebeschreibung des Engländers John Windus.

Abb. 6 Die Basilika im Jahre 1880 nach dem Erdbeben von 1755; Zeichnung des Freiherrn von Augustin.

Abb. 7 Angehörige des französischen Militärs posieren auf einem Pfeiler des Caracallabogens, Foto aus dem Archiv von Volubilis, aufgenommen während der ersten Grabungsarbeiten 1915–20.

Abb. 8 Marokkanische Archäologen und Studenten unter der Leitung des Konservators H. Limane bei der Freilegung einer insula im Nordostviertel, nordöstlich des Gordianuspalastes im Mai 1998.

abgesteckt. Die Spanier erhalten eine etwa 50 km breite Zone im Norden Marokkos (Hauptstadt Tétouan). Die Franzosen übernehmen quasi das ganze übrige Land. Der König von Marokko muß seine Residenz in die neue Hauptstadt des französischen Protektoratgebietes, Rabat, verlegen. Er bleibt zwar nominell Staatsoberhaupt, die faktische Macht liegt aber in der Hand des französischen Generalresidenten, dem Außenpolitik, Militär, Polizei und Finanzwesen unterstehen. Diesen Posten bekleidet von 1912–1916 und von 1917–1925 der berühmte General G. H. Lyautey. Tanger, als wichtiger Handelshafen für die übrigen Europäer, wird zu internationalem Gebiet erklärt. Blutige Kämpfe im ganzen Land folgen diesen Verträgen. Die Franzosen kontrollieren bis 1914 nur die Zentralebene und Oujda an der algerischen Grenze. Die vollständige Befriedung des Protektoratgebietes ist erst 1934 abgeschlossen und hat bis dahin 400 000 Marokkanern und 27 000 Franzosen das Leben gekostet.

General Lyautey begegnet uns im Zusammenhang mit der Erforschung von Volubilis wieder. Auf seine Anordnung werden nämlich zwischen 1915 und 1920 die ersten Grabungen in Volubilis durchgeführt, und zwar von französischen Militäreinheiten, die zeitweise auch deutsche Kriegsgefangene zu der Arbeit heranziehen. Mit der Leitung und der technischen Betreuung des Großprojektes wird L. Chatelain betraut, selbst Leutnant des Regiments und zukünftiger «1. Chef du Service des Antiquités du Maroc».

Mit erstaunlicher Schnelligkeit legen die Militärs die grundlegenden Strukturen der römischen Urbanisation frei: Den monumentalen Stadtkern mit der Basilika, dem Forum und dem Kapitol, das südlich anschließende Stadtviertel, die großen Thermenanlagen, den Ehrenbogen einschließlich seiner näheren Umgebung und die Trasse des *decumanus maximus* (Abb. 7). Als ein großer Nachteil dieses Vorgehens wird heute der Mangel an präziser archäologischer Dokumentation beklagt. Man verzichtete z. B. auf die Analyse der verschiedenen Siedlungsschichten, weshalb heute die punisch-mauretanische oder die islamische Epoche der Stadt nur schwer zu rekonstruieren ist.

Seitdem wurden die Grabungen in Volubilis kontinuierlich weitergeführt, so daß heute ein großer Teil des etwa 40 ha umfassenden Stadtgebietes archäologisch erschlossen ist. Nur punktuell erforscht wurde bisher der Westhang, wo sich die Bebauung bis zum Ufer des Oued Khoumane fortsetzt.

Die aktuellen marokkanischen Grabungen in Volubilis beschäftigen sich mit einer *insula* nördlich des *decumanus maximus* in der Nähe des Tangertores (Abb. 8) und dem Areal des sog. *Tumulus*, einem künstlichen Hügel in der Nähe der Nordthermen, der in der Vergangenheit die Archäologen zu allerlei Spekulationen verleitet hat.

Mauretanien bis 40 n. Chr.

Phönizier, Karthager und Römer verfolgen ihre Interessen im Land der Berber

Phönizier und Karthager in der Berberei bis 146 v. Chr.

Mit dem Vordringen der Phönizier bis in den äußersten Westen der damals bekannten Welt tritt Kleinafrika in das Licht der Geschichte. Auf der Suche nach immer mehr und immer neuen lukrativen Handelsgütern erreichen die Schiffe des alten semitischen Seefahrer- und Händlervolkes aus Kleinasien gegen Ende des 2. Jts. v. Chr. die Säulen des Herkules, die Passage zum Atlantik. Um 1110 v. Chr. gründen sie Gades, das heutige Cádiz, an der spanischen Südwestküste, etwas später Liks, das römische Lixus und heutige Larache, an der afrikanischen Atlantikküste (Abb. 9). Beide Städte sind etwa 100 km von der Meerenge entfernt und dienen als Handelskontore: Gades, im Delta des Guadalquivir, des antiken Baetis, in der Nähe der heute verschollenen, sagenumwobenen Hauptstadt des Königreiches Tartessos gelegen, fungiert als Verschiffungshafen für das Silber aus den Minen von Huelva und der Sierra Morena. Lixus ist Anlaufstelle für den Export der Produktion der Silberbergwerke im Atlas und der Goldfundorte im Wadi Draa. Neun Jahre nach Gades gründen die Phönizier Utika (Tunesien) an der Stelle, wo ihre von den Atlantikküsten kommenden, schwerbeladenen Schiffe nach Sizilien übersetzen, um den Meeresgraben der «großen und kleinen Syrten» vor der heutigen libyschen Küste mit seinen tückischen Gewässern zu umgehen. Überall im westlichen Mittelmeer werden die Küsten kolonial erschlossen. In Marokko ist eine wichtige Ansiedlung Russadir (Melilla). Karthago, etwas südlich von Utika, wird spätestens in der 2. Hälfte des 8. Jhs. v. Chr. von Phönikern aus Thyros gegründet. Während in der Folgezeit Phönizien selbst durch die Kämpfe mit den Assyrern geschwächt ist, übernimmt Karthago im 7. Jh. v. Chr. den Schutz der vor allem von den Griechen bedrohten phönizischen Kolonien im Westen des Mittelmeeres. Im 5. Jh. v. Chr. erstreckt sich der Machtbereich Karthagos bereits von der Westgrenze der Cyrenaica (Libyen) bis Gibraltar und umfaßt die Küstengebiete Nordafrikas und Südspaniens, den Westteil Siziliens, sowie die Inseln Sardinien und Malta.

Die phönizische und später die karthagische Expansion zeichnet sich bis ins 5. Jh. v. Chr. zunächst nur durch die Gründung von Handelsniederlassungen an den Küsten aus. Der Kontakt zur einheimischen Bevölkerung ist gering und beschränkt sich vorerst auf den «stummen Handel». Daher wissen wir heute nur wenig über die Urbevölkerung Nordwestafrikas zu jener Zeit. Die Berber oder griechisch «Libyer», die einen breiten nördlichen Gürtel des Landes bevölkern, leben, bedingt durch die von Gebirgen zerklüftete Landschaft, in zahllosen Stammesverbänden als halbnomadische Hirtenbauern. Doch um 450 v. Chr. beginnt Karthago damit, die Stämme des Hinterlandes zu unterwerfen und das Innere des Landes landwirtschaftlich zu erschließen. In der Folgezeit entwickelt sich eine libysch-karthagische Beziehung, die einen starken Einfluß auf Leben und Religion der autochthonen Berber ausübt.

Im Gebiet des heutigen nördlichen Marokko lebte zu jener Zeit das berberische Volk der Mauren. Deren Grenze war der Fluß Moulouya, der im Hohen Atlas entspringt und östlich von Melilla ins Mittelmeer mündet. In östlicher Richtung schloß sich das Land der ebenfalls berberischen Numider an, welches westlich an das karthagische Gebiet grenzte (s. Abb. 9). Die Berber scheinen zu diesem Zeitpunkt bereits unter Königen, bzw.

Hintergrundabb. S. 10: s. Legende zu Abb. 13a.

Abb. 9 Die phönizische Expansion im Mittelmeerraum.

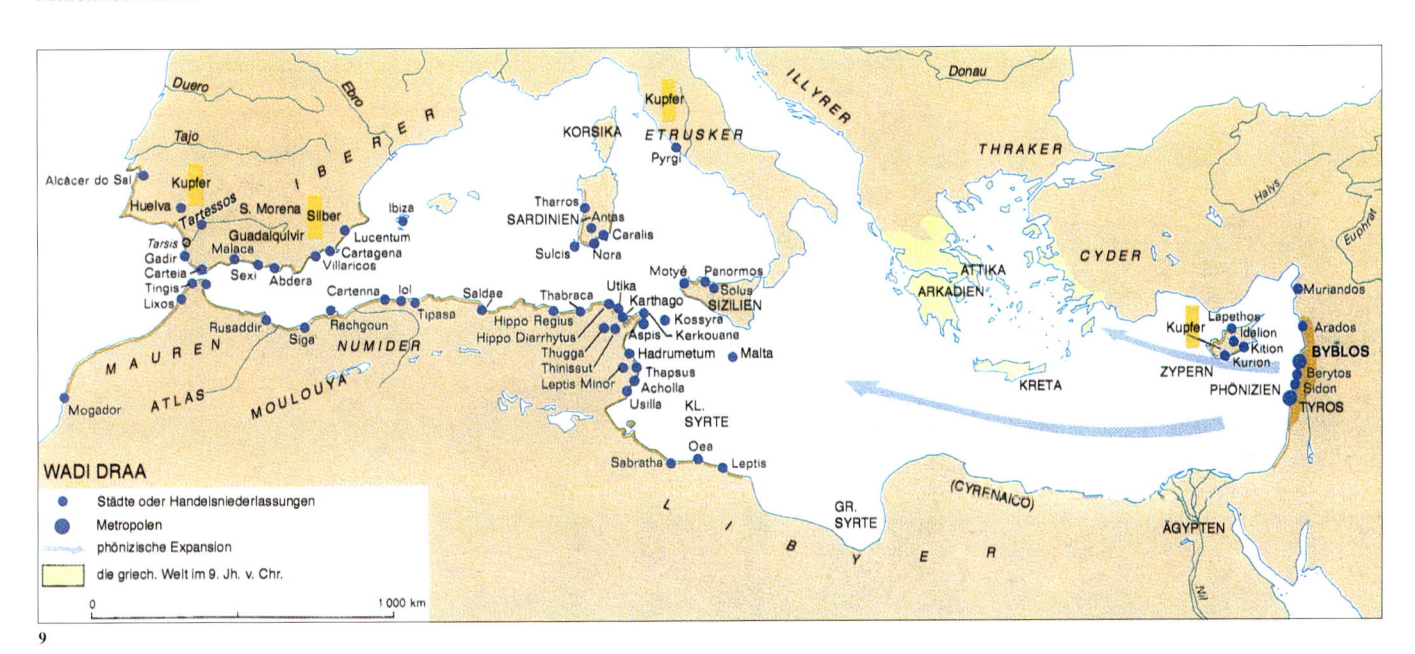

Stammesfürsten organisiert gewesen zu sein, denn antike Quellen berichten von maurischen und numidischen Königen, welche 406 v. Chr. mit ihren Truppen den Karthagern im Krieg gegen die Griechen beigestanden haben (Diodorus Siculus, Geschichte XIII 80,3).

Doch erst mit dem zweiten der punischen Kriege (218–201 v. Chr.), während derer das erstarkende Rom den Karthagern die Macht im westlichen Mittelmeer streitig macht, beginnt die, wenn auch lückenhafte, Überlieferung der Namen und Genealogien zumindest der numidischen Berberkönige, die an dem Geschehen regen Anteil nahmen. Die Mauren, deren Gebiet im äußersten Westen Nordafrikas weitab von Karthago lag, treten im Konflikt zwischen Rom und Karthago nur flüchtig in Erscheinung, weshalb ihre Geschichte zu jener Zeit noch weitgehend im Dunkel liegt. Sicher ist jedoch, daß sie gegen Ende des zweiten punischen Krieges die Kontrolle über die phönizischen Niederlassungen an ihren Küsten gewonnen haben, als deren wichtigste Tingis (Tanger) und Lixus (Larache) zu nennen sind.

Die Vernichtung der punischen Macht durch die Römer wird 146 v. Chr. mit der vollständigen Zerstörung Karthagos abgeschlossen. Faktisch endet damit die punische Herrschaft über Mauretanien.

Mauretanien nach dem Fall Karthagos bis 25 v. Chr.

In weiten Teilen Nordwestafrikas, darunter Mauretanien, lebt der Geist Karthagos jedoch weiter. Denn die Römer interessieren sich vorerst noch wenig für die Gebiete, die sie mit dem Sieg über Karthago gewonnen haben. So bleiben die unabhängigen numidischen und maurischen Berberkönigreiche weiter bestehen. Doch während in Numidien der von den Puniern initiierte «Zivilisationsprozeß» relativ schnell voranschreitet, lebt der größte Teil der Bevölkerung in Mauretanien weiterhin nomadisch oder halbnomadisch. Die urbanen Zentren an den Küsten, gegründet von den Phöniziern, und einige wenige größere Ansiedlungen im Inland sind jedoch längst mit seßhaft gewordenen, verstädterten Berbern durchmischt, die auch weiterhin unter einer punisch organisierten Administration leben und sogar hohe Ämter bekleiden – so auch in Volubilis, dessen Ursprünge mindestens bis ins 3. Jh. v. Chr. zurückreichen.

Gegen Ende des 2. Jhs. v. Chr. erscheinen die Römer zuerst in Numidien, um den dortigen König Jughurta (ca. 118–105 v. Chr.) zu unterwerfen. Der maurische König Bocchus I. (ca. 118–81 v. Chr.), Schwiegervater Jugurthas, greift in den Krieg ein, um seinem Verwandten zu helfen, liefert ihn schließlich aber den Römern aus. Zum Lohn erhält er Teile Westnumidiens. Er wird Verbündeter Roms, und ab diesem Zeitpunkt finden sich auch maurische Soldaten in den römischen Hilfstruppen. Nach seinem Tod 81 v. Chr. fällt das hinzugewonnene Gebiet wieder ab und wird von einem eigenen maurischen König regiert.

Im Jahre 49 v. Chr. – in Rom beauftragt der Senat Pompeius mit der Verteidigung der Republik gegen Caesar – sind in Mauretanien wiederum zwei Könige zu verzeichnen, Bogud II. (80–38 v. Chr.) im Westen und Bocchus II. (80–33 v. Chr.) im Osten. Dies sind die ersten maurischen Könige, die Münzen prägen lassen (Abb. 10. 11). Bogud formuliert die Legenden in lateinischer, Bocchus in punischer Sprache. Im Krieg zwischen Pompeius und Caesar schlagen sich die Könige zunächst auf die Seite Caesars, um für ihn gegen den numidischen König Juba I. (60–46 v. Chr.) zu kämpfen, der sich mit den Pompejanern verbündet hat. Doch später wechselt Bocchus auf die Seite des Pompeius. Juba I. wird 46 v. Chr. bei Thapsus von Caesars Truppen besiegt und begeht gemeinsam mit einem pompejanischen General Selbstmord.

In dem auf Caesars Tod (44 v. Chr.) folgenden römischen Bürgerkrieg zwischen Mark Anton und Oktavian (Augustus) stehen die mauretanischen Könige auf verschiedenen Seiten. In Abwesenheit Boguds fällt Bocchus in das westliche Mauretanien ein, um fortan über ein vereinigtes Königreich zu herrschen.

Nach seinem Tod 33 v. Chr. folgt eine ungeklärte Phase des Interregnums, bis Augustus 25 v. Chr. das Königreich annek-

Abb. 10a. b Silbermünze aus der Regierungszeit Bogud II (49–38 v. Chr.); a. Vorderseite: Büste der personifizierten «Afrika» mit einer Elefantenkopfperücke; b. Rückseite: Legende REX BOCV..., geflügeltes Phantasiewesen.

Abb. 11a. b Münze aus der Regierungszeit Bocchus II. (49–33 v. Chr.); a. Vorderseite: Bildnis Bocchus II., Legende BQ-S (Bocchus); b. Rückseite: nackte männl. Gestalt mit Thyrsosstab, kleiner Stier.

Abb. 12 Das römische Reich unter Augustus (27 v. – 14 n. Chr.).

tiert und es mit den westlichen Gebieten Numidiens vereinigt. Es umfaßt nun das heutige nördliche Marokko sowie fast das ganze nördliche Algerien (Abb. 12). Vorerst verzichtet Rom noch darauf, Mauretanien als Provinz in das Römische Reich einzugliedern, gründet aber auf dem Boden des nunmehrigen Klientelkönigreichs einige Kolonien, im Bereich des heutigen Marokko Iulia Constantia Zilil (Asilah), Iulia Campestris Babba und Iulia Valentia Banasa. Diese, sowie das bereits seit 38 v. Chr. in den Stand eines *municipium* gesetzte Tingis (Tanger), scheinen als römische Enklaven auf dem Gebiet des maurischen Klientelkönigtums gelegen der hispanischen Provinz Baetica administrativ unterstellt worden zu sein.

Juba II. und Ptolemäus
25 v. Chr. – 40 n. Chr.

Auf den Thron Mauretaniens setzt Augustus Juba II. (Abb. 13a. 149), den Sohn des numidischen Königs Juba I. Der junge Prinz war nach der Niederlage seines Vaters bei Thapsus als Geisel in Rom erzogen worden und gehörte zum engeren Kreis um Augustus. Unter anderem hatte er an der Schlacht vor Actium (31 v. Chr.) teilgenommen. Augustus hatte ihm das römische Bürgerrecht verliehen und ihn mit Kleopatra Selene verheiratet (Abb. 13b), der Tochter des klassischen Liebespaares Mark Anton und Kleopatra von Ägypten, die letzte Ptolemäerin, die nach dem Fall Ägyptens 30 v. Chr. ebenfalls in Rom aufgezogen worden war. Juba II. richtet sich seine Hauptstadt in Iol ein, einer ehemaligen punischen Handelsfaktorei, und benennt sie nach seinem Schutzherrn Caesarea (Cherchel, Algerien). Vielleicht machte er Volubilis zu seiner Residenz im Westen des Landes, wenn man der Argumentation einiger Wissenschaftler folgen will[8], die jedoch bisher nicht mit archäologischen Fakten belegt werden konnte. Sicher ist nur, daß sich zu jener Zeit in Volubilis eine rege Bautätigkeit entfaltete. Der einer numidischen Dynastie entstammende Berber Juba war in Rom zu einem gebildeten Mann erzogen worden, der ganz unter dem Einfluß der hellenistisch-römischen Kultur stand. Fast 50 Jahre lang regierte er das Königreich.

Nach seinem Tod 23/24 n. Chr. fällt die Herrschaft an seinen Sohn, der zu Ehren des mütterlichen Geschlechtes den Namen Ptolemäus trug. Er wird der letzte eingeborene König Mauretaniens sein. Schon zu Beginn seiner ca. 16jährigen Regierungszeit verhält er sich als treuer Vasall Roms. An der Seite des *proconsul Africae* kämpft er einen Aufstand numidischer und maurischer Stämme nieder. Als Anerkennung seiner Treue verleiht ihm Tiberius (14–37 n. Chr.) die *ornamenta triumphalis* (Ehrenabzeichen) und den Titel «*socius atque amicus populi Romani*», Bundesgenosse und Freund des römischen Volkes. Nichtsdestotrotz wird er im Jahre 40 n. Chr. nach Rom gerufen, wo er auf Geheiß seines Vetters Caligula (37–41 n. Chr.) ermordet wird. So berichtet Sueton (Kaiserbiographien. Caligula 35): «*Den Ptolemäus, [...] den er aus seinem Königreiche zu sich nach Rom entboten und freundlich aufgenommen hatte, ließ er [Caligula] ganz unvermutet und aus keinem anderen Grunde umbringen, als weil er sah, daß dieser bei dem Eintritt in das Amphitheater, wo Caligula ein Gladiatorenspiel gab, die Augen aller Zuschauer durch den Glanz seines prächtigen Purpurmantels auf sich zog.*»

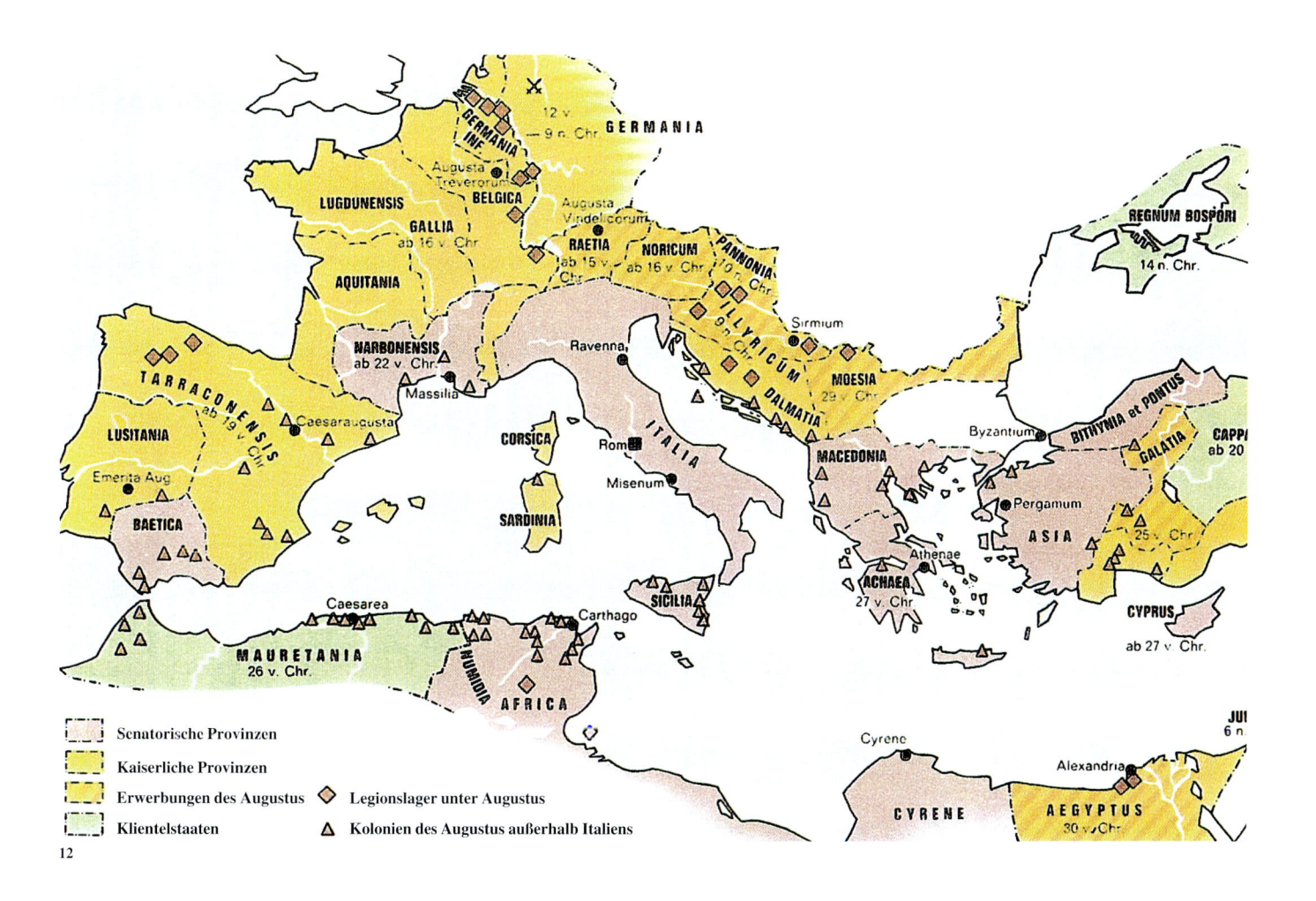

Als die Nachricht nach Mauretanien gelangt, zettelt ein Freigelassener des Ptolemäus namens Ademon eine Revolte der Berber gegen die Übernahme der Macht durch die Römer an, die in einem zähen Kleinkrieg niedergeschlagen wird. Volubilis schickt den Römern einen Hilfstrupp Soldaten unter der Leitung eines «Marcus Valerius Severus, Sohn des Bostar», der das Amt eines «Suffeten» innehatte und einer alteingesessenen Familie entstammte, zu Hilfe und beweist so seine Treue zu Rom. Inzwischen hatte dort Kaiser Claudius (41–54 n. Chr.) die Nachfolge Caligulas angetreten. Er teilt 41/42 n. Chr. das Klientelkönigtum Mauretanien in zwei Provinzen und gliedert diese endgültig dem Römischen Reich ein.

Abb. 13a. b Münze aus der Regierungszeit Jubas II. (25 v. – 23/24 n. Chr.); a. Vorderseite: Bildnis Juba II, b. Rückseite: Bildnis der Kleopatra Selene.

Das vorrömische Volubilis

Die punisch-mauretanische Stadt – 3. Jh. v. Chr. – 40 n. Chr.

Volubilis – Eine Stadt entsteht

Dort wo heute auf dem Plateau einer Anhöhe die Monumente des Stadtzentrums des römischen Volubilis zu sehen sind – Forum, Basilika und Kapitol – hatte sich bereits im 3. Jh. v. Chr. die erste befestigte, punisch-mauretanische Ansiedlung gebildet.[9]

Zu Beginn des 2. Jhs. v. Chr. ist diese erste Ansiedlung nicht mehr als ein bescheidener Marktflecken von etwa 3–4 ha Größe, jedoch umgeben von einer Befestigungsmauer, deren Verlauf man heute auf etwa 500 m nachvollziehen kann (Abb. 15). Im Osten folgt sie der zum Bett des Fertessa parallel verlaufenden Konturlinie der Anhöhe. Im Norden grenzt sie die Siedlung gegen das damals unbebaute Areal des Viertels um den Ehrenbogen ab. Über den Verlauf der Mauerabschnitte im Süden und Westen hat man bisher keine Erkenntnisse. Der Typus der Befestigungsmauer – gezahnt, mit vor- und zurückspringenden Abschnitten – entspricht der hellenistischen Tradition. Überall im westlichen Mittelmeer, sei es in Lixus (Marokko), Sagunt (Spanien), oder St. Blaise (Frankreich) weisen die punischen Ansiedlungen der hellenistischen Epoche Befestigungsmauern dieses Schemas auf.

Entlang der östlichen Mauer drängen sich die Häuser der ersten Ansiedlung ohne einen bestimmten Plan in einer Reihe eng aneinander und mit dem Rücken gegen die Mauer (Abb. 14). So bilden sie ein dichtes Konglomerat, welches nur von Zeit zu Zeit von schmalen Gängen (Abb. 16) durchbrochen wird, die zu zwei bis drei Ausfallpforten und dem Haupttor führten. Längs der in einer Linie ausgerichteten Häuserfronten verläuft eine Straße, die sich am Verlauf des Hügelkamms orientiert und das «Rückgrat» der punischen Hochstadt bildete (Abb. 17). In der römischen Epoche wird sie als *cardo* fungieren, d. h. als eine der Hauptachsen der römischen Stadt.

Westlich der axialen Straße sind die Häuser des Plateaus nach einem anderen Plan angeordnet: Die zu bebauende Fläche wurde durch orthogonale Straßen in voneinander unabhängige, verschieden große *insulae* aufgeteilt (Abb. 15. 10–17). Das Auftauchen einer ganz neuen ordnenden urbanen Struktur legt die Vermutung nahe, daß diese Bebauung später erfolgte.

Im Laufe des 2. Jhs. v. Chr. dehnt sich die Siedlung auf einer Fläche von ungefähr 12 ha aus und bedeckt nun die Hänge im Süden und Westen (Abb. 15

Hintergrundabb. S. 15: s. Legende zu Abb. 17.

*Abb. 14 Blick in Richtung Nordost über die dichte Urbanisation der Hochstadt (***insulae 8,7***), deren Häuser sich dicht an die östliche Stadtmauer anschlossen. Dieses Areal östlich der axialen Straße der punisch-mauretanischen Stadt ist die älteste Siedlungszone in Volubilis.*

Abb. 15 Volubilis, Plan der Siedlungszone der punisch-mauretanischen Epoche nach A. Jodin.

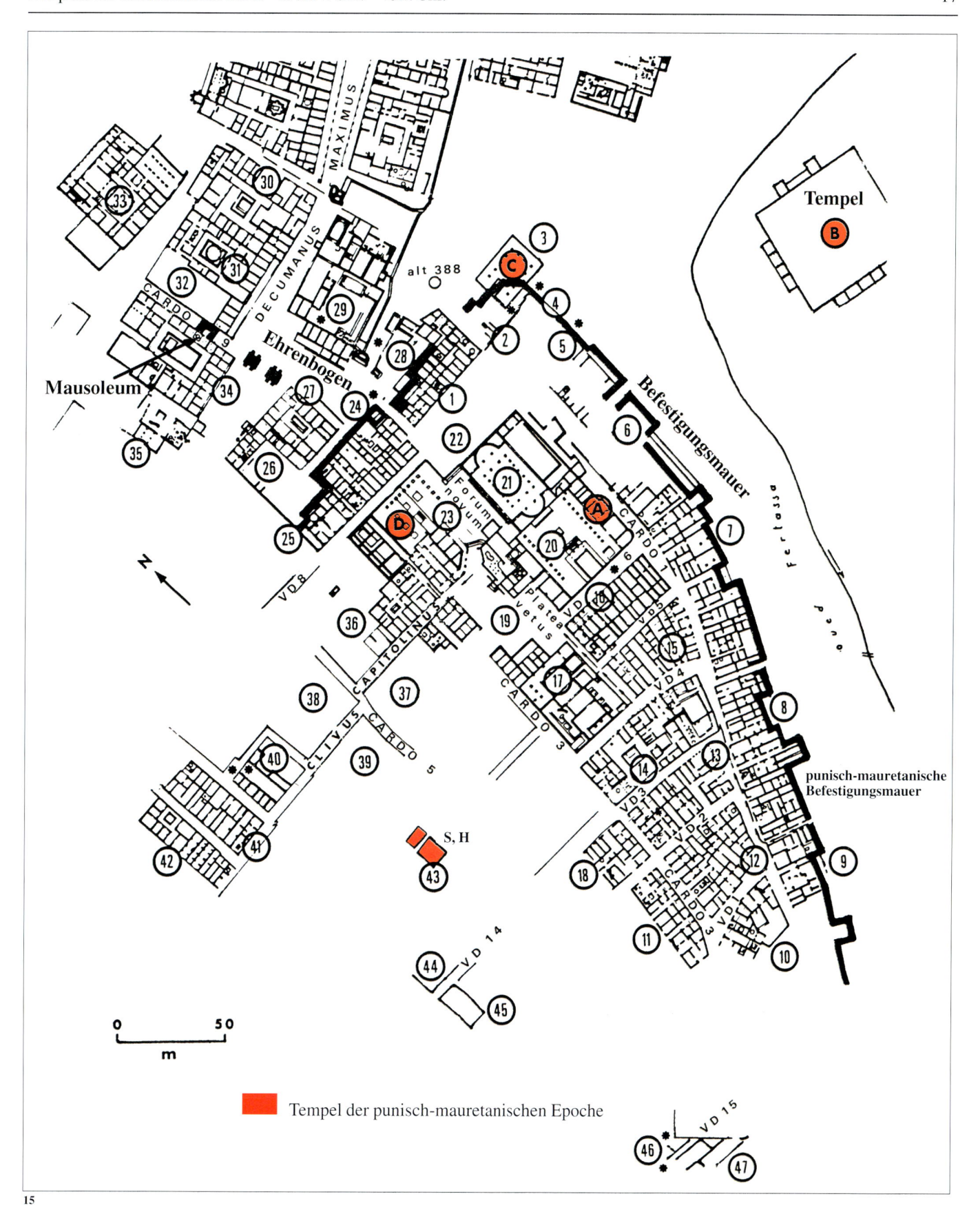

Die punisch-mauretanische Stadt – 3. Jh. v. Chr. – 40 n. Chr.

Nr. 36–47). Obwohl der Westhang (Abb. 18) bisher nur punktuell freigelegt wurde, läßt sich auch hier das gitternetzartige Straßensystem feststellen. Die Bebauung paßt sich dem Hang flexibel an. Die Differenz zwischen dem tiefsten Punkt des Areals auf dem Niveau des Oued Khoumane (330 m ü. M.) und dem höchsten Punkt des Plateaus (382 m ü. M.) ergibt ein Gefälle von 16%, dem die Baumeister Rechnung tragen mußten.

Tempel, Vorgängerbauten der großen Heiligtümer der römischen Epoche, lassen sich schon zu dieser Zeit nachweisen: Tempel D im Nordwesten des römischen Forums und ein großer Tempel A auf dem Gelände des späteren Kapitols.

Die Toten wurden außerhalb der ur-

Die Konstruktionstechnik

Zweifellos haben punische Baumeister die Architektur der entstehenden Stadt bestimmt, denn die Konstruktionstechnik ähnelt sehr derjenigen des vorrömischen Tunesiens. So können wir uns das Volubilis der vorrömischen Jahrhunderte so vorstellen, wie G. und C. Charles Picard die punischen Städte im Einflußbereich Karthagos beschrieben haben: «*Sie müssen den heutigen tunesischen sehr geglichen haben mit ihren von Tonnengewölben oder weißgekalkten Terrassen überdeckten Häusern. Ohne Zweifel waren die punischen Häuser ... nach der Straße zu verschlossen. Darin unterschieden sie sich grundsätzlich von den römischen, die mit ihren von ziemlich großen Fenstern durchbrochenen Fassaden erstaunlich modern wirken. Licht und Luft drangen nur sparsam durch die Innenhöfe in die punischen Behausungen. Während im römisch-afrikanischen Haus ... der von einer Portikus umgebene Patio das Herz der Wohnung war, begnügten sich die Punier oftmals mit bescheidenen Höfen, die auch nicht im Zentrum, sondern in einem Winkel des Baues lagen*».[11] Die einzelnen Gebäude weisen meist mehrere solcher Innenhöfe auf, um die sich die Zimmer der zahlreichen, separierten Wohneinheiten gruppieren. Es deutet einiges darauf hin, daß die Häuser des vorrömischen Volubilis mit den erwähnten Terrassen gedeckt waren, die aus einem mit Lehm verfüllten Lattenwerk bestanden.

Das Mauerwerk ist immer trocken gelagert und nicht mit Mörtel verbunden. Erst mit der Regierungszeit des Juba II. (ab 25 v. Chr.) wird die römische Technik eingeführt, Mörtel als Bindemittel im Mauerverband zu verwenden.

banen Grenzen im Norden der Ansiedlung bestattet. Von dieser Nekropole ist nur ein kleines Mausoleum überliefert (Abb. 19), über das im Zuge der Bebauung des Viertels eine Seitenstraße gelegt wurde. In römischer Zeit wurde es scheinbar als unterirdisches Sanktuarium, vielleicht des Mithraskultes, zweckentfremdet. Eine Treppe im Haus des Epheben führte zu ihm hinab.[10]

Im 1. Jh. v. Chr. expandiert die Stadt erneut. Sie überschreitet nun die nördliche Befestigungsmauer und okkupiert das Areal der alten Nekropole. Spätestens in diesen Zeitraum fällt die Errichtung des großen Tempels B auf dem gegenüberliegenden Ufer des Oued Fertessa außerhalb der Stadt. Auch zwei kleine Zwillingstempel G und H auf halber Höhe des Westhangs sind spätestens in diese Phase zu datieren. Unter Juba II., dessen Herrschaft 25 v. Chr. begann, scheint sich eine besonders rege Bautätigkeit entfaltet zu haben. Die «Stadt» erreicht ihre bis dahin größte Ausdehnung von 20 ha. Wahrscheinlich besaß Volubilis zu dieser Zeit bereits ein Forum (*platea vetus*), welches gern mit dem weiten Platz identifiziert wird, welcher sich westlich des römischen Kapitols erstreckt (s. u. «*Platea vetus* – das alte Forum von Volubilis?»).

Die verschiedenen vorrömischen Stadtviertel wurden unter der Herrschaft der Römer transformiert und neu bebaut.

Abb. 16 Schmale Passage zwischen den Häusern der insula 8, die in punisch-mauretanischer Zeit zu einer der Ausfallpforten der Stadtmauer führte.

Abb. 17 Blick entlang der axialen Straße, die in der punisch-mauretanischen Epoche das «Rückgrat» der Siedlung darstellte. Im Hintergrund die Säulen des römischen Kapitols.

Abb. 18 Blick in Richtung Westen über den Westhang, der zuerst im 2. Jh. v. Chr. besiedelt wurde. Im Vordergrund die Grundmauern der insula 40, einer der wenigen bisher hier freigelegten Sektoren. Im Hintergrund ist eine Windung des Oued Khoumane zu sehen, bis zu dessen Ufern sich die Stadt in römischer Zeit erstreckte.

17

18

Einigen Gebäuden verleihen homogene Mauern aus großen Steinen eine gewisse Monumentalität. Das älteste Mauerwerk scheint hier das «pseudo-zyklopische» zu sein, wie man es z. B. an der *platea vetus* oder der *insula* 33 vorgefunden hat (Abb. 20). Die Steine sind von verschiedener Größe und nur grob bearbeitet. Daneben gibt es Mauern aus Lagen von großen, zugeschnittenen Blöcken, bei denen die Zwischenräume mit Lagen aus kleineren Werksteinen verfüllt sind. Die elegantesten monumentalen Mauern weisen einen «isodomen» Mauerverband auf: Regelmäßig gestaltete große Blöcke, die sog. «*saxa quadrata*» bilden glatte Wände. In dieser Technik wurden die Tempel konstruiert (Abb. 21).

Den privaten Wohnhäusern genügten demgegenüber dünnere Wände aus luftgetrockneten Lehmziegeln, die einem Fundament aus Bruch- oder Werksteinen aufsaßen (Abb. 22). In den Winkeln wurden die Mauern verstärkt durch große Quader, die sorgfältig bearbeitet und mit einer bossierten Vorderfläche versehen wurden. Auch Abschnitte der Befestigungsmauer wurden in dieser Technik konstruiert (Abb. 23). Der in der Sonne getrocknete Ziegel war in der hellenistischen Epoche im gesamten Mittelmeerraum ein gebräuchliches Material und noch bis in die Neuzeit in Spanien als «*adope*» und in Marokko als «*mogdar*» bekannt. In Volubilis wurde der ungebrannte Ziegel bis zum Einzug der Römer eingesetzt.[12]

In den nahegelegenen Steinbrüchen bei Fert El Bir brachen die punischen Arbeiter oder Sklaven den reichlich benötigten Kalk- und Sandstein. Den harten Kalk-

Abb. 19 Der Eingang des Mausoleums aus dem 2. Jh. v. Chr., in römischer Zeit als Sanktuarium umfunktioniert und über das «Haus des Epheben» zugänglich.

Abb. 20 «Pseudo-zyklopischer» Mauerverband, insula 17. Die Steine sind von verschiedener Größe und nur grob bearbeitet.

Abb. 21 Tuffstein-Podium des Tempels H am Westhang, 1. Jh. v. Chr. Typisch ist der «isodome» Mauerverband. Regelmäßig zugeschnittene Blöcke bilden glatte Wände.

Abb. 22 Blick über die insula 9 in Richtung Südost; im Hintergrund, in der Mitte Lehmziegelwände der vorrömischen Zeit.

Abb. 23 Teil des nördlichen Abschnitts der punisch-mauretanischen Befestigungsmauer, konstruiert aus luftgetrockneten Lehmziegeln, insula 2.

Die punisch-mauretanische Stadt – 3. Jh. v. Chr. – 40 n. Chr.

22

stein konnten die Steinmetze der punischen Epoche ebenso bearbeiten wie die mürberen Gesteine, denn sie verfügten über gute handwerkliche Kenntnisse, wovon Basen und Kapitelle (Abb. 24), skulptierte Gesimse und gravierte Stelen Zeugnis ablegen.

Die punisch-mauretanischen Heiligtümer

Nachdem man wußte, daß die Zivilisation in Volubilis ursprünglich von den Puniern initiiert worden war, stellte man sich natürlich die Frage nach den Heiligtümern, die man mit Sicherheit hier zu erwarten hatte. Doch erst im Laufe der 50er Jahre, als man begonnen hatte, die bereits lokalisierten und grob freigelegten, großen römischen Tempel genauer zu untersuchen, stellte man fest, daß sie ausnahmslos auf weitaus älteren Strukturen basierten, die mittlerweile eindeutig der punisch-maurischen Epoche zuzuordnen sind, wenn auch bislang auf eine exakte Datierung verzichtet werden muß. Auch die Identifizierung der hier verehrten Gottheiten bleibt der zukünftigen Forschung überlassen. Kennzeichnend für die punisch-mauretanischen Kultanlagen sind die meist aus großen Tuffstein-

23

blöcken konstruierten «Podien», über denen sich die Sanktuarien erhoben.

Tempel A

Unter dem Kapitol der Zeit des Macrinus (217 n. Chr. geweiht) und seinen Vorgängerbauten aus antoninischer Zeit (138–192 n. Chr.) fanden sich noch weitaus ältere Spuren – Campanische Keramik des Typs B, typische Importware der punisch-mauretanischen Epoche, sowie Münzen Jubas' II. und Cleopatra Selenes auf dem Niveau weiträumiger konfuser Konstruktionen, die im Westen noch über das Gebiet des macrinischen Kapitols hinausreichten und heute auf das 2. Jh.

24a

24b

24c

24d

B = Kapelle

B

Altar

Haupt-
tempel

25

55 m

TEMPLE B

26

v. Chr. datiert werden. Integriert in diese älteste Bebauung mit um 90° verschobener Achse war ein monumentaler Altar von 4 m Seitenlänge, zusammengesetzt aus mächtigen *saxa quadrata*. Der monumentale Altar wurde von den Römern an Ort und Stelle belassen, und noch heute kann man ihn vor den Treppen des Kapitols bewundern. Ebenso respektiert wurde eine kleine vorrömische Kapelle (Abb. 25), deren Relikte in einem der Nebenräume des östlichen Flügels des römischen Kapitols zu finden sind: ein rechteckiges, hauptsächlich aus dicken Steinblöcken erbautes Podium, welches über drei Treppenstufen zu ersteigen war.[13]

Tempel B

Noch innerhalb der großen Stadtmauer liegen, völlig isoliert, auf einer Anhöhe des östlichen Ufers des Oued Fertessa die freigelegten Grundmauern des großen Tempels B[14], dessen Ursprünge auf die punische Zeit, wenigstens bis ins 1. Jh

v. Chr. zurückzuführen sind. Damals und auch im ersten römischen Jahrhundert lag er jedoch außerhalb der Stadt und nach dem heutigen Forschungsstand hat zu keiner Zeit eine Besiedlung des Gebietes stattgefunden.

Der annähernd quadratische Grundriß bedeckt eine Fläche von etwa 3200 m². In seinem letzten römischen Zustand, der auf das 3. Jh. n. Chr. zu datieren ist, bestand hier ein von Mauern umgebener Hof, der an drei Seiten mit Säulengängen ausgestattet war (Abb. 26). In seinem Zentrum beherbergt er heute noch drei Strukturen aus Stein, die an das Podium der vorrömischen Kapelle des Tempels A erinnern. Die aus großen Blöcken bestehende Konstruktion in der Mitte ist ebenso wie die etwas kleinere im Süden T-förmig angelegt. Beide weisen vorgelagerte Stufen auf. Das dritte Podium hat einen rechteckigen Grundriß. Über die drei Galerieseiten des Hofes gelangte man jeweils zu einer Reihe von kleinen Räumen. Das ganze Ensemble ist wie der Hof selbst gen Osten orientiert. Die spezifische Anlage des Heiligtums erinnert an den umfriedeten heiligen Bezirk der Phönizier und Karthager, den die Griechen «*temenos*» nannten. Er beinhaltete zahlreiche kleine Kapellen und freistehende Altäre und wurde später mit römisch beeinflußten Säulengängen versehen.

Neben spezifischen Architekturdetails weisen auch die numismatischen Funde in die vorrömische Epoche. Außer zehn neopunischen Münzen und zweien aus der Zeit Jubas' II. kamen aber 68 römische, die den gesamten Zeitraum der römischen Okkupation abdecken, zu Tage.

Das deutet darauf hin, daß das Heiligtum auch in römischer Zeit weiterhin besucht wurde.

Lange schrieb man den Tempel Baal und in seiner römischen Entsprechung Saturn zu. Wahrscheinlicher ist aber hier ein lokaler vorrömischer Kult anzunehmen, der sich eventuell später in einen römischen transformierte. Die überaus zahlreichen (815!), in diesem Tempel gefundenen Votivstelen konnten nicht zu einer Klärung des religiösen Hintergrundes beitragen, auch ihre Datierung ist ungewiß.[15] Manche haben einen eher frühzeitlichen Charakter, während andere zweifellos der römischen Epoche zuzuordnen sind. Sie zeigen in der Regel eine oder mehrere Personen, die offensichtlich eine kultische Handlung vollziehen. Die Darstellung ist aber so vereinfacht, daß man ihr keine präzisen Informationen betreffs des zelebrierten Ritus entnehmen kann. Zwei Drittel der Stelen besitzen einen Giebel und eine seitliche Rahmung mit Architekturelementen wie Pilastern oder Säulen. Die Form erinnert an die phönizisch-karthagischen «*naiskoi*», Votivstelen, die kleine Kapellen symbolisieren (Abb. 27). Das scheinbar älteste Stück (Abb. 27a) bildet zwei vor einem Altar stehende Priester ab, die typisch punisch mit Spitzhut (Tiara) und ungegürtetem Gewand bekleidet sind.

Tempel D

Im Nordwesten des severischen Forums lag in severischer Zeit eine großflächige Tempelanlage (s. u. «Das Forum»), in deren östlichem Bereich man ebenfalls Konstruktionen der vorrömischen Epoche

Abb. 24a–d Kapitelle aus Volubilis, die nach Jodin der punisch-mauretanischen Epoche der Stadt (3. Jh. v. – 40 n. Chr.) zuzuordnen sind, genaue Datierung ungewiß; a. Ionisches Kapitell, entspricht der punischen Tradition, heute aufgestellt am Hauptweg, der zu den Ruinen führt; b. Pseudo-korinthisches Kapitell, insula 23; c. Pilasterkapitell mit ionischen Elementen, insula 13; d. kegelstumpfförmiges Kapitell mit ionischen Elementen, insula 13.

Abb. 25 Grundriß des Kapitols, nach einem Plan aus BAM 18, 1989, überarbeitet von M. Riße.

Abb. 26 Grundriß Tempel B, nach H. Morestin.

Abb. 27a–d Votivstelen, aufgefunden in Tempel B, Datierung ungewiß.

freigelegt hat, die auf das 2. Jh. v. Chr. datiert werden. Wieder handelt es sich um zwei Podien mit vorgelagerten Treppenstufen. Es ist also anzunehmen, daß schon die punisch-mauretanische Stadt an dieser Stelle einen heiligen Bezirk mit kleinen Sanktuarien und Altären integrierte.[16]

Wenn man nicht generell davon ausgehen will, daß die erste Ansiedlung auf volubilitanischem Terrain von den Puniern initiiert wurde, so ist zumindest der punische Einfluß in der vorrömischen Stadt sehr stark gewesen. Inschriften in punischer (Abb. 28), neopunischer (Abb. 29) und libyscher (berberischer) Schrift bezeugen das Nebeneinander der Sprachen des einheimischen und des eingewanderten Kulturkreises. Dieselben Inschriften überliefern andeutungsweise die administrative Organisation des öffentlichen Lebens: An der Spitze der offensichtlich hierarchisch strukturierten Stadtgemeinde standen nach karthagischem Muster zwei «Suffeten», vergleichbar den Duumviri der römischen Epoche.

Volubilis betrieb zumindest in der Spätzeit der punisch-mauretanischen Periode einen regen Außenhandel, worauf die importierten Tongefäße aus Italien (aretinische und campanische Keramik, Amphoren Dressel 1) verweisen. Das fruchtbare Land in der Umgebung von Volubilis wurde für den Ackerbau nutzbar gemacht. Eine kürzlich vorgenommene Bodenprospektion hat 71 vorrömische Niederlassungen festgestellt, welche in der Ebene sehr dicht, in den Bergen und auf den Plateaus aber nur sporadisch aufeinanderfolgten.[17] So erscheint Volubilis schon in der Zeit vor der römischen Okkupation als ein durchorganisiertes, von Ackerbau, Viehzucht und Handel lebendes, blühendes Städtchen.

Abb. 28 Punische Votivstele (Février 1), 2. Jh. v. Chr., Lapidarium Volubilis.

Abb. 29   Neopunische Stele (Février 5), 1. Jh. v. Chr., Lapidarium Volubilis.

Volubilis und die römische Provinz Mauretania Tingitana bis 285 n. Chr.

Das Land der Mauren wird romanisiert

Nach der Ermordung des letzten maurischen Königs Ptolemäus (23/24–40 n. Chr.) auf Geheiß des römischen Kaisers Caligula im Jahre 40 n. Chr. wurde das Klientelkönigreich Mauretanien endgültig und mit allen militärischen und administrativen Konsequenzen den Strukturen des Imperium Romanum eingegliedert. Mauretanien wurde in zwei Provinzen unterteilt: Mauretania Tingitana im Westen mit der Hauptstadt Tingis (Tanger) umschloß im Wesentlichen das Gebiet des heutigen nördlichen Marokko (Abb. 30). Mauretania Caesariensis mit der Hauptstadt Caesarea (Cherchel) erstreckte sich über weite Teile des heutigen Algerien ungefähr bis auf die Länge des Hodnamassivs. Die Grenze zwischen beiden Provinzen bildete der Fluß Moulouya, der Jahrhunderte zuvor als natürliche Grenze zwischen Mauren und Numidern gedient hatte.

Doch zunächst bestanden die neuen römischen Provinzen nur auf dem Papier. Der Niederschlagung der sog. «Revolte des Ademon», Reaktion einiger Berberstämme auf die Ermordung des letzten maurischen Königs, folgten Eroberungsfeldzüge der kaiserlichen Legaten Suetonius Paulinus und Hosidius Geta, die den Römern das Land auch faktisch in die Hand gaben. Erst 43 n. Chr. scheint dieser Prozeß abgeschlossen gewesen zu sein.

Regiert wurden die mauretanischen Provinzen von zwei römischen Statthaltern, den *«procuratori augusti»*, welche dem Ritterstand angehörten und nur dem Befehl des Kaisers unterstanden. Die Römer unterschieden Provinzen des Kaisers mit einem *procurator* oder *legatus* an der Spitze und Provinzen des Senats, verwaltet von einem *proconsul*, der in der Regel die umständliche Senatorenlaufbahn absolviert hatte. Amtssitz der Prokuratoren der beiden mauretanischen Provinzen waren die beiden Hauptstädte. Es spricht jedoch einiges dafür, daß Volubilis zumindest zeitweilig eine wichtige Residenz des Statthalters der Mauretania Tingitana war. U. a. wurde in der Nähe des Tangertores nördlich des *decumanus maximus* der sog. «Gordianuspalast» freigelegt, der seinen Namen einer Inschrift zu verdanken hat, welche besagt, daß das Gebäude zur Regierungszeit Gordianus III. (238–244 n. Chr.) im Auftrag des Prokurators umgebaut wurde.

Unter den Römern, die etwa 245 Jahre in Mauretania Tingitana herrschen, bis sie sich ca. 285 n. Chr. bis in das Gebiet von Tingis zurückziehen, wird die schon in vorrömischer Zeit angelegte Infrastruktur der Provinz weiter ausgebaut. Während das unwegsame Riffgebirge im Nordosten eine Erschließung unmöglich macht, sind die zahlreichen Städte und Ortschaften der von Flüssen durchzogenen frucht-

Hintergrundabb. S. 26: s. Legende zu Abb. 31.

Abb. 30 Karte der römischen Provinz Mauretania Tingitana.

Abb. 31 Das Tangertor, eines der acht Tore der Stadtmauer aus der Zeit Marc Aurels, 168/169 n. Chr.

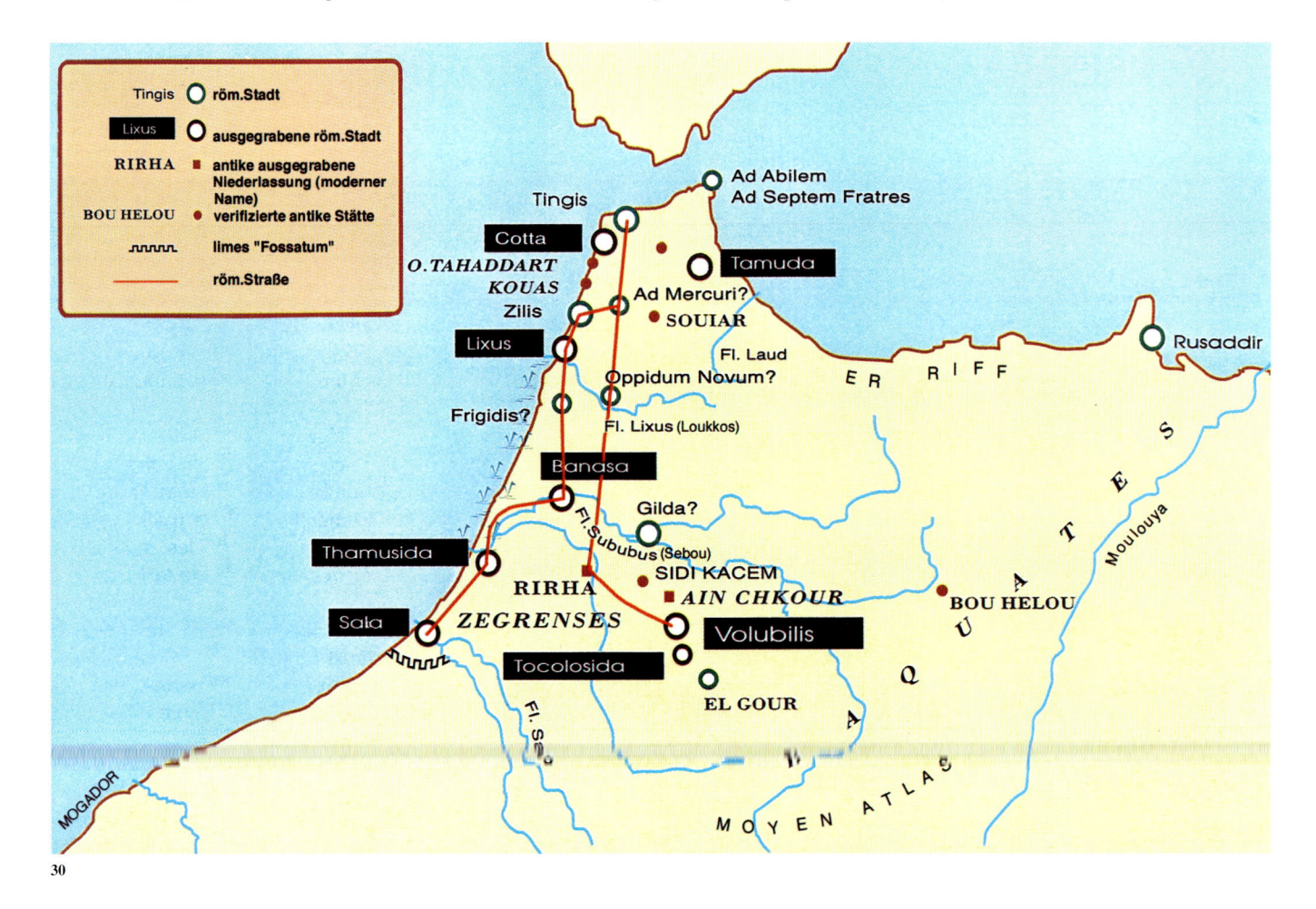

31

baren Ebenen im Westen der Provinz durch zwei große Hauptverkehrsadern miteinander verbunden. Von der alten Stadt Tingis (Tanger) in der Meerenge ausgehend führt die eine Route am Atlantik entlang bis Ad Mercurio, dem Sala (Rabat) südlich vorgeschobenen Posten, die andere bis Volubilis im Landesinneren (Abb. 30).

Die alten Städte werden romanisiert und im Laufe der Zeit mit den typischen römischen Bauten wie Aquädukten, Amphitheatern, Thermen und Basiliken versehen. Durch die intensive Nutzung des Ackerbaus, der Viehzucht und besonders durch die Kultivierung von Olivenbäumen entwickelt die Provinz einen gewissen Reichtum, nicht zuletzt deshalb, weil in Italien die Landwirtschaft längst nicht mehr die Bedürfnisse der Metropole zufriedenstellen kann und Rom immer mehr auf die Importe aus den Provinzen angewiesen ist – ein Zustand der um die Wende zum 3. Jh. n. Chr. kulminiert (s. u. «Volubilis und der Handel im Mittelmeer»). Aus dem Hinterland werden zudem Bodenschätze, Zedernholz, Elfenbein und wilde Tiere für die Zirkusspiele nach Rom exportiert. Hinzu kommen aus den Küstenstädten Garum, eine in Rom sehr beliebte Fischpaste, die z. B. in Cotta am Atlantik hergestellt wurde, und vielleicht der wertvolle Purpurfarbstoff, den schon Juba II. auf der Insel Mogador und auf den kanarischen Inseln produzieren ließ. Ob die Römer diese Zuchtanlagen für Purpurschnecken übernommen haben, ist noch nicht bekannt, aber sehr wahrscheinlich.

Volubilis wird bereits in der Anfangsphase des Anschlusses an das Römische Reich mit besonderen Privilegien versehen. Hatte es doch während der Revolte des Ademon treu zu Rom gestanden und einen seiner Suffeten, den oft genannten M. Valerius Severus an der Spitze von Hilfstruppen dem römischen Heer zur Seite gestellt und so zum Sieg der Römer über die aufständischen Stämme beigetragen. Doch die Volubilitaner halfen der Aufmerksamkeit Roms etwas nach. Sie schickten Severus mit einer Gesandtschaft nach Rom zu Kaiser Claudius (41–54 n. Chr.), der inzwischen Caligula abgelöst hatte. Die Mission war von Erfolg gekrönt. Volubilis erhielt den Status eines «*municipium*», welcher den registrierten Bürgern von Volubilis das römische Bürgerrecht zugestand. Das heißt, sie hatten das aktive und passive Wahlrecht, gehörten zu einer *tribus*, einer Bürgergemeinschaft, die oft mit einem alten Geschlecht gleichzusetzen war, und sie konnten in römischen Legionen dienen, waren allerdings auch dem römischen Zensus unterstellt. Zweitens wurde die Stadt für zehn Jahre vom Tribut befreit. Drittens überließ Claudius dem Magistrat von Volubilis das Hab und Gut derjenigen Einwohner, welche im Krieg gefallen waren und keine Erben hatten. Normalerweise wäre deren Vermögen an den Fiskus der Metropole Rom übergegangen. Desweiteren gestand er den Bürgern von Volubilis das «*ius conubiae*» zu, d. h. sie durften rechtsgültige Ehen mit peregrinen Frauen, freien Provinzbewohnerinnen ohne römisches Bürgerrecht, eingehen und konnten die aus der Ehe hervorgegangenen Kinder als römische Bürger anerkennen lassen. Schließlich schenkte er der Stadt «*incolae*», Einwohner. Eine gewisse Zahl Eingeborener, Familien oder Stammesgruppen aus der Umgebung wurden der Gerichtsbarkeit der Stadt unterstellt und waren verpflichtet, dieser Steuern zu zahlen.[18]

Im Laufe der 2. Hälfte des 1. Jhs. n. Chr. dehnt sich die Stadt gen Norden und Nordosten aus, wo die ersten Häuser des Nordostviertels eingerichtet werden. In die flavische Epoche (69–96 n. Chr.) fällt auch der Bau des Aquäduktes und dreier öffentlicher Thermenanlagen: eine kleines Bad im «Haus mit der Zisterne», die Kapitolsthermen und die großen Nordthermen. Doch ihre Blüte erreicht die Stadt gegen Ende des 2./Anfang des 3. Jhs. n. Chr. Unter den Severern (193–235 n. Chr.), die selbst aus Afrika kamen und immer eine besondere Vorliebe für die afrikanischen Provinzen behielten, wird das Stadtzentrum von Volubilis großflächig neu angelegt. Der Kapitolsbezirk wird restauriert und mit einem neuen Haupttempel versehen, eine große dreischiffige Basilika wird errichtet und vor ihr ein neues Forum installiert. Nicht zuletzt soll der imposante Ehrenbogen erwähnt werden, den die Volubilitaner zu Ehren des Kaisers Caracalla (211–217 n. Chr.) errichten. Dieser hatte der Provinz die rückständigen Steuern erlassen und mit der *«constitutio antoniniana»* allen freien Bewohnern des Imperium das römische Bürgerrecht verliehen.

Mauretania Tingitana bezog als südlichste Provinz an der Westgrenze und westlichste Provinz auf afrikanischem Boden innerhalb des römischen Herrschaftsgebietes eine relativ isolierte Position. Der Kontakt zur Nachbarprovinz Caesariensis war nur über den Seeweg möglich, da das Riffgebirge im Nordosten und der Mittlere Atlas im Südosten eine natürliche Barriere bildeten. Auch zu den hispanischen Provinzen im Norden auf der anderen Seite der Meerenge gelangte man nur zu Schiff. Gerade jedoch diese spezifische geographische Lage bedingte die strategische Bedeutung der Provinz als eine Art Sicherungszone, die Hispanien gegen maurische Einfälle aus Übersee schützen konnte.

Die Kontrolle des römischen Miltärs über die Tingitana blieb immer auf den breiten Küstenstreifen bis etwa zu der Linie Rabat – Meknès – Taza beschränkt. Die großen unwegsamen, unüberschaubaren Gebirge dienten den wilden, als Halbnomaden lebenden Berberstämmen, die nicht seßhaft geworden und teils von den Römern, teils von anderen Nomadenstämmen aus den fruchtbaren Ebenen vertrieben worden waren, als Rückzugsraum. Die weit verbreitete Annahme, die Provinz sei ständig Einfällen und Plünderungszügen dieser nicht unterworfenen Berberstämme oder Aufständen ihrer im römischen Gebiet lebenden Brüder ausgesetzt gewesen, wird in der neueren Literatur angezweifelt. Stattdessen scheinen die in antiken Quellen überlieferten «Maurenkriege» und «-kämpfe», die meist auch nur Numidia und die Caesariensis betreffen, zum größten Teil Ergebnis der bis 204/205 n. Chr. offensiv betriebenen römischen Grenzpolitik gewesen zu sein, die durch militärische Vorstöße weitere Gebiete im Süden hinzugewinnen wollte.[19]

In Volubilis bezeugen 12 Inschriften aus den Jahren 140–280 n. Chr. die friedlichen Beziehungen zwischen der römischen Besatzungsmacht und dem benachbarten Berberstamm der Baquaten. Ursprünglich auf dem Gebiet der Caesariensis lebend, war dieser langsam nach Westen gewandert und war spätestens seit der Regierungszeit des Antoninus Pius (138–161 n. Chr.) im Mittleren Atlas beheimatet.[20] Die älteste Inschrift[21] fällt denn auch bereits in diesen Zeitraum (140 n. Chr.). Sie besteht in einer einfachen Ehrung des römischen Kaisers durch den Baquatenfürsten (Abb. 32). Vielleicht war der Anlaß die Verleihung der römischen Bürgerrechte.

Die übrigen epigraphischen Dokumente[22] die mit dem Jahr 170 n. Chr. einsetzen, sind von den Statthaltern der Provinz gesetzte Weiheinschriften zu Ehren des jeweiligen römischen Kaisers anläßlich eines Treffens mit dem jeweiligen Führer der Baquaten. Der römische Statthalter bestätigt den Berberfürsten in seinem Amt, während dieser seinerseits das Friedensabkommen bekräftigt.[23]

Wie beständig und tiefgreifend dieser bis in die letzten Jahre vor Abzug der Römer bezeugte «Frieden» jedoch letztendlich war, muß offen bleiben und wird auch noch in Zukunft zu einer der am heftigsten umstrittenen Fragen in diesem Bereich gehören. Immerhin wurde die Stadt 168/169 n. Chr., also in etwa zeitgleich mit dem Beginn der besagten Inschriften, mit einem mächtigen Mauerring umgeben (Abb. 31), nachdem sie seit der Entfernung der alten Stadtmauer aus punisch-mauretanischer Zeit (etwa seit Juba II., 40 v. –23/24 n. Chr.) fast 200 Jahre lang eine solche hatte entbehren können.[24]

Einen besonderen Schutz genoß speziell Volubilis schon dadurch, daß die Stadt Teil des Limessystems der Provinz war. Den Limes in Nordafrika hat man sich nicht als von Anfang an starre Grenze vorzustellen, sondern er bestand aus einem sich im 1. und 2. Jh. n. Chr. langsam herausbildenden System von Militäranlagen, das die südliche Grenze nur punktuell sicherte. Einer dieser Punkte war Volubilis und die sich nach Westen erstreckende fruchtbare, dicht besiedelte Ebene. Drei Militärcamps – Toccolosida im Süden, Ain Chkor im Norden, beide nur 4 km von der Stadt entfernt, und Sidi Moussa Bou Fri im Westen in 20 km Entfernung – sowie zahlreiche Wachttürme, die untereinander in optischem Kontakt standen, bildeten ein dichtes Überwachungsnetz.[25]

Auch Sala am Atlantik war durch ein eigenes militärisches Sicherheitssystem geschützt, die sog. «Fossa»: ein etwa 10 km langes geschlossenes Verteidigungswerk, bestehend aus einem 4 m breiten und 2 m tiefen Graben (*fossa*), der an der Innenseite durch einen Wall und außen durch eine 1 m breite Mauer verstärkt war.

Zwischen den beiden südlichsten, etwa 110 km voneinander entfernten Städten der Provinz, Sala am Atlantik und Volubilis im Landesinneren, gab es keinen Verbindungsweg, keine nennenswerte römische Besiedlung und keine Militärcamps. Stattdessen scheint der weiter nördlich von Ost nach West die Ebene des Rharb durchquerende Fluß «Sebou» eine natürliche Grenze gebildet zu haben. Entlang der als Handelsweg dienenden Wasserstraße lagen jedenfalls große befestigte Orte, als deren wichtigste Banasa und Thamusida zu nennen sind (Abb. 30).[26]

Die Besatzung der militärischen Anlagen bestand in der Tingitana aus sog. «Auxiliartruppen», d. h. Hilfstruppen, die sich aus freien Einwohnern des römischen Reiches, die in der Regel nicht das römische Bürgerrecht besaßen, und Verbündeten zusammensetzten. Allerdings konnte ein Auxiliarsoldat nach 25 Jahren Dienstzeit den Rechtstatus eines römischen Bürgers verlangen. Die Truppen konnten Kavallerie und Infanterie, aber auch Spezialeinheiten wie Bogenschützen und Schleuderer umfassen. Die Stationierung erfolgte nicht unbedingt im Rekrutierungsgebiet, sondern in allen Gebieten des Reiches. Insgesamt waren in der Tingitana 8000–9000, in der Caesariensis etwa 10 000 (1. Jh. n. Chr.) – 15 000 (3. Jh. n. Chr.) Auxiliarsoldaten stationiert. Die nächste römische reguläre Militäreinheit, die *«legio III Augusta»*, die wie alle Legionen eine Stärke von ungefähr 6000 Mann gehabt haben muß, war weit entfernt. Sie war in der Provinz *«Numidia»* stationiert, die 40 n. Chr. von der senatorischen Provinz *«Africa proconsularis»* abgespalten und einem kaiserlichen *legatus* unterstellt worden war.

Abb. 32 Widmung des Aelius Tuccuda, Herrscher des Berberstammes der Baquates an Antoninus Pius, 140 n. Chr., Lapidarium Volubilis.

Die Volubilis am nächsten gelegenen Garnisonen waren im Norden Ain Chkor und im Süden Toccolosida, beide etwa 4 km von der Stadt entfernt. Das Kastellum (Militärlager) von Toccolosida wurde Ende des 1. oder Mitte des 2. Jhs. n. Chr. innerhalb einer bestehenden Ansiedlung angelegt.[27] Inschriften belegen die Anwesenheit der «ala augusta» und der «ala hamiorum».[28] Alen waren Kavallerieeinheiten der Hilfstruppen, meist 500 Mann stark. In Ain Chkor konnte ebenfalls ein Kastellum bestätigt werden – eine quadratische Anlage mit einer Befestigungsmauer, über die an den vier Eckpunkten und den Geraden Wachttürme auskragten. 232 n. Chr. wurde das Kastellum durch ein neues ersetzt.[29] Seit 57 n. Chr. läßt sich hier die Stationierung der «cohors I. Asturum et Callaecorum» nachweisen[30], eine Infanterieeinheit der Auxiliartruppen, die unter ihren 500 leichten Soldaten auch Berittene enthalten konnte.

Im Laufe des 3. Jhs. n. Chr. – Rom wird von schweren innenpolitischen und ökonomischen Krisen geschüttelt, die äußeren Grenzen des Reiches werden von benachbarten Völkern bedroht – zerbröckelt die römische Macht in Nordwestafrika. In der Provinz Mauretania Tingitana ziehen sich die Römer 285 n. Chr. bis in das Gebiet um Tingis (Tanger) zurück. Volubilis wird evakuiert. Zumindest verläßt der gesamte Verwaltungsapparat die noch zuvor rege Stadt und mit ihm auch die Bevölkerungsschichten, welche von der Infrastruktur und dem Schutz des römischen Imperiums abhängig waren – die Grundbesitzer, Produzenten und Händler und die unter ihnen arbeitenden Angestellten und Sklaven. Darunter befanden sich wohl auch alte angestammte punische und maurische Familien, die romanisiert und vollständig in das städtische Leben integriert waren. Zurück bleibt eine berberische, arme Bevölkerung, die sich in den Westen der Stadt zurückzieht.

Das römische Volubilis

Die multikulturelle Bevölkerung und das öffentliche Leben

Die Bevölkerungsstruktur

Bedingt durch den Lauf der Geschichte, welcher die verschiedensten Völkerschaften an die Küsten Mauretaniens verschlug – sei es aus merkantilen Gründen wie die Punier, sei es aus imperialistischen Interessen wie die Römer, oder sei es aufgrund des persönlichen Schicksals wie die Soldaten oder die jüdischen Flüchtlinge – bildete die Bevölkerung von Volubilis ein buntes Gemisch von Angehörigen verschiedenster Völker und Rassen. Nicht zu vergessen sind natürlich die Bewohner einheimischer Abstammung, die sich schon während der Zeit der mauretanischen unabhängigen Königreiche (ca. 3. Jh. v. Chr.–33 v. Chr.) in der Stadt niedergelassen hatten.

Es sind besonders die ungewöhnlich zahlreich aufgefundenen Inschriften (ca. 300 für diesen Zweck verwendbare), die uns die Namen und die Genealogien, oft auch das bekleidete Amt der Bewohner von Volubilis überliefern.[31] So nennen z. B. vier punisch beschriftete Stelen (Abb. 33) aus der Zeit des 2./Anf. des 1. Jhs. v. Chr. 13 semitische Namen, phönizische (z. B. Aris), punische (z. B. Banno) und libysche (berberische, z. B. Gaia).[32] Auch in der Folgezeit unter römischer Herrschaft tauchen noch rein libysche und punische Namen auf. Erstaunlich häufig trifft man jedoch Namen, die erfahrungsgemäß als typisch für romanisierte Berber gelten dürfen (z. B. Felix, Honoratus, Rogatus, Saturninus, Urbanus). Der prozentuale Anteil dieser Gruppe, gemessen an der Zahl der übrigen von den Inschriften abgeleiteten Namen anderer völkischen Ursprungs, ist so hoch, daß sich daraus schließen läßt, daß die autochtone Einwohnerschaft der Punier und Berber den größten Bevölkerungsanteil gebildet hat.

Unter den Westeuropäern finden sich Zugezogene aus den Provinzen Hispania, Gallia, Britannia, Germania und natürlich Italia, wobei der spanische Anteil, erklärbar durch die geographische Nähe der Provinz, besonders hoch ist. Italiker waren demgegenüber in relativ geringer Zahl in der Bevölkerung vertreten. Allerdings bekleidete zumindest eine große italische Familie, die Ocratii, wichtige Funktionärsposten. Auch von Griechenland, den Donauländern und dem Balkan fanden manche ihren Weg nach Volubilis. Die Inschriften erzählen auch von Semiten aus Judäa, Syrien und Arabien, welche in ihrer Eigenschaft als Kaufleute oder Soldaten in die Stadt am anderen Ende des Mittelmeeres gekommen waren. Man kann sogar annehmen, daß es in Volubilis eine jüdische Gemeinde gegeben hat, denn eine Grabinschrift in hebräischer Sprache erinnert an einen gewissen «Kaikilianos, Vater der Synagoge». Drei weitere hebräische Inschriften erwähnen den Titel «Rabbi».[33]

Die städtische Administration

Die multikulturelle Bevölkerung von Volubilis wurde seit der endgültigen Eingliederung in das Imperium Romanum als Provinz Mauretania Tingitana 40 n. Chr. einer römischen Verwaltungsstruktur unterstellt. Diese bezog sich nicht nur auf die provinzielle Ebene, sondern auch auf die städtische. Hatten vorher noch zwei «sufetes» nach karthagischem Beispiel die obersten Ämter des städtischen Lebens innegehabt, so sind es nun nach römischem Muster die «duumviri». Diesen ist die gesamte Administration unterstellt. Sie besitzen u. a. auch die judikative Gewalt und leiten in dieser Funktion die Gerichtsverhandlungen, die seit severischer Zeit wohl in der neuerrichteten Basilika abgehalten wurden. Ihnen unterstehen zwei «aediles», welche die Polizei, die öffentlichen Bauarbeiten und die Wochenmärkte kontrollieren.

Daneben gibt es den Magistrat, auch «curia» genannt, eine Art städtischer Rat, dem «decuriones» vorstehen. Sie rekrutierten sich in Volubilis aus alten eingesessenen Familien. Er scheint keinen bedeutenden Einfluß auf das städtische Leben genommen zu haben, denn seine Aktivitäten beschränken sich auf die Zustimmung zur Errichtung von Monumenten und Ehrenstatuen. Die Zugehörigkeit zum Magistrat war offensichtlich mehr eine Frage der Abstammung als das Ergebnis freier öffentlicher Wahlen, denn eine Inschrift aus Chellah ist einem fünfjährigen Mädchen gewidmet, welches bereits in diesen jungen Jahren den Titel eines Dekurio trug. Das unter den Severern neu angelegte Forum, dessen Zugänge durch Tore verschlossen werden konnte, diente sicher als Versammlungsort der Bürgerschaft, wo diese, separiert von dem regen Treiben der Stadt, den Proklamationen der Magistrate lauschen konnte.

«Quaestores», die normalerweise ein gewichtiges Element des städtischen rö-

Hintergrundabb. S. 30: Blick durch das Tangertor auf das Nordostviertel.

Abb. 33   Punische Grabstele (Fevrier 4), 2. Jh. v. Chr., Lapidarium Volubilis.

mischen Verwaltungsapparates darstellten, denen nämlich das «Finanzamt» unterstand, konnten sich in Volubilis erstaunlicherweise nicht nachweisen lassen.

Die Inschriften überliefern insgesamt vier verschiedene Administrationsposten mit den Namen der dazugehörigen Amtsinhaber: 11 Dekurionen, 6 Ädilen, 6 Duumvirn und 14 Suffeten, verteilt auf 14 Personen. Die Hälfte von diesen entstammt dem Geschlecht der Caecilii, dem wir in Volubilis immer wieder begegnen. Das Beispiel des Marcus Valerius Severus, Sohn des Bostar, punischer Abstammung, vor 42 n. Chr. Suffet und später Duumvir, zeigt, daß die Administration zwar nach römischem Muster umgestaltet wurde, daß aber die Persönlichkeiten, bzw. Familien über den Wechsel hinweg ihre dominante Position behielten. Einige ursprünglich aus volubilitanischen Familien stammende Persönlichkeiten erreichten sogar in der Metropole Rom die höchsten Ränge. Bekannt ist ein gewisser «T. Ocratius Valerianus», der Ende des 2. Jhs. n. Chr. dem Senat angehörte oder «M. Antonius Navillus Asiaticus», der das hohe Amt eines ritterlichen Prokurators bekleidete.[34]

Das religiöse Leben

Nur wenig weiß man über die Götter, welche in Volubilis verehrt wurden. Die stark zerstörten Tempel gaben wenig her, was auf spezifische Kulte hätte schließen lassen. Dies ist sicher damit erklärbar, daß die Stadt während des Rückzugs der Römer wahrscheinlich generalstabsmäßig evakuiert wurde und danach noch weiterhin von der zurückbleibenden ärmeren Bevölkerungsschicht bewohnt wurde. Diese bestand hauptsächlich aus christianisierten Berbern. Wenn nicht diese schon eventuell zurückgelassene wertvolle Gegenstände entwendet und die «heidnischen» Bildwerke zerstört hatten, so geschah dies doch spätestens mit dem Erscheinen der ersten Muslime. Selbst die im großen Haupttempel des severischen Kapitols verehrten Götter bleiben unbekannt. Die oft unterstellte Weihung des Tempels an die drei römischen Hauptgottheiten Jupiter, Juno und Minerva bleibt unbewiesen, gilt aber als wahrscheinlich. So verbleiben nur überlieferte Werke der Kleinkunst, epigraphische Zeugnisse und dekorative Motive, an denen man die religiösen Vorlieben der «multikulturellen» Gesellschaft von Volubilis ablesen kann.

Die Liebesgöttin Venus begegnet in Gestalt von öffentlichen Widmungen in verschiedenen Variationen. Auf dem Gelände des Kapitols wurde z. B. eine Inschrift gefunden, die sich an «Venus Augusta»[35] wendet. Sie ist wahrscheinlich einer kleinen Kapelle der östlichen Flanke des Tempelbezirks zuzuordnen und bezieht sich auf Venus als siegesverleihende Patronin des Kaiserhauses. Ursprünglich war sie als «Venus Genetrix» zur Stammutter der Julier (31 v.–68 n. Chr.) erklärt worden. In der Mosaikkunst taucht Venus z. B. mit ihrem Gefolge als Motiv in einem Herrenhaus des Nordostviertels auf (Haus der Venus, heute Museum Rabat).

Ceres, Merkur und Fortuna sind mit kleinen Bronzebildnissen vertreten, die man in den großen Privathäusern gefunden hat. Die Affinität zu diesen Gottheiten, die u. a. eine fruchtbare Ernte, erfolgreichen Handel und Glück versprechen, ergibt sich aus den Lebensumständen der Bewohner, die sich ihr Brot mit der Produktion von Agrarerzeugnissen und der Vermarktung derselben verdienen.

Erstaunlicherweise trifft man die in Nordafrika häufig verehrten punischen Götter Baal und Tanit in Volubilis nicht an, obwohl doch die punisch durchsetzte Bevölkerungsstruktur ein solches erwarten ließe. Auch die maurischen Naturgottheiten und Genien, die z. B. in der Provinz Numidia verehrt wurden, sind hier nicht vertreten. Allerdings geht man heute davon aus, daß im großen Tempel B auf der der Hochstadt gegenüberliegenden Seite des Baches Fertessa eine einst lokale, später römisch transformierte Gottheit verehrt wurde.

Spezifisch geographisch bedingt scheint auch die in Volubilis zu beobachtende Beliebtheit des griechisch-römischen Heroen Herkules zu sein. Dieser kam der Mythologie zufolge nach Mauretanien, um die goldenen Äpfel aus dem Garten der Hesperiden zu stehlen, eine der 12 Aufgaben, die ihm der König Eurystheus gestellt hatte. Hier traf er auch auf den Titanen Atlas, den Träger des Himmelsgewölbes und den Riesen Antaios. In den prächtigen *domus* von Volubilis wurden kleine Statuetten des Helden gefunden und ein Mosaik im Nordostviertel thematisiert die 12 Taten des Herkules.

Der östliche Mysterienkult des Weingottes Dionysos-Bacchus, der überall im Imperium großen Zuspruch fand, hatte sich offenbar auch in Volubilis etabliert. Dies läßt jedenfalls die Häufigkeit des Bacchus-Motivs innerhalb der Mosaikkunst vermuten (Abb. 34). So wird der Gott des Weines auf seinem Wagen (Haus des Epheben) oder umgeben von den vier Jahreszeiten (Haus des Dionysos und der vier Jahreszeiten, Haus der Venus) dargestellt. Eine mythologische Szene im «Haus des Reiters» zeigt Bacchus bei der Entdeckung Ariadnes.

Schließlich bezeugen einige wenige Stelen mit den Bildnissen der ägyptischen Gottheiten Isis und Anubis vielleicht den

Abb. 34 Bacchus. Ausschnitt des Mosaikes «Dionysos und die vier Jahreszeiten» im gleichnamigen Haus des Nordostviertels.

Abb. 35 Hausaltar, insula 8B.

Einfluß der mauretanischen Königin Kleopatra Selene, Gattin Jubas' II. und Tochter der berühmten Kleopatra von Ägypten.

Sicher hat also in Volubilis jeder entsprechend seiner Herkunft seinen eigenen religiösen Vorstellungen nachgehen können, gehörte es doch zur Strategie des römischen Imperium, die unzähligen heimischen Kulte der von ihnen unterworfenen verschiedensten Völkerschaften nicht zu unterdrücken, sondern im Gegenteil zu assimilieren. Doch in einem Punkt forderte die Metropole Rom einen kultischen Tribut, dem sich auch die Volubilitaner nicht entziehen konnten, nämlich der göttlichen Verehrung des Kaiserhauses. Mit der Erhebung der Stadt in den Stand des «municipium» 42 n. Chr. wurde dieser Kult in Volubilis eingeführt. Die besagte Inschrift des «Marcus Valerius Severus, Sohn des Bostar» eignet diesem nämlich den Titel «erster Flamen» zu.[36] Die Flamines waren die Priester des öffentlichen Kultes und rekrutierten sich aus den höchsten Rängen des Magistrats. Die Frau des obersten Flamen nannte sich «flaminica». Die erste Frau, die dieses Amt bekleidete, war Fabia Bira, libyscher Abstammung und Ehefrau des Marcus Valerius.[37] Ein zu erwartender Tempel für die Ausübung der entsprechenden Riten konnte bisher nicht zugeordnet werden. Unter Antoninus Pius (138–161 n. Chr.) etablierte sich jedoch eine private Assoziation der treuen Anhänger des Kaiserhauses, die «cultores domus Augustae», welche ein «templum cum porticibus» einrichteten – so berichtet eine Inschrift.[38] Dieser Tempel mit Portiken könnte eventuell die terrassenförmige Tempelanlage im Nordwesten des Forums gewesen sein (s. u. «Das Forum»).

Neben dem städtischen Kaiserkult muß auf provinzieller Ebene ein Äquivalent bestanden haben. Wieder sind es epigraphische Dokumente, die hier Auskunft geben. So nennen zwei Inschriften die Namen «Ocratiana» und «Flavia Germanilla», beide *flaminicae* der Provinz.[39] Volubilis war also wahrscheinlich Versammlungsort des *concilium provinciae*, der Provinzlandtage. Hier haben sich die Delegationen der Städte der Provinz versammelt, um gemeinsam Rom und dem Kaiser zu huldigen. Das gemeine Volk hingegen schloß sich zu Kollegien zusammen, um den Kaiserkult mit religiösen Riten und Spielen zu zelebrieren. An der Spitze der Vereine stand ein Komitee von sechs «seviri augustales». Dies waren freigelassene Sklaven, die aufgrund ihrer Herkunft normalerweise von städtischen Ehrenämtern ausgeschlossen waren, aber der religiösen Zeremonie vorstehen durften.

Neben den öffentlichen Kulten gab es jedoch auch den des privaten Bereichs. Überall in Volubilis fand man Hausaltäre, ob rechteckig oder zylindrisch, ob klein oder groß, welche den Laren, den Schutzgeistern des Hauses, geweiht waren (Abb. 35). In die Oberfläche der Altäre sind Mulden eingelassen, in die man im Moment der Anrufung der Geister glühende Kohlen, Weihrauch und Trankopfer plazierte. Ein zylindrisches Loch in der Frontseite symbolisierte die Passage für die Schlange auf ihrem Weg von ihrer Behausung aus den Tiefen der Erde in die Welt der Menschen, angelockt vom magischen Feuer und den Opfergaben. In der Erscheinung der Schlange repräsentierten sich die Geister der Ahnen und die Beschützer des Hauses.[40]

35

Die öffentlichen Gebäude im Stadtzentrum

Das Forum

Das severische Forum

Zur Zeit der severischen Dynastie (193–235 n. Chr.) nahm das monumentale Stadtzentrum von Volubilis nach mehreren, im Laufe von drei Jahrhunderten vorgenommenen Umbauten die Gestalt an, die sich noch heute dem Besucher darbietet (Abb. 36). Anstelle von Vorgängerbauten wurde die große, dreischiffige Basilika errichtet, vor ihrer sich über acht Arkaden öffnenden Westfassade ein großer, öffentlicher, mit Platten belegter Platz (1, Abb. 37), das neue Forum.

Im Süden wird letzteres begrenzt durch die Kapitolsthermen, an deren zum Forum gewandten Seitenwand eine Rednertribüne (*rostra*) eingerichtet wurde. Im Westen und Nordwesten schlossen zwei Komplexe unterschiedlicher Struktur den öffentlichen Platz in dieser Richtung ab.

Der kleinere im Westen (2) erwies sich als ein Gebäude, welches offensichtlich in keinem Bezug zum Forum stand. Es liegt etwa 1,50 m tiefer als dieses und ist von ihm durch einen tiefliegenden Gang getrennt. Die traditionelle Benennung als «*macellum*» (Fleischmarkt)[41] gilt in der neuesten Literatur als nicht haltbar.[42] Der Komplex im Nordwesten, welcher sich quer zu diesem Gebäude erstreckt (3) und heute die diffusen Spuren der verschiedensten Umbauten zeigt, war in severischer Zeit wahrscheinlich eine dreistufige, terrassenförmige Tempelanlage: Auf unterster Stufe schloß an die Nordwestecke des Forums und auf gleichem Niveau mit diesem eine mit Platten belegte, rechteckige Fläche an. Westlich folgt die mittlere Ebene, welche zu einem Tempel auf der höchsten Stufe überleitete. Dieser beherbergte vier langrechteckige, parallele Kulträume (*cellae*), vor denen eine Vorhalle (*pronaos*) verlief. In Korrespondenz mit den Eingängen der *cellae* befanden sich auf der mittleren Terrasse vier quadratische Altäre.

Das so auf allen Seiten von öffentlichen Gebäuden umgebene Forum war über vier Treppen aus verschiedenen Richtungen zugänglich. Im Norden konnte man über drei Stufen in der Fluchtlinie des großen *cardo*, welcher vom Ehrenbogen herüberleitet, zum Forum hinabsteigen. Zuvor mußte man eine Tür mit zwei Durchgängen passieren. Im Süden führte eine monumentale, 4 m breite Treppe, die mit einer Doppelflügeltür verschlossen werden konnte, zwischen dem «Westgebäude» (2) und den Kapitolsthermen zum Forum hinauf (Abb. 38). Ein Durchgang zwischen der Südwestecke der Basilika und den Thermen schaffte die Verbindung zum Kapitol (Abb. 39), welches ebenfalls in severischer Zeit restauriert und mit einem großen Haupttempel versehen worden war. Eine Türschwelle

Die öffentlichen Gebäude im Stadtzentrum

weist darauf hin, daß man auch an dieser Stelle die Option hatte, das Forum von der Außenwelt zu separieren. Schließlich befand sich ein letzter Zugang am Ende des Ganges des «Westgebäudes». Eine ebenfalls mit einer Türschwelle versehene Treppe führte hier über eine Höhendifferenz von 1,50 m zu der östlichen, mit Platten belegten Zone der Terrassenanlage im Nordwesten des Forums hinauf.

Die Entwicklung des «Nordwestbezirks»

Schon im 2. Jh. v. Chr. müssen auf der in severischer Zeit sich nordwestlich ans Forum anschließenden Zone (3, Abb. 37. 40) zwei kleine Tempel gestanden haben, deren Podien heute wieder dort zu sehen sind (Tempel D der vorrömischen Periode). An deren Stelle wurde zu einem nicht bestimmbaren Zeitpunkt, aber jedenfalls noch in vorrömischer Zeit, ein neues Sanktuarium errichtet, welches teilweise die alten Konstruktionen benutzte.

In römischer Zeit, ungefähr um die Wende vom 1. zum 2. Jh. n. Chr., wurden die alten Strukturen vollständig zerstört und eine dreistufige Terrassenanlage mit 1250 m^2 Grundfläche errichtet, welche auf der obersten Stufe schon den Tempel mit vier Kulträumen und transversaler Säulenhalle besaß. Die beiden unteren Terrassen wurden im Norden über eine Portikus verbunden. Im Osten begrenzte ein weiterer Säulengang den Bereich, im Südosten drei Räume, über dessen mittleren man die Anlage betreten konnte. In severischer Zeit, einhergehend mit der Anlage des neuen Forums vor der Basilika, wurden die Portiken der untersten Terrassen eingerissen, die drei Räume im Süden entfernt und die vier Altäre vor den *cella*-Eingängen installiert.[43]

Abb. 36 Blick über das Forum in Richtung Südost. Im Hintergrund ist die Fassade der severischen Basilika zu sehen und rechts daneben die Säulen des großen Kapitoltempels. Rechts im Bild die im Bereich des Forums aufgefundenen Statuensockel mit Widmungsinschriften.

Abb. 37 Grundriß des Forums mit den angrenzenden Gebäuden, nach A. Lenoir / A. Akerraz / E. Lenoir.

Abb. 38 Aufgang von der «platea vetus» zum severischen Forum.

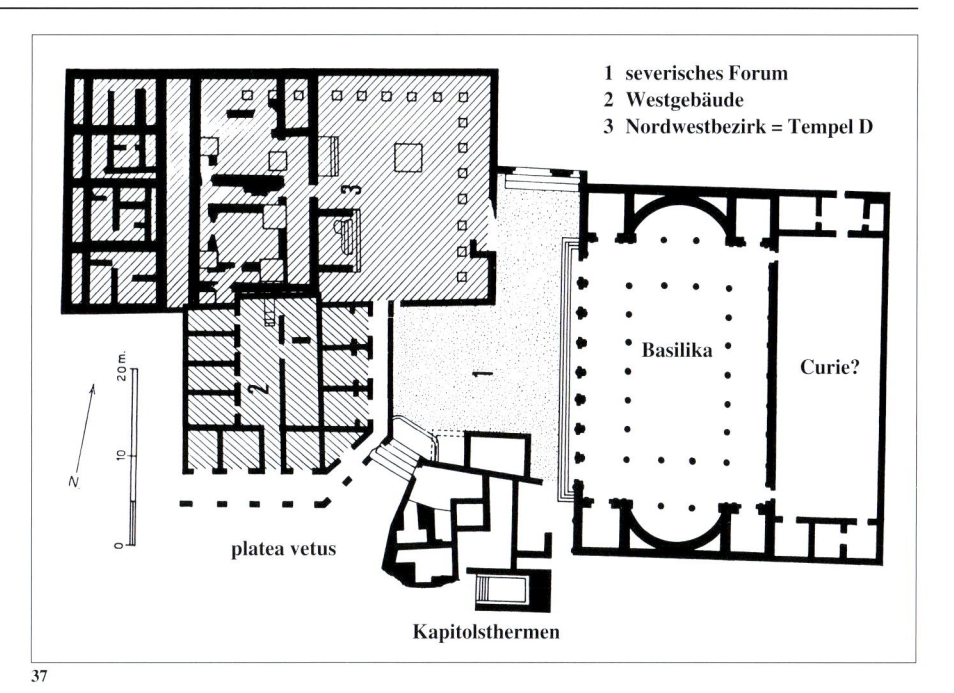

Platea vetus – das alte Forum von Volubilis?

Der monumentale Stadtkern von Volubilis (Forum und Annexe, Basilika, Kapitol) nahm in severischer Zeit insgesamt eine Fläche von 8800 m², also ungefähr 1 ha, ein, welche ausschließlich Fußgängern vorbehalten blieb und vom Straßenverkehr umgangen werden mußte.

Doch wie schon des öfteren erwähnt, liegt südlich des römischen Forums ein weiterer, etwa 1150 m² großer, öffentlicher Platz, die sog. *«platea vetus»*, welche über die monumentale Treppe zwischen den Kapitolsthermen und dem «Westgebäude» direkt mit dem Forum kommunizierte (Abb. 41). Sie ist umgeben von verschiedenen öffentlichen und privaten Gebäuden: Kapitolsthermen im Nordosten, Annexe des Kapitols im Osten, Gallienusthermen im Süden, «Westgebäude» im Norden und im Südosten sowie Westen Privathäuser. Ein angrenzendes Gebäude im Südwesten ist noch nicht vollständig ausgegraben und identifiziert. Hier fanden sich u. a. Reste eines 2 x 3 m kleinen Bauwerkes – vielleicht ein den *«lares compitales»* geweihtes Sanktuarium? Diese Schutzgeister wurden im Gegensatz zu den privaten *«lares familiares»* in öffentlichen Schreinen verehrt. Vor den Gallienusthermen befindet sich ein Brunnen, der aufgrund der Inschriften zweier als Baumaterial wiederverwendeter Basen, welche Namen und Titel des Alexander Severus (222– 235 n. Chr.)

Abb. 39   Blick über das Forum in Richtung Norden, im Vordergrund der Durchgang zum Kapitol. Links ist noch eine Ecke der Rednertribüne zu sehen. Rechts im Bild die Westfassade der Basilika; im Hintergrund links der Caracallabogen.

Abb. 40   Blick über den Nordwestbezirk des Forums, wo in römischer Zeit eine dreistufige Tempelanlage bestand. Im Vordergrund die Treppe zum cardo, der zum Caracallabogen führt.

Abb. 41   «Platea vetus», das alte Forum von Volubilis, im Hintergrund die Basilika und das Kapitol.

Abb. 42   Statuensockel mit der Inschrift des Marcus Valerius Severus, aufgestellt auf dem Forum.

Auf den folgenden Seiten:

Abb. 43   Blick auf die Basilika in Richtung Süden.

Die öffentlichen Gebäude im Stadtzentrum

nennen, auf das Jahr 235 n. Chr. oder später zu datieren ist.

Im Gegensatz zum severischen Forum war dieser Platz von mehreren Seiten dem Straßenverkehr zugänglich: Im Nordwesten führte eine Straße vom alten Stadtviertel am Westhang herauf, im Süden gelangte man in das noch ältere Viertel der Hochstadt und im Osten erlaubte eine Straße, welche längs der Rückseite des Kapitols verlief, den Zugang für den Verkehr, der aus dem herrschaftlichen Nordostviertel kommend, das Stadtzentrum im Osten umfahren hatte.

Traditionell vermutet man hier das alte Forum der punisch-mauretanischen Stadt. Obwohl diese Vermutung bisher nicht mit präzisen archäologischen Fakten belegt werden konnte, gilt sie als wahrscheinlich, liegt doch das Gelände genau im Zentrum der punisch-mauretanischen Urbanisation. Die moderne Forschung geht weiter davon aus, daß das alte Forum auch in römischer Zeit weiter seine Funktion behielt, bis die Administration beschloß, ein neues einzurichten[44], hatte sich doch in Rom selbst schon mit Beginn der Kaiserzeit das Verständnis vom Forum gewandelt. War es vorher ein offener, unregelmäßig angelegter, von Gebäuden jeglicher Art umgebener Platz – entsprechend der *platea vetus* in Volubilis, so bevorzugte man später ein geschlossenes Areal, welches mit seinen monumentalen religiösen und administrativen Gebäuden der Glorifizierung des Kaisers und des Imperiums diente – ein neues Konzept, welches in Rom selbst mit dem Trajansforum einen Höhepunkt erlebte[45] und in Volubilis verspätet mit dem severischen Forum verwirklicht wurde. Eine ähnliche Situation findet man auch in Maktar (Tunesien).[46]

Das letzte Forum

In der letzten Phase der römischen Okkupation separierte eine im rechten Winkel angelegte Mauer den Nordwestbezirk vom Forum. Ein schmaler Durchlaß im südlichen Abschnitt und ein breiterer im östlichen gewährten die Kommunikation zwischen den getrennten Bereichen (Abb. 37). Die Verteilung der während der ersten Grabungen aufgefundenen Statuensockel mit Inschriften – nur vier im Nordwestbereich[47], aber 14 auf dem Forum – läßt erkennen, daß letzteres seine Bedeutung für das öffentliche Leben der Stadt behalten hatte.

Von den 14 Inschriften waren 12, die verschiedene Persönlichkeiten der Stadt ehren, im Süden des Forums aufgestellt, darunter die Widmungen für Marcus Va-

42

lerius Severus (Abb. 42) und Fabia Bira, quasi das Gründerpaar der römischen Kultur in Volubilis.[48] Interessanterweise fanden sich nur zwei kaiserliche Inschriften. Diese wurden im Norden des Forums gefunden und bezogen sich auf Lucinius Valerianus (255–258 n. Chr.) und Probus (276–282 n. Chr.).[49] Dies sind gleichzeitig die jüngsten kaiserlichen Inschriften von Volubilis. Allerdings wurden am Kapitolsthermenbrunnen neun kaiserliche Inschriften, welche sicher zuvor auf dem Forum aufgestellt waren, als Baumaterial wiederverwendet. Fünf davon beziehen sich auf Kaiser oder Mitglieder der Familie der letzten Severer.[50] Die letzte Umformung des Forums eliminierte also die Zeugnisse der Loyalität gegenüber den Severern.

Die Basilika

Die Basilika war in der römischen Stadt der Ort, wo sich die Kurie, der städtische Rat versammelte und wo Gericht abgehalten wurde (Abb. 43). Die Basilika von Volubilis wurde im Zuge der Umbauten des Stadtzentrums in severischer Zeit, wahrscheinlich zeitgleich mit dem Ehrenbogen (216/217 n. Chr.) und dem Kapitol (217 n. Chr. unter Macrinus geweiht), auf den Strukturen von Vorgängerbauten errichtet. Eine genauere Datierung, etwa aufgrund von Inschriften, ist leider nicht möglich. Die einzige Inschrift fand sich auf einer als Fußbodenplatte wiederverwendeten Stele zu Ehren Dianas.⁵¹

Die Basilika ist eines der beiden Monumente – als zweites ist der Ehrenbogen zu nennen –, welche die Jahrhunderte überdauerten und von Windus 1721 noch teilweise aufrechtstehend vorgefunden wurden (s. o. «Entdeckungs- und Grabungsgeschichte»). Die von A. Luquet ab 1965 vorgenommene Restaurierung⁵² gab der Basilika ihre heutige imposante Gestalt, die erahnen läßt, wie das Monument einst ausgesehen haben muß.

Die auf einer Grundfläche von rund 1000 m² (Länge: 42,2 m; Breite: 22,3 m) erbaute dreischiffige Basilika besitzt an den Enden des Mittelschiffs halbrunde Absiden für die Tribunale, an jeder Seite flankiert von Sekretariaten. Das zentrale Schiff ist von den Seitenschiffen durch korinthische Kolonnaden getrennt (Abb. 44. 45), die im oberen Geschoß eine zweite Säulenstellung getragen haben. Ein Vergleich zu der severischen Basilika von Leptis Magna (Libyen), welche 215 n. Chr. unter Caracalla vollendet wurde, liegt nahe. Letztere belegt allerdings bei etwa doppelten Ausmaßen eine viermal

44

45

Die öffentlichen Gebäude im Stadtzentrum 41

größere Grundfläche (Abb. 46) und der Bauschmuck fällt wesentlich üppiger aus.[53] In Leptis waren die Absiden mit einer Kuppel gedeckt, aber in Volubilis hat man keine Spuren einer eventuellen Wölbung gefunden. Wahrscheinlich ruhte die Decke auf Balken aus Zedernholz, welches man aus dem Mittleren Atlas bezog.

Die Säulen des Innenraums wirken etwas untersetzt. Sie stehen auf Sockeln und besitzen die übliche attische Basis. Der glatte Schaft besteht aus drei Trommeln, den oberen Abschluß bilden ein Band und ein Astragal (profiliertes Band). Die Kapitelle vertreten alle einen einheitlichen, korinthisierenden Typus (Abb. 47). Die massive Erscheinung beruht auf dem Fehlen der dritten Blattreihe am Korb. Die östliche Wand der Basilika ist innen mit einem Blendmauerwerk versehen, dessen Wandsäulen mit den Säulenstellungen des Mittelschiffs korrespondieren (Abb. 49). Zwei schmale Durchgänge im Norden und Süden erlaubten den Zutritt zu dem langrechteckigen Gebäude, welches sich hinter der Ostwand der Basilika erstreckt und in dem, ohne archäologische Beweisführung, oft die Kurie gesehen wird, wo sich der Rat der Stadt versammelte.

Die sich über acht Arkaden zum Forum öffnende Frontseite ist mit einer dreistufigen Freitreppe versehen, welche sich fast über die ganze Länge der Fassade erstreckt. Diese besteht aus stabilem, aus großen Blöcken zusammengesetztem Mauerwerk (*opus quadratum*). Die Pfeiler der etwa 4 m hohen und mit Archivolten (Bogeneinfassungen) verzierten Arkaden sind mit Halbsäulen geschmückt (Abb. 48). Diese besitzen attische Basen, glatte Schäfte mit einem abschließenden Astragal (Zierband) und ein korinthisches Kapitell des in Volubilis üblichen Typs. Die Kämpferpunkte der Bögen, d. h. die Stellen, an denen die Krümmung beginnt, sind mit einem Kranzgesims ausgestattet. Rechts und links der Arkaden bilden geschlossene Mauerverbände die Außenwände der Sekretariate.

Abb. 44   Blick in den dreischiffigen Innenraum der Basilika.

Abb. 45   Westliches Seitenschiff der Basilika, im Vordergrund links am Rand der gewölbte Durchgang zu einem Sekretariat.

Abb. 46   Grundrisse der severischen Basiliken von Volubilis und Leptis Magna, aus Hespéris 1956.

Abb. 47   Basilika, Fragmente der Säulenstellung zwischen westlichem Seitenschiff und Mittelschiff.

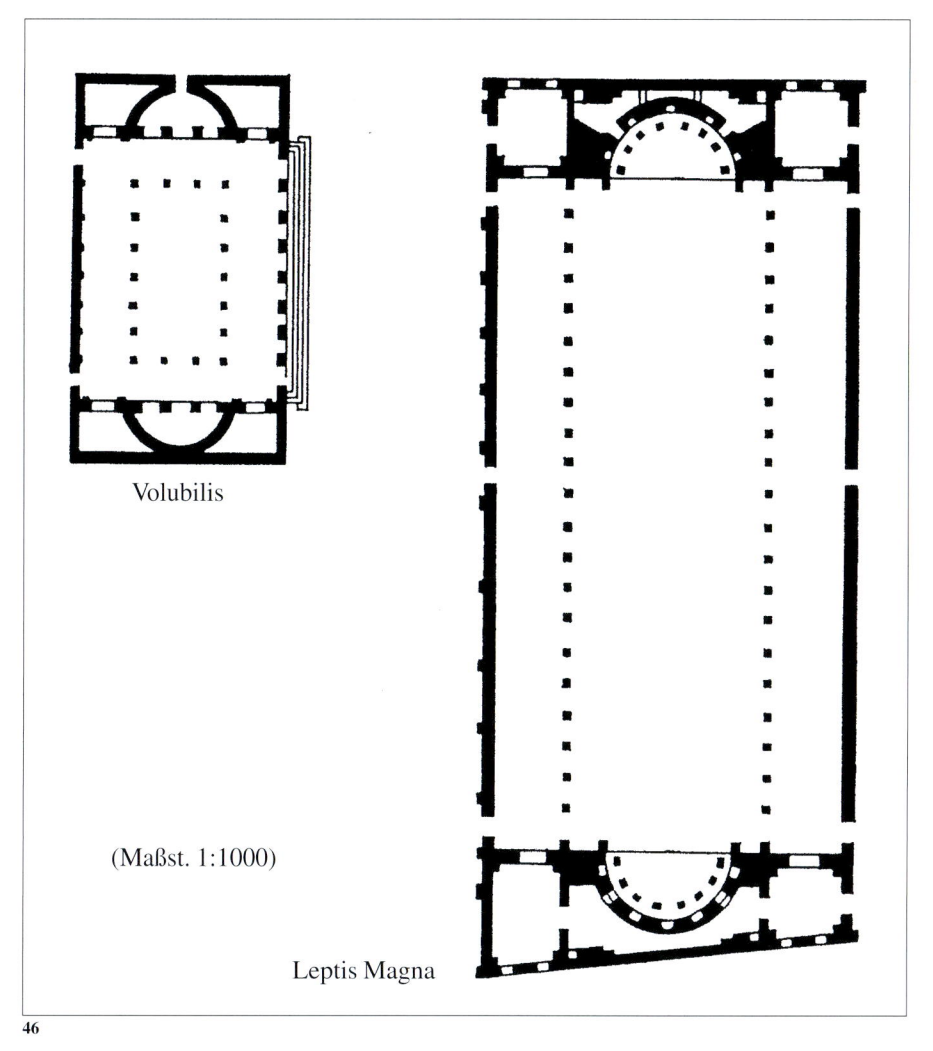

Volubilis

(Maßst. 1:1000)

Leptis Magna

46

47

Die Basilika zeigt heute oberhalb der Arkaden der Westfassade zwei Steinreihen, zwischen die ein Eierstabgesims geschaltet ist, und als oberen Abschluß ein weiteres Gesims mit Zahnschnitt. Die Restaurierung berücksichtigte also nur das Erdgeschoß.

Die obere Etage

Windus Zeichnung zeigt aber deutlich im Inneren der Basilika eine Wandsäulenreihe in der 1. Etage, welche ein Gesims trägt. Daraus ist zu schließen, daß die Basilika in Volubilis wie die in Leptis Mag-

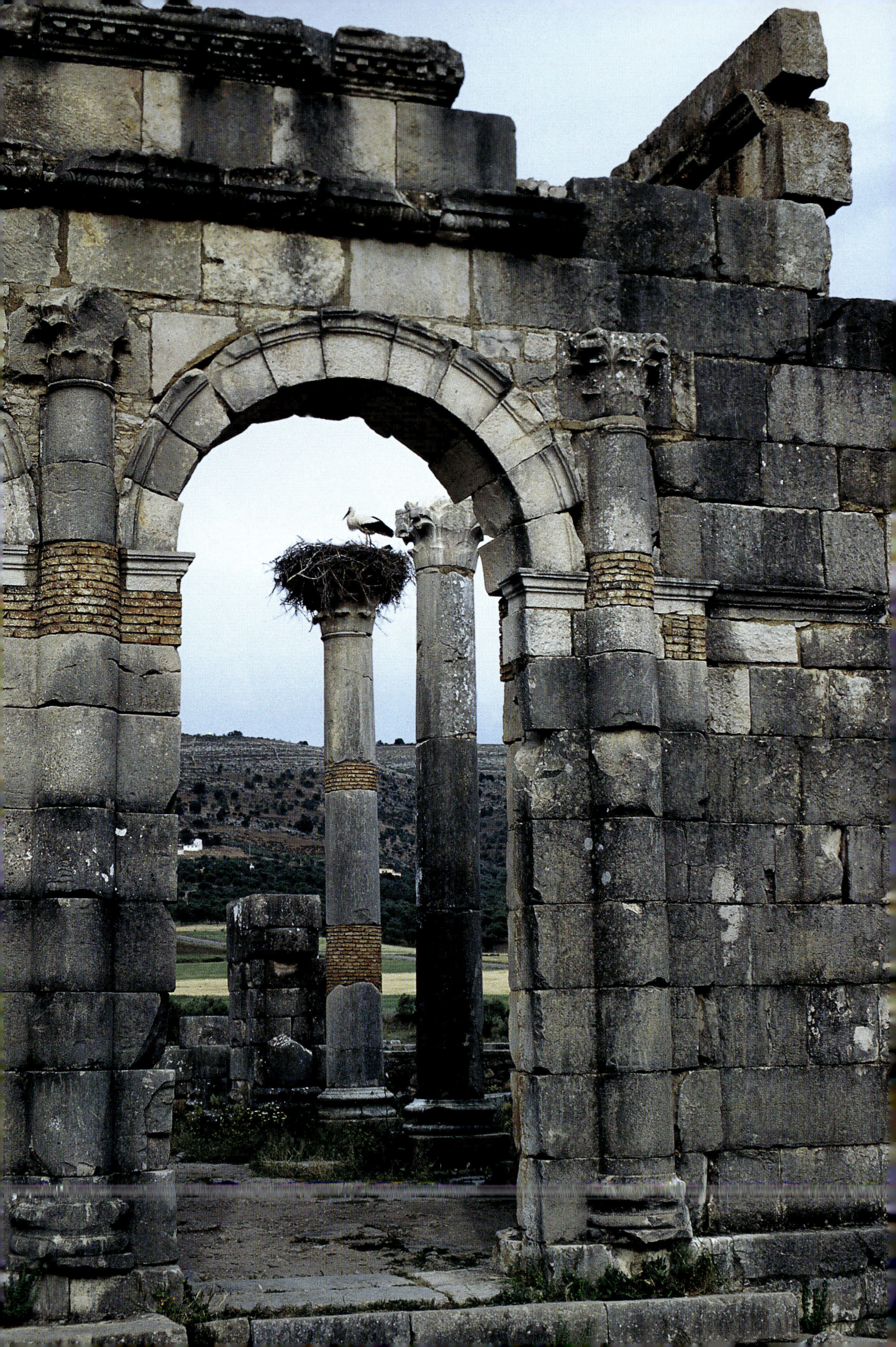

Die öffentlichen Gebäude im Stadtzentrum 43

na ein zweites Geschoß besaß (Abb. 50). In der Tat brachten die Grabungen Elemente einer oberen Säulenstellung zutage, welche, wie zu erwarten, geringere Maße als im Erdgeschoss aufweist. Da man keine Treppe nachweisen konnte, ist anzunehmen, daß eine solche aus Holz gearbeitet war. Wahrscheinlich führte sie in einer Absidenecke in die obere Etage hinauf. Der Innenraum in Volubilis müßte demnach ähnlich ausgesehen haben wie derjenige der Basilika von Leptis Magna: Ein über zwei Geschosse reichendes Mittelschiff, über den Seitenschiffen in der zweiten Etage eine Galerie. Das Dach des Mittelschiffs, welches etwa 9,6 m über dem Niveau des Erdgeschoßbodens anzusiedeln wäre (Leptis Magna: 28 m) und eine Weite von 10,6 m überbrücken mußte, ruhte wahrscheinlich auf dicken, in die Außenmauern eingelassenen Holzbalken.[54]

In römischer Zeit waren die Wände der Basilika offensichtlich innen und außen mit Stuck verputzt (*opus tectorium*). Eine Verkleidung aus Marmor- oder Sandsteinplatten, wie man sie in Leptis oder sogar an Häusern von Volubilis findet, ist wenig wahrscheinlich. Es fehlen nämlich die typischen Löcher in den Mauern, wel-

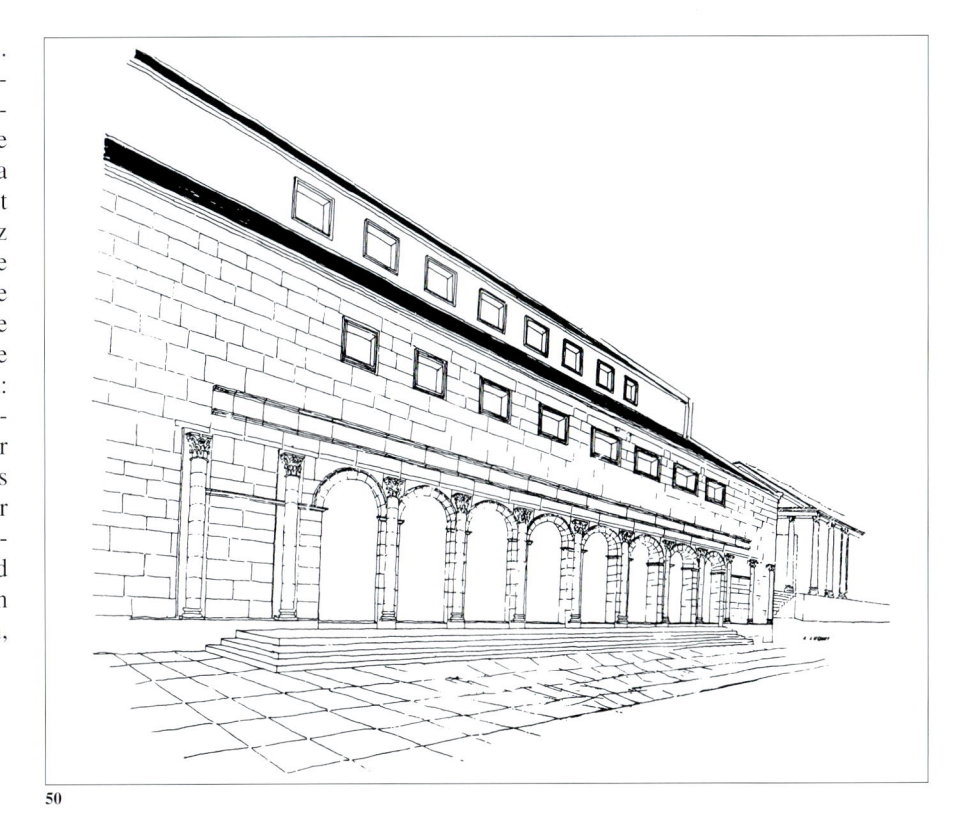

Abb. 48   Basilika, Westfassade, südlichste Arkade.

Abb. 49   Basilika, östliches Seitenschiff.

Abb. 50   Rekonstruktionszeichnung: Basilika und Kapitol, A. Luquet.

Das Kapitol

Auf dem Areal südlich der Basilika befindet sich der Haupttempelbezirk der römischen Stadt, das Kapitol.[55] Die weiträumige Anlage gruppiert sich annähernd symmetrisch um den großen Haupttempel an der Südseite, welcher heute die zahlreichen internationalen Besucher einlädt, die große Freitreppe zu erklimmen, um zwischen den hochaufragenden Säulen der einstigen Vorhalle des Tempels einen Augenblick der Muße einzulegen (Abb. 51) und den Panoramablick über die Stadt und ihre Umgebung zu genießen.

Die Ausgrabungen von 1924 hatten gezeigt, daß das Areal kontinuierlich schon seit vorrömischer Zeit als Tempelbezirk fungierte. Man konnte drei aufeinanderfolgende Schichten feststellen: Unter der heute sichtbaren Anlage, welche nach einer Inschrift unter Macrinus im Jahre 217 n. Chr. geweiht wurde[56], legte man Substruktionen aus der Zeit der Antoninen (138–192 n. Chr.) frei – ein konfus strukturiertes Ensemble, welches u. a. eine Portikus und Latrinen beinhaltete. Die Gebäude waren für den Neubau komplett und systematisch eingeebnet worden. Zuunterst fanden sich noch ältere Spuren, die bis ins 2. Jh. v. Chr. zurückweisen (Tempel A der vorrömischen Epoche). Im Zentrum lag ein monumentaler Altar, welcher von beiden späteren Umbauten übernommen wurde (Abb. 52).

Das nach außen abgeschlossene Areal erstreckt sich zwischen der Basilika im Norden und einem schmalen Sträßchen im Süden. Entlang der Ostseite verläuft ein *cardo*, während sich im Westen das alte vorrömische Forum anschließt. Der

Abb. 51   Großer Haupttempel des Kapitols, unter Macrinus 217 n. Chr. geweiht.

Abb. 52   Blick über das Kapitol mit dem Haupttempel und den Portiken im Westen und Osten in Richtung Süden. Vor der Freitreppe des Tempels ist der große Altar aus der vorrömischen Epoche zu sehen.

Abb. 53   Grundriß des Kapitols und der Basilika, nach BAM 18, 1998, überarbeitet von M. Riße.

Abb. 54   Kapitol, innerer Eingang des westlichen Zugangs.

Die öffentlichen Gebäude im Stadtzentrum

freie Platz vor dem Haupttempel, welcher sorgfältig mit Kalksteinplatten von imposanter Größe (1,92 x 0,83 m; 2,48 m x 0,55 m) ausgelegt wurde, war im Osten und Westen von Säulengängen (Portiken) begrenzt, hinter denen sich verschiedenste Räumlichkeiten verbargen (Abb. 53).

Außer über eine Treppe in der Nordwestecke, die mit dem römischen Forum kommunizierte, war der Tempelbezirk über je einen Gang im Osten und Westen zu betreten. Deren innere, mit Pilastern und Halbsäulen geschmückte Eingänge (Abb. 54) konnten durch zweiflügelige Türen verschlossen und mit einem Querbalken gesichert werden.

Hatte der antike Besucher einen der wahrscheinlich mit einer flachen Decke versehenen Gänge passiert, so fand er sich in einem der hohen Säulengänge wieder, welche den Blick auf den inneren Bezirk freigaben. Die Portiken wurden von jeweils zwölf teilweise erhaltenen Säulen getragen. Im Norden und Süden bildeten Halbsäulen, welche sich an die Wände der Basilika und der südlichen Begrenzungsmauer schmiegten, den Abschluß der Wandelgänge. Die Abstände der Säulen (Interkolumnien) betragen von Achse zu Achse durchschnittlich 2,66 m; die Breite der Portikus beläuft sich auf 3,6 m. Beachtet man die schlanken Proportionen der 3,6 m hohen Säulen, so müssen die Portiken relativ weit und licht gewirkt haben.

An der Ostseite des Areals liegen beiderseits des Korridors je zwei Räume unterschiedlicher Größe, die sich zum Säulengang über von Pilastern flankierte Durchgänge öffnen. Der nördlichste (A, Abb. 53) besitzt eine regelmäßige, rechteckige Grundfläche. Er wurde bei einem späteren Umbau durch eine Zwischenwand geteilt. Seine Bestimmung konnte nicht identifiziert werden. Im Anschluß folgt ein Saal (B), dessen unregelmäßiger Grundriß weit über die östliche Begrenzung zum *cardo* hinausreicht. Ein aus großen Kalksteinblöcken, den charakteristischen *saxa quadrata*, konstruiertes Podium läßt an ein vorrömisches Sanktuarium denken, das von den Römern adaptiert wurde (vorrömische Kapelle B des Tempelbezirks A). Die hier verehrte Gottheit läßt sich jedoch nicht verifizieren. Auf der anderen Seite der Passage liegt ein großer Saal (C), der sich ebenfalls etwas über die östliche Begrenzung ausweitet (Abb. 55). Zwei den Boden querende Kanäle erinnern an eine Latrinenanlage. Ein kleinerer Raum (D) in der Südostecke schließt mit einer seltsamerweise aus der Achse verschobenen Apsis ab, scheint jedoch auch in severischer Zeit konstruiert worden zu sein, da sich der

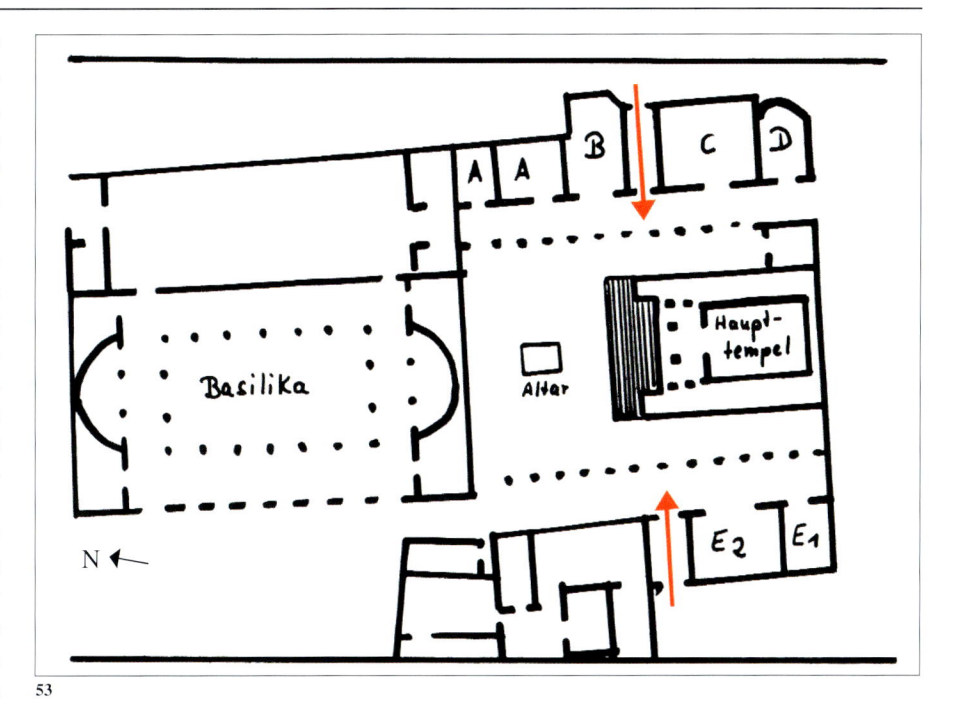

53

54

Mauerverband homogen an den des übrigen Ensembles anschließt. Wahrscheinlich befand sich hier ein weiteres kleines Sanktuarium, das der «Venus Augusta» geweiht war.[57] Darauf verweist zumindest die Inschrift[58] eines kleinen Marmoraltars, der hier aufgefunden wurde.

Die westliche Flanke des Tempelbezirks ist weniger kompliziert strukturiert. Südlich des Korridors liegen zwei unterschiedlich große, rechtwinklige Räume (E1, E2) ohne besondere Merkmale, die zu einer Identifikation führen könnten. Die Räume auf der anderen Seite des Zugangs gehörten vielleicht ursprünglich auch zum Kapitolsbezirk, wurden jedoch zu einem späteren Zeitpunkt der hier anschließenden Thermenanlage eingegliedert.

Zwischen dem Kapitolstempel und der östlichen Säulenhalle schmiegen sich die Grundmauern einer kleinen Kapelle an die Einfassungsmauer des Areals. Ein kleiner Gang trennt sie vom Podium des Haupttempels. Die Grundmauern bestehen aus *saxa quadrata*. Die breite Tür ist flankiert von schmalen Pilastern. Der Fußboden war mit einem Mosaik ausgestattet, von dem nur einige schwarze und weiße Steinchen gefunden wurden. Die hier verehrte Gottheit bleibt unbekannt, sofern es sich nicht um «Fortuna Augusta» handelt, wie eine auf dem Platz gefundene Weiheinschrift vermuten läßt.[59]

Der Kapitolstempel

Der große Haupttempel, das Kapitol, wurde 1962 von Luquet partiell restauriert.[60] Die Analyse der Grundmauern und der erhaltenen Fragmente der Säulenstellung ergaben ein weitestgehend klares Bild von der einstigen Gestalt des Monumentes: ein langrechteckiger Podiumtempel, dessen gen Norden gerichtete Fassade von einer großen Freitreppe dominiert wird.

Dreizehn Stufen führen auf die 2,93 m hohe Plattform des Podiums, wo sich der von etwa 3 m hohen Mauern umschlossene Kultraum (*cella*) befand. Die aus Bruchsteinen bestehenden dicken Grundmauern der Cella sind komplett erhalten; die Ecken sind verstärkt durch große Kalksteinblöcke. Das ebenfalls aus Bruchsteinen zusammengesetzte aufstrebende Mauerwerk ist in der Nordwestecke auf voller Höhe rekonstruiert. Beiderseits der Cella, die bis an den hinteren Rand des Podiums reicht, bleibt ein Freiraum von etwa 3 m. Vor der mit einem schmalen Eingang versehenen Frontseite lag eine Vorhalle, deren Säulen fast vollständig wiederaufgerichtet wurden. Die erhaltenen Fragmente der Säulen ließen darauf schließen, daß der Tempel einem klassischen, in Nordafrika häufig vorkommenden Typus entsprach, dem sog. «tetrastylen Prostylos», d.h. die Vorhalle besaß vier Säulen in vorderster Linie, hinter den äußeren in zweiter Reihe je eine weitere, die mit den an den Außenkanten der Cellafassade angebrachten Halbsäulen fluchtete. Die Freiflächen beiderseits der Längsseiten des Kultraumes trugen keine Säulen; eine einfache Balustrade bildete die Begrenzung des Podiums. Räume für die Archivierung der Votivgaben, die man unter der Cella vermutet hatte, ließen sich nicht bestätigen; der Raum zwischen den dicken Stützmauern des Podiums war komplett verfüllt mit Steinen und Erde.

Abb. 55 Kapitol, Raum C, hinter der östlichen Portikus gelegen. Links im Bild der östliche Zugang zum Haupttempelbezirk.

Abb. 56 Kapitol, östliche Portikus, Wandsäuleneckkapitelle.

Die Dekoration

Die Säulen und Pilaster des Tempelbezirks sind nüchtern, wenn auch sorgfältig gestaltet. Die Säulenschäfte, welche sich von unten nach oben leicht verjüngen, sind immer glatt, die Pilaster meist kanneliert. Die Basen der Säulen entsprechen dem in Volubilis gebräuchlichen attischen Typus: Auf eine quadratische Plinthe (Fußplatte) folgen zwei Wülste, welche eine Hohlkehle zwischen sich einschließen. Diese wird nach oben und unten von je einem dünnen Stab begrenzt. Die Basen der Pilaster sind etwas komplizierter geformt, entsprechen aber im Prinzip denen der Säulen.

Die Kapitelle vertreten den überall in der Stadt anzutreffenden stilisierten römisch-korinthischen Typus (vgl. auch Abb. 47). Die Grundform entspricht einem umgekehrten Kegelstumpf. Sie besitzen zwei Kronen aus jeweils acht breiten Blättern, deren obere in den Intervallen zwischen den unteren ansetzen. Die Spitzen der Blätter lösen sich vom Untergrund und sind leicht eingerollt. In den Zwischenräumen der oberen Blattreihe sitzen Füllhörner, denen je zwei übereinanderliegende Paare schmaler Ranken entspringen, wobei sich die innere Ranke eines Paares zur Mitte neigt und am Kapitellkörper haftet, während sich die äußere von diesem löst und mit ihrer spiralförmig eingerollten Spitze wie eine Volute unter einer Ecke des quadratischen Abakus (Deckplatte) hervorspringt. Die Seiten des mit zwei Leisten profilierten Abakus sind konkav geschwungen und in der Mitte mit einer Rosette oder – typisch für Volubilis – einem kleinen menschlichen Kopf geschmückt. Als Besonderheit weisen die Kapitelle der Portiken zusätzlich zierliche Gravuren an den Blättern auf, welche die Struktur eines Akanthusblattes nachahmen (Abb. 56).

Vom Gebälk des Tempels oder der Portiken fehlt leider jede Spur. Zahlreiche Fragmente, welche in diesem Areal gefunden wurden und heute noch hier gelagert werden, konnten den Monumenten nicht mit Sicherheit zugeordnet werden.

56

Die öffentlichen Thermen

Zur Ausstattung aller Städte des Imperium Romanum gehörten, nach dem Beispiel der Mutterstadt Rom, seit der Kaiserzeit staatlich unterhaltene Thermen, also Bäder mit verschieden temperierten Schwimm- und Tauchbecken, die allen Schichten der Bevölkerung, auch jenen, die in ärmlicheren Verhältnissen wohnten und kein eigenes Bad zur Verfügung hatten, zugänglich waren und so grundsätzlich zum hygienischen Standard einer römischen Stadt beitrugen. Männer und Frauen benutzten getrennte Bereiche oder besuchten die Thermen an verschiedenen Tagen. Neben der reinen Körperpflege dienten viele der größeren, repräsentativen Anlagen auch dem Sport, der Unterhaltung und der gesellschaftlichen Kommunikation. Zu diesem Zweck waren oft Salb- und Massageräume, Sportplätze mit Freiluftschwimmbädern, Terrassen, Bibliotheken, Läden und Gaststätten in den Komplex integriert. Grundsätzlich gehörten zu einem römischen Bad der Umkleideraum (*apodyterium*), das Kaltbad (*frigidarium*) mit einem Schwimmbecken (*piscina*), das lauwarme Bad (*tepidarium*) und das warme Bad (*caldarium*). Zusätzlich konnten noch ein oder mehrere Schwitzräume (*sudatorium/laconicum*) vorhanden sein.

Die Erwärmung der Räume erfolgte über ein ausgeklügeltes System von Wand- und Fußbodenheizungen. Die Anlage bestand aus einem Heizlokal (*praefurnium*), aus welchem die heiße Luft unter den doppelten Boden des zu beheizenden Raumes geleitet wurde, welcher auf Pfeilern und Gewölben aus Ziegeln ruhte (*hypocaustum*) und so Freiräume schuf, in denen die Heißluft zirkulieren konnte. Durch mit ihnen verbundene Tonkanäle (*tubuli* oder *cubuli*), welche in die Wände eingelassen waren, zog die heiße Luft nach oben ab (Abb. 57). Wurden keine *cubuli* angelegt, wurde die Warmluft über Schornsteine abgeleitet. Das benötigte warme und heiße Wasser wurde in großen Bronzekesseln im *praefurnium* erhitzt und direkt in die Becken geleitet.

In Volubilis zählt man nach heutigem Stand vier öffentliche, wenn man die wenig erforschten kleineren Bäder im Haus der Zisterne[61] mit hinzurechnet, und sieben private oder halb-öffentliche Thermenanlagen. Allein drei große öffentliche Bäder befinden sich im Stadtzentrum – die Gallienusthermen, die Kapitolsthermen und die Nordthermen mit einer Gesamtgrundfläche von 2860 m².

Abb. 57   Hypokausten und tubuli der Heizungsanlage des Orpheushauses.

Abb. 58   Blick über die südlichen Räume der Gallienusthermen in Richtung Südwest.

Abb. 59   Blick über die nördlichen Räume der Gallienusthermen in Richtung Nordwest, im Vordergrund links das Kaltwasserbecken, dahinter das frigidarium. Im Anschluß sind rechts die Räume D, C und B zu sehen.

Abb. 60   Grundriß der Gallienusthermen, nach R. Dauriac.

Die öffentlichen Thermen

Für die Volubilitaner, welche das Badevergnügen mit einem Landausflug verbinden oder auch die von ermüdender Arbeit strapazierten Glieder entspannen wollten, gab es in der Nähe der Stadt zwei Freiluft-Schwefelbäder, in Sidi Kacem und Moulay Idriss. Letzteres ist heute noch zu besichtigen. Das warme Wasser kam direkt aus dem Gebirge und wurde in einem Thermalbassin aufgefangen. Der Boden war mit Kies gefüllt, so daß das ständig nachfließende Wasser versickern konnte und ein gleichbleibender Wasserstand erzeugt wurde.

Die Gallienusthermen

Die nur in den Grundmauern erhaltenen Gallienusthermen (Abb. 58. 59), südwestlich vom Kapitol gelegen, wenden sich mit ihrer Fassade gegen den *cardo*, über welchen man zur *platea vetus* gelangt. Die auf einer Grundfläche von annähernd 900 m² erbauten Thermen beziehen ihren Namen von einer Inschrift, welche hier gefunden wurde und Kaiser Gallienus (253–268 n. Chr.) gewidmet ist.[62] Leider kann man ihr keinen Hinweis auf eine Datierung der Thermen entnehmen.

Die Raumanordnung der Gallienusthermen (Abb. 60) ist übersichtlich und entsprechend dem Ablauf des Baderitus gestaltet.[63] Im Zentrum der Anlage sind von Nord nach Süd das Kaltbad (E) mit dem Schwimmbecken (F), das Lauwarm-

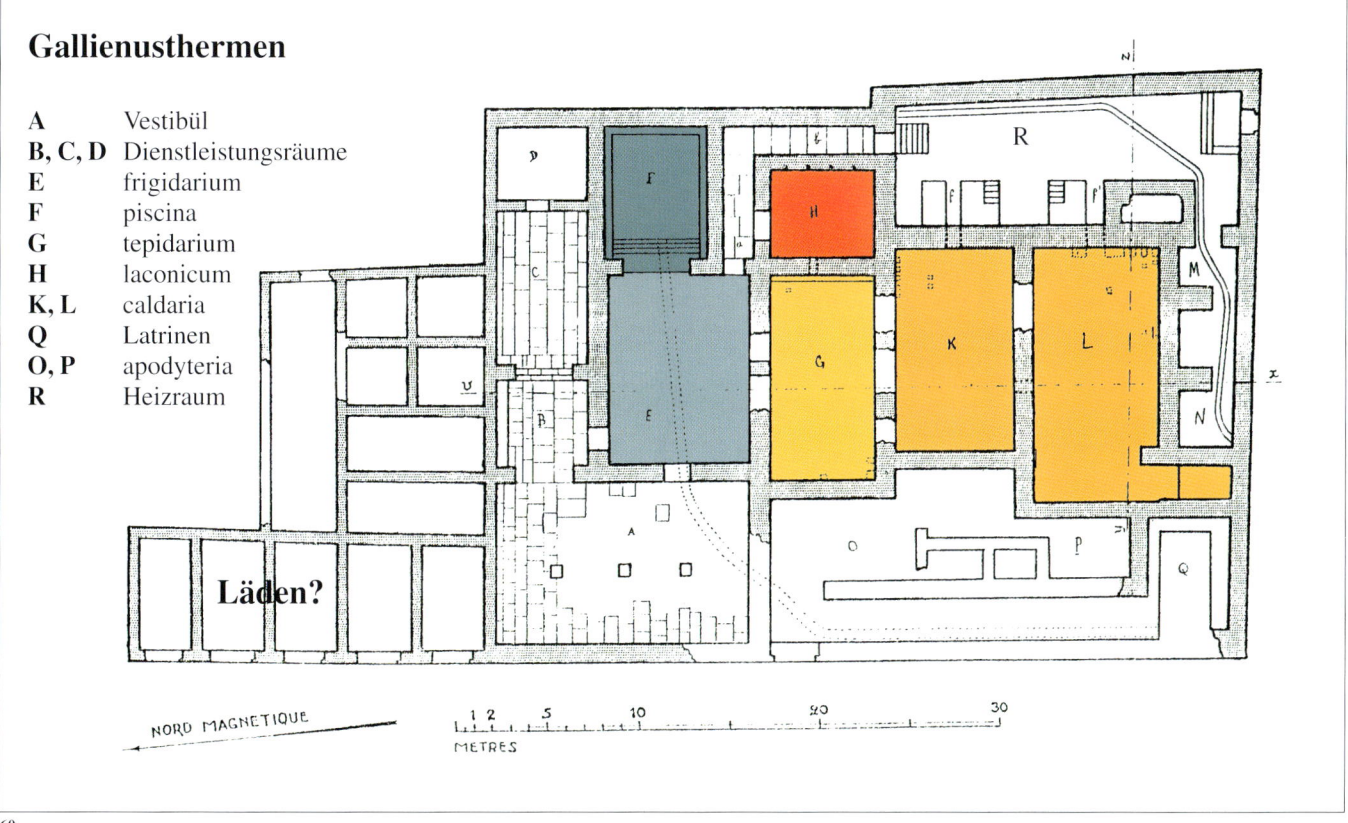

Kapitolsthermen

1, 2	apodyteria	5	Raum mit Hypokaustenkonstruktionen
3	frigidarium	6, 7	tepidaria
4	piscina	8	caldarium

bad (G) und zwei Warmbäder (K, L) hintereinander aufgereiht. Hinter dem Lauwarmbad ist ein kleines Dampfbad (H) angefügt. Quer vor den Baderäumen liegen an der Frontseite der Thermen das Vestibül (A) mit dem Haupteingang und die Umkleideräume (O, P) mit den Latrinen (Q). Drei hintereinanderliegende Räume (B, C, D) an der Nordseite bildeten die Ruhezone, wo wahrscheinlich Salbungen und Massagen angeboten wurden. Hinter den Kaldarien lag der Betriebsraum der Thermen mit zwei Öfen (f; f´). Ein gesonderter Eingang in der südlichen Außenmauer garantierte den direkten Zugang für das Servicepersonal und die Anlieferung des benötigten Brennstoffes. Diffuse Strukturen an der Südflanke lassen sich eventuell als Wasserreservoirs im Souterrain mit einer darüberliegenden Sonnenterrasse deuten.

Obwohl die Ausstattung der Thermen einen gewissen luxuriösen Standard erreicht, welcher in heute verwitterten Marmorwandverkleidungen und einem Fuß-

Abb. 61   Grundriß der Kapitolsthermen nach A. Akerraz.

Abb. 62   Grundriß der Nordthermen nach R. Thouvenot.

Abb. 63   Nordthermen, Großes Schwimmbecken im Palästra-Bereich. Im Vordergrund der gemauerte Kanal der Wasserzuleitung, die dem südlich an den Thermen vorbeiführenden Aquädukt abgezweigt wurde.

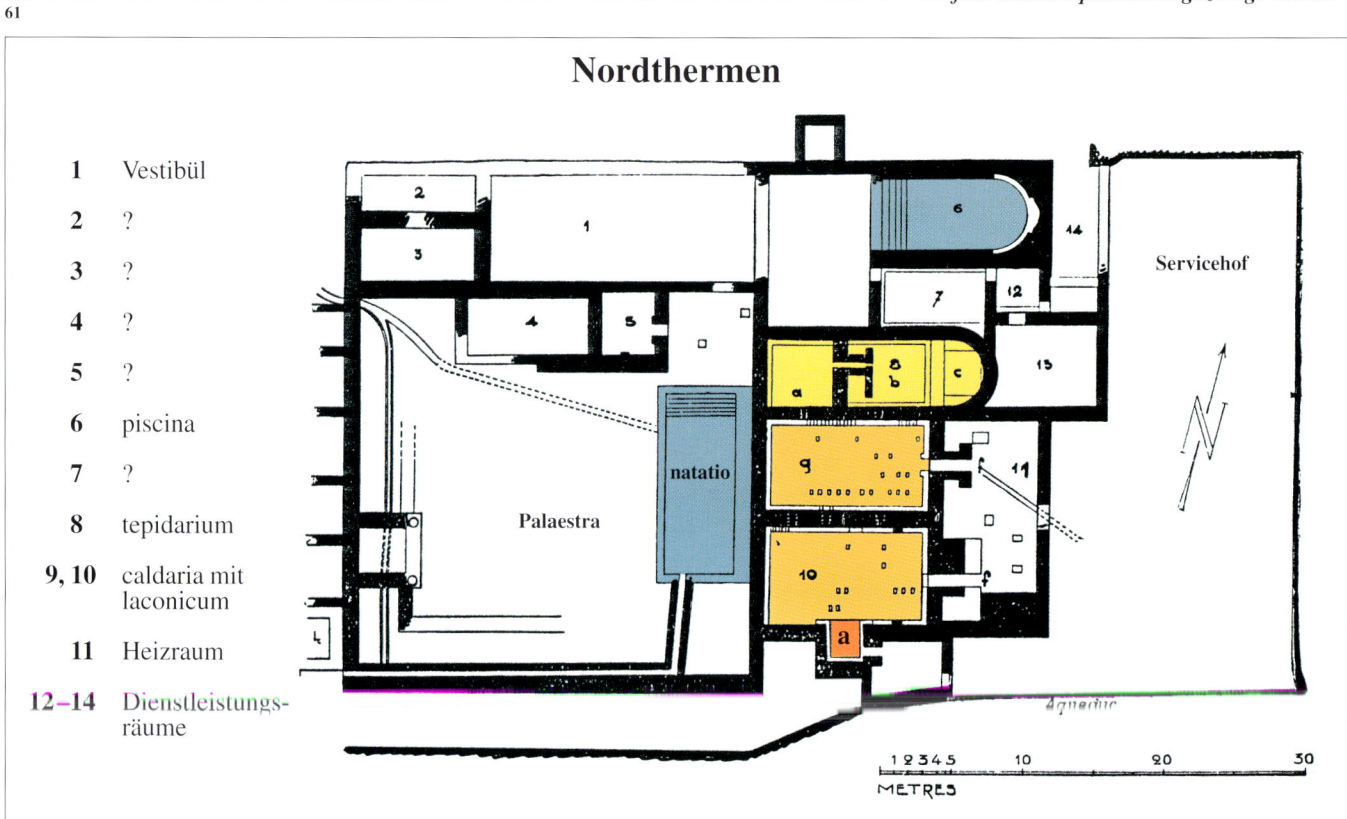

Nordthermen

1	Vestibül
2	?
3	?
4	?
5	?
6	piscina
7	?
8	tepidarium
9, 10	caldaria mit laconicum
11	Heizraum
12–14	Dienstleistungsräume

bodenmosaik zum Ausdruck kommt, wurden keinerlei bewegliche Kunstwerke gefunden, wenn man von den Fragmenten einer Bronzestatue – ein Arm und ein Stück eines Gewandes – absieht, die für eine Aufstellung in den Thermen zu groß erscheinen.

Die Kapitolsthermen

Die Thermen am Kapitol sind mit einer Grundfläche von 460 m² mit Abstand die kleinsten öffentlichen Badeanlagen im Stadtzentrum. Schon in der 2. Hälfte des 1. Jhs. n. Chr. war hier anstelle eines nichtthermalen Vorgängerbaus eine kleine Badeanlage errichtet worden. Diese wurde zu einem nicht näher bestimmbaren späteren Zeitpunkt, der vor der severischen Epoche (193–235 n. Chr.) anzusetzen ist, vergrößert. Während große Teile des Stadtkerns in dieser Zeit umfangreichen Umgestaltungen unterlagen, blieben die Kapitolsthermen unberührt.[64]

Das Raumprogramm ist hier im Vergleich zu den Gallienusthermen etwas unübersichtlicher gestaltet (Abb. 61). Über den an der *platea vetus* gelegenen Haupteingang in der Südwestecke gelangte man zunächst in zwei im rechten Winkel hintereinandergeschaltete langrechteckige *apodyteria* (1, 2), welche zum *frigidarium* (3) im Zentrum der Anlage führten. Um dieses gruppierten sich Räume unterschiedlichster Funktionen: Im Süden befand sich ein Raum (5), welcher nicht identifiziert werden konnte. Kreuzförmig angelegte Bodenstrukturen könnten Hypokausten, aber auch einfache Bodenverstärkungen gewesen sein. Im Südwesten und Westen schlossen sich zwei *tepidaria* (6, 7) an[65], beide nur indirekt beheizt und ohne Wasserbecken. Im Nordwesten folgte ein *caldarium* (8) mit zwei Bassins, welche von zwei Öfen (F1, F2) beheizt wurden. Im Norden dienten verschiedene Räume mit unklarer Struktur wahrscheinlich als Dienstleistungsräume, wo sich der Badegast verwöhnen lassen konnte. Die Latrinen in der Nordostecke des Hauses hatten keine Verbindung zu den Thermen. Ihr Eingang lag an der Passage, welche das severische Forum mit dem Kapitol verbindet.

Die Nordthermen

Die größte öffentliche Thermenanlage von Volubilis[66] mit einer Grundfläche von 1500 m² liegt gegenüber dem Ehrenbogen an der Kreuzung des *decumanus maximus* mit dem *cardo*, der vom Ehrenbogen zum severischen Forum führt. An der Rückwand des Gebäudes verläuft die zeitgleich unter den Flaviern (69–96 n. Chr.) errichtete Trasse des Aquäduktes, der die Zufuhr des in großen Mengen benötigten Wassers sicherte.

Die heute sehr zerfallene Anlage ist klar dreiteilig strukturiert (Abb. 62). Im Westen liegt der Eingangsbereich mit einem großen, offenen Hof und einem unbedachten Schwimmbecken (*natatio*) (Abb. 63). Alles spricht dafür, diesen Komplex als «palaestra» zu benennen, wo man den verschiedensten sportlichen Aktivitäten nachgehen konnte. Den mittleren Teil okkupiert die eigentliche Thermenanlage mit hintereinandergeschalteten verschiedensten kalten, warmen, und heißen Bädern. Dahinter folgen einerseits Dienstleistungsräume und andererseits der Heizraum mit einem großen Betriebshof.

Die großen Nordthermen müssen weniger luxuriös ausgestattet gewesen sein als die Gallienusthermen. Es wurde kein einziges Mosaik entdeckt und nur geringe Spuren einer Marmorverkleidung. Demgegenüber muß der Bauschmuck prächtiger ausgefallen sein, falls die in der Umgebung aufgefundenen Fragmente den Thermen zuzuordnen sind – darunter Teile eines Zahnschnittgesimses, Girlanden und große Tafeln mit geometrischem Dekor. Die Motive sind allerdings sehr einfach: z. B. Rauten mit einem eingeschriebenen Kreis und Kreise mit einem achtzackigen Stern oder einer Kreuzblume in der Mitte.

Wie bei den Gallienusthermen sind die verschieden temperierten Bäder der Nordthermen in einer Reihe hintereinandergeschaltet. Mit dieser Struktur unterscheiden sie sich von den Thermen anderer nordafrikanischer Städte, welche ein komplexeres Raumprogramm aufweisen.[67] Im Prinzip folgten die volubilitanischen Architekten im Falle der Gallienus- und Nordthermen aber dem Schema des Reihentypus, dem z. B. auch die Stabianerthermen in Pompeji entsprechen.

Der Ehrenbogen des Caracalla

Der massige, bis über den Bogendurchgang rekonstruierte Ehrenbogen wurde 216/217 n. Chr. zu Ehren Caracallas und seiner Mutter Iulia Domna an einer großen Straßenkreuzung der Stadt errichtet (Abb. 64). Hier treffen der *decumanus maximus*, die große Hauptstraße des Nordostviertels, und der *cardo*, welcher vom *decumanus* Nord I zum Forum führt, aufeinander. Die Hauptstraße, die hinter dem Ehrenbogen heute noch ein kleines Stück in westsüdwestlicher Richtung weiterführt und sich dann in dem wilden Gelände des bisher nur punktuell freigelegten Westhangs verliert, reichte einst sicher bis zu dem großen Stadttor im Südwesten der Stadt am Ufer des Oued Khoumane. Da das Gelände in dieser Richtung abfällt, war der Bogen für die Fremden, welche aus dieser Richtung in die Stadt kamen, schon aus weiter Ferne zu sehen.

Leider wurde bei der Rekonstruktion des Monumentes in den 30er Jahren der Bauschmuck nur mangelhaft berücksichtigt. Obwohl die bereits angesprochenen Dokumentationen des 18. und 19. Jhs. (s. o. «Entdeckungs- und Grabungsgeschichte») einige Hinweise für die Plazierung der zahlreichen Relieffragmente liefern, wurden diese entweder falsch angebracht, oder ganz weggelassen. Heute liegen noch unzählige Fragmente in der Nähe des Bogens am Rande des *decumanus maximus*. Auch das Obergeschoß wurde nicht vollständig wiederhergerichtet und weist heute nur einen glatten Fries und die Inschrift auf.[68]

Der etwa 9 m hohe und 19 m breite Ehrenbogen wurde mit massiven Quadern aus dem harten, grauen Kalkstein des nahen Zerhoungebirges erbaut. Die massigen Pfeiler des Bogens geben einen überwölbten, 8,04 m hohen und 5,31 m weiten Durchgang frei. Die Fassaden waren einst ähnlich gestaltet. Heute ist die Westfassade nur fragmentarisch mit Bauschmuck versehen, während die gen Osten gewandte Seite einen guten Eindruck von der ehemaligen Ausschmückung vermittelt (Abb. 65). Die Wölbung des Bogens ziert eine ornamentierte Archivolte. Sie endet beidseitig auf einem die Pylone (Bogenpfeiler) umlaufenden, ausladenden Kämpfergesims. Die symmetrisch gestalteten Fassaden der Pfeiler bilden in der Sockelzone jeweils zwei Vorsprünge aus, welche Säulenpostamente tragen. Die mit Blattkapitellen ausgestatteten Säulen erscheinen dementsprechend paarweise vor der Fassade. Besonders die modifizierten «korinthischen» Kapitelle (Abb. 66), aber auch die «attischen» Basen erinnern an diejenigen der severischen Basilika, des Kapitolstempels und der Portikus am *decumanus maximus*. Jeweils zwei Pilaster am Baukörper der Pfeiler korrespondieren mit den Säulen. Zwischen den Säulenpostamenten sind zwei Bassins plaziert, die am Boden noch Abflußlöcher aufweisen. Leider ist das in den Pylonen zu vermutende Leitungssystem heute nicht mehr nachweisbar. Über den Becken ist jeweils eine rechteckige Nische in den Baukörper eingelassen, die oben mit einem Giebel abschließt, welcher das Kämpfergesims durchbricht. Im oberen Teil der Fassade ist über den Nischen fälschlicherweise je ein Medaillon angebracht. Der aus fünf waagerechten Streifen (Faszien) bestehende Architrav kragt nur wenig vor und verkröpft sich über den Kapitellen der vorgestellten Säulen. Darüber folgt der heute nur aus einer glatten Steinlage bestehende Fries und ein mit Zahnschnitt versehenes Gesims. An oberster Stelle ist an der Ostfassade die Inschrift plaziert, die einst auf der Westseite ihr Pendant hatte (Abb. 67). Die Fragmente der letzteren sind heute westlich des Bogens, am Boden liegend, zu finden.

Die Reliefs

Die dem Ehrenbogen zuzuordnenden Relieffragmente lassen sich nach Motiven, Maßen und mutmaßlicher Funktion innerhalb des Bildprogramms zu sechs

Abb. 64   Caracallabogen, Ostfassade.

Abb. 65   Caracallabogen, Ostfassade, Südpfeiler. Zwischen den Säulen ist das fälschlicherweise hier angebrachte Medaillon zu erkennen.

Gruppen zusammenstellen: Zwei Viktorien, zwei rautenförmige Schmuckschilde, drei (ursprünglich vier?) Waffentafeln, sieben (ursprünglich acht?) Standarten und «Kandelaber», sieben (ursprünglich acht?) längliche Schilde und drei (ursprünglich vier?) Medaillons.

Viktorien

Aus sechs verschiedenen Fragmenten, von denen eines heute verschollen, aber auf einem Archivfoto zu identifizieren ist, lassen sich Teile zweier geflügelter Viktorien rekonstruieren, die sich spiegelbildlich einander zugewandt haben müssen. Die rechte Siegesgöttin scheint mit einem locker um die Hüften geschlungenem Gewand bekleidet gewesen zu sein, von dem noch ein Zipfel in ihrer rechten Hand zu sehen ist. Diese hält einen Palmwedel, während die erhobene linke Hand einen Siegerkranz umfaßt (Abb. 68). Ihr Pendant zeigt Ansätze eines Gewandes, welches von der rechten Schulter herabfallend ebenfalls um die Hüfte geschlungen ist. Vor ihrem Oberkörper erscheint ein kreisrunder Gegenstand, der möglicherweise als Globus zu interpretieren ist. Das Motiv einer «Viktoria mit Globus»

an Ehrenbögen ist nicht ungewöhnlich, wenn auch selten. Es ist dann aber so gestaltet, daß die Viktoria auf dem Globus steht.[69]

Die Schichtung des Reliefs, die nur bei der rechten Viktoria deutlich zu erkennen ist, beschränkt sich auf nur zwei Ebenen. Körper, Kranz und Palmwedel entwickeln eine gewisse Plastizität, während der Flügel sehr flach gehalten ist und nur durch Ritzungen eine Binnenstruktur erhält.

Die Viktorien der Giebelfelder des Severerbogens in Leptis Magna könnten als Vorbild gedient haben, wenn auch ihre elegante, schwebende Ausstrahlung nicht mit den groben und steifen Formen der volubilitanischen Siegesgöttinnen vergleichbar ist.[70]

Große Schmuckschilde

Die beiden Schmuckschilde können aus insgesamt neun Fragmenten zusammengesetzt werden. Die Grundform besteht aus einer Raute, der die vier Spitzen durch konkave Einziehungen genommen wurden (Abb. 69). In der Mitte besitzt jeder Schild einen Buckel mit einer leicht variierenden strahlenförmigen Einfassung, der am Scheitel- und Fußpunkt je eine mit Voluten gezierte Lilienblüte entspringt. Die einzelnen Elemente des Reliefs entwickeln sich nur leicht aus dem Grund heraus, weshalb sie fast wie Applikationen wirken, wodurch die Darstellung einen stark ornamentalen Charakter erhält.

Innerhalb der Tradition der Schilddarstellungen an Bogenmonumenten stellen die Schilde des Caracallabogens eine Besonderheit dar. Unter den verschiedenen Schildtypen, die innerhalb der römischen Triumphalkunst auftreten, läßt sich kein Äquivalent finden. Doch der ornamentale Charakter des Reliefs läßt an Beispiele der rein dekorativen römischen Kunst denken. Die gleiche Schildform erscheint z. B. in Pompeji innerhalb eines Wandgemäldes des vierten Stils auf der Ostwand der Casa dell'Ara Massima[71] oder als Motiv einer Marmorwandverkleidung der Trierer Kaiserthermen.[72]

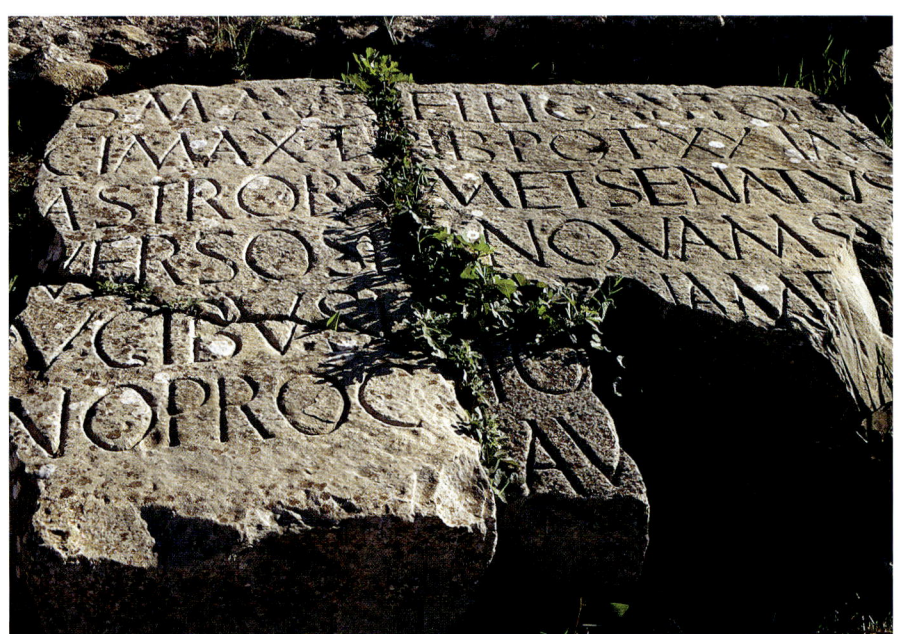

Waffentafeln

Von den ursprünglich sicherlich vier Waffentafeln sind heute nur noch drei auffindbar, von denen eine vollständig, die anderen beiden jedoch nur fragmentarisch erhalten sind. Sie bilden verschiedene Kombinationen von allerlei Rüstungsgegenständen ab: Brustpanzer, Ovalschilde, Lanzen, eine Doppelaxt und ein Schwertgehänge (Abb. 70. 71). Während eine der Tafeln die einzelnen Elemente dekorativ hintereinander staffelt, zeigen die beiden anderen Darstellungen die Rüstungsgegenstände in der Anordnung, wie sie auch am Körper eines Soldaten getragen werden. Auch hier ist die Modellierung der Reliefs sehr einfach gehalten. Klare Formen reduzieren die Darstellung auf ein Minimum.

Die spezifische Gestaltung der Tafeln läßt sich nicht mit den Waffenreliefs der

Abb. 66   *Kapitell des Caracallabogens, Ostfassade, Südpfeiler, außen.*

Abb. 67   *Fragment der Inschrift der Westfassade des Caracallabogens, heute westlich des Bogens aufgestellt.*

Abb. 68   *Fragmente einer Viktoria, Reliefschmuck des Caracallabogens, heute östlich des Bogens aufgestellt.*

Abb. 69   *Fragmente eines der beiden rautenförmigen Schmuckschilde, Reliefschmuck des Caracallabogens, heute östlich des Bogens aufgestellt, Archivphoto Volubilis.*

bekannten Ehrenmonumente wie z.B. denen des Bogens von Orange vergleichen.[73] Dort erscheinen die Waffen in ungeordneter Anhäufung – entsprechend der Assoziation zu der realistischen Szene, bei welcher die besiegten Gegner ihre Waffen dem Triumphator zu Füßen aufhäuften. In Volubilis aber sind die Rüstungsgegenstände in geringer Zahl und in dekorativer Anordnung abgebildet. Eine Marmorplatte im Hadrianeum in Rom kommt dieser Darstellung vielleicht am nächsten.[74]

Standarten und Kandelaber

Die stark fragmentierten Motive der Standarten und «Kandelaber» lassen sich paarweise beschreiben (Abb. 72). Zwei Standarten erinnern an die auf Triumphalmonumenten und Grabreliefs dargestellten Feldzeichen (*signa*) des römischen Heeres. Wie diese bestehen sie aus einer Stange mit Haltegriff und aufgesetzter Spitze, unter welcher eine Phalera (soldatischer Brustschmuck, Bildnismedaillon) erscheint. Doch seltsamerweise zeigt dieses statt eines Bildnisses eine von Blättern gefaßte Blütenknospe. Darunter folgen als weitere Besonderheit geometrische Motive.

Ein weiteres Standartenmotiv besteht aus einer simplen gefransten Fahne an einer Stange mit Griff und Spitze, wie sie das römische Militär mit sich führte.

Ein drittes Motiv arrangiert phantasievoll geometrische und florale Objekte zu einem Gebilde, das nicht treffender als mit dem Begriff «Kandelaber» zu umschreiben ist. Vergeblich bemüht man sich um Vergleichsbeispiele innerhalb der römischen Bauornamentik. Stattdessen läßt sich ein direkter Bezug zur dekorativen Kunst erkennen. Die Parallele zu den «Kandelabern» der pompejanischen Wandmalerei des ausgehenden 2. Stils ist eindeutig.

Im Falle des letzten Reliefpaares dieser Gruppe, welches nur noch von einem Exemplar vertreten wird, scheint das Motiv der sonst auch an der Spitze von *signa* erscheinenden Viktoria mit dem dekorativen Sujet des «Kandelabers» verknüpft worden zu sein.

Schilde

Zu den überlieferten sieben länglichen Schilden, von denen eines in den islamischen Thermen am westlichen Ufer des Oued Khoumane als Spolie verwendet wurde, gehörte ursprünglich noch ein heute verschollenes achtes Exemplar. Alle Schilde haben die gleiche Form: Eine längliche Raute mit gedoppeltem Rand, in deren Mitte ein mit variierenden Blüten geschmückter Kreis eingeschrieben ist. Die Mittelachse wird durch längliche Stege betont, die am Kreis ansetzen und sich in Richtung der Rautenspitzen verjüngen. Wie bei den zuvor beschriebenen Reliefs ist das Motiv dekorativ stilisiert wiedergegeben (Abb. 73).

Jahreszeitenmedaillons

Die vier Medaillons, welche fälschlicherweise über den Nischen der Pylone des Caracallabogens angebracht wurden, befinden sich in einem unterschiedlichen Erhaltungszustand. Jedes von ihnen zeigte ursprünglich eine menschliche Büste, gerahmt von einem vegetabilen Kranz, der wiederum von stilisierten Ranken oder Lilienblüten umgeben war. Eines der Medaillons besitzt noch die vollständige Büste, welche eine Toga trägt und offensichtlich eine Kurzhaarfrisur (Abb. 74). Zwei Ährenhalme schmücken den Kranz. Bei einem anderen Medaillon ist nur die Einfassung erhalten, welche hier Weintraubendolden trägt (Abb. 75). Zwei Fragmente, heute getrennt am Bogen plaziert, gehörten ursprünglich wahrscheinlich zu einem einzigen Tondo.[75] Stellt man die Bruchstücke zusammen, so zeigen sie den vermummten Kopf einer Person, deren grobe Gesichtszüge nicht auf das Geschlecht schließen lassen, und deren bekleidete rechte Schulter. Charakteristisches Element des Kranzes ist hier ein dünner Zweig, ähnlich einem Schilfrohr, an dem in großen Abständen paarig kleine, geknickte Blättchen sitzen.

Die traditionelle Auslegung der Büsten als Bildnisse der kaiserlichen Familie (Septimius Severus, Iulia Domna, Caracalla und Geta) scheint wenig glaubhaft, war doch Geta zum Zeitpunkt der Errichtung des Bogens bereits seit vier Jahren tot und mit der «*damnatio memoriae*» belegt. D. h. eine öffentliche Ehrung seiner Person durch Bildwerke war bei Strafe verboten. Die Interpretation, wonach die Büsten Jahreszeitendarstellungen zeigen, scheint zutreffend, ist doch die Parallele zu den Jahreszeitenmosaiken von Volubilis frappierend, nicht zuletzt im Hinblick auf die umkränzende Einfassung der Medaillons, welche die gleichen vegetabilen Elemente aufweisen, die den Jahreszeitenbüsten der Mosaike als Attribute mitgegeben sind[76] (vgl. Abb. 75. 139).

Die Repräsentation von Jahreszeiten an Ehrenbögen folgt im 3. Jh. n. Chr. einer Tradition, die in Volubilis nicht beachtet wird. Am Septimius Severus – Bogen in Rom erscheinen sie z. B. als Ganzkörperfigur aufrecht in den Zwickeln unter den Flußgöttern und Viktorien stehend.[77] Wenn in Volubilis Jahreszeiten dargestellt sind, so ist es also nicht der offizielle Typus, der den Künstler inspiriert hat, sondern im Gegenteil sind es Motive aus der privaten Mosaikkunst.

Die Plazierung der Reliefs

Hinweise für die Plazierung zumindest der Viktorien und der großen Schmuckschilde finden sich in der Dokumentation

70

71

72

73

Der Ehrenbogen des Caracalla 57

von Windus (s. Abb. 5). Seine Zeichnung der Ostfassade zeigt nämlich über den Nischen der Pylone rechteckige Tafeln mit der unteren Spitze einer Raute, verziert mit Voluten. Das heißt, daß an diesen Stellen statt der Medaillons die rautenförmigen Schmuckschilde zu plazieren sind. Zweitens erwähnt er an der den hochrechteckigen Tafeln gegenüberliegenden Seite «einen Fuß unter dem Saum eines Kleides».[78] Da außer den Viktorien keine Ganzkörperdarstellungen gefunden wurden, müßten diese also anstelle der Medaillons an der Westseite über den Nischen angebracht werden.

In der Literatur wurde bisher nur ein Vorschlag für die Plazierung der übrigen Reliefs im Zusammenhang mit der Gestaltung des Obergeschosses[79] unterbreitet: Entsprechend Windus Zeichnung ist der Fries höher als in seinem heutigen Zustand und beinhaltet über der Wölbung die Inschrift. Ihre Höhe entspricht derjenigen der vier Waffentafeln, so daß diese, verteilt auf die beiden Fassaden, die Inschrift flankieren. Über diesen folgen im heute fehlenden Attikageschoß die vier Medaillons. Die acht Standarten und acht

Abb. 70 Waffentafel, Reliefschmuck des Caracallabogens, heute östlich des Bogens aufgestellt. Dargestellt sind ein Ovalschild, ein Brustpanzer und Lanzen, dekorativ gestaffelt.

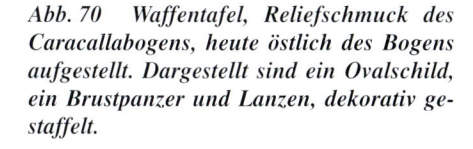

Abb. 71 Fragment einer Waffentafel, Reliefschmuck des Caracallabogens, heute östlich des Bogens aufgestellt. Zu erkennen ist ein Brustpanzer, durch die Bruchlinie stark beschnitten, und ein Schwertgehänge, dem ein nicht näher bestimmbares Werkzeug hinzugefügt wurde.

Abb. 72 Fragmente eines «Kandelabers» mit Viktoria an der Spitze und einer Standarte (diese auf dem Kopf stehend), Reliefschmuck des Caracallabogens, heute östlich des Bogens aufgestellt.

Abb. 73 Zwei längliche Schmuckschilde, Reliefschmuck des Caracallabogens, heute östlich des Bogens aufgestellt.

Abb. 74 Jahreszeiten-Tondo mit menschlicher Büste, gerahmt von einem Ährenkranz, wahrscheinlich eine personifizierte Darstellung des «Sommers»; Caracallabogen, Ostfassade, Nordpfeiler.

Abb. 75 Jahreszeiten-Tondo: «Herbst», Caracallabogen, Ostfassade, Südpfeiler. Die anhand der Bruchlinien im Reliefgrund zu verifizierende Büste ist nicht erhalten. Der rahmende Kranz ist mit Weintraubendolden besetzt.

länglichen Schilde finden ihren Platz innerhalb des Frieses und der Attika jeweils über den acht dem Untergeschoß vorgestellten Säulen. Der Rekonstruktionsvorschlag scheint schlüssig, besonders da er Zahl und Maße der Reliefs berücksichtigt.

Die Symbolik

Wenn auch die von den klassischen Schemata abweichende Gestaltung der Reliefs des Caracallabogens einen eigenwilligen provinziellen Geist verrät, so werden doch Motive behandelt, die traditionell zur Triumphalsymbolik eines Ehrenbogens gehören: Viktorien, Jahreszeiten und Waffenreliefs. Erinnert werden muß auch an die Nischen über den Wasserbassins, die möglicherweise Statuen von Wassergottheiten aufgenommen haben könnten, welche das Bildprogramm im Vergleich zu anderen Bögen sinnvoll ergänzen würden: Den ewigen Sieg verkörpernd ist die eng an das Kaiserhaus geknüpfte Viktoria vor allem eine Bürgschaft für die erfolgreiche Zukunft. Die Jahreszeiten symbolisieren zum einen den Kreislauf des Jahres, die ständige Wiederkehr der Wohlfahrt und des Glücks, zum anderen die fast göttliche Macht des Kaisers, der wie die Naturgewalten die Geschicke der Menschen und des Landes beherrscht. Die Wassergottheiten würden im Zuge der Gesamtprogrammatik wiederum den vom Kaiserhaus gesicherten Fortbestand der Prosperität repräsentieren. Die Waffendarstellungen dokumentieren in Volubilis besonders die militärische Präsenz des Imperiums auch an der äußeren Grenze des Machtbereichs.

Das Südviertel

Südlich des monumentalen Stadtzentrums erstreckt sich über die Anhöhe und ihren südlichen Hang gewissermaßen die «Altstadt» von Volubilis, welche schon in der punisch-mauretanischen Epoche besiedelt war (s. o.»Die punisch-mauretanische Stadt»). Wahrscheinlich haben hier in römischer Zeit die unteren Schichten der Bevölkerung ihre Bleibe gefunden. Denn im Gegensatz zu den herrschaftlichen Vierteln am Ehrenbogen und im Nordosten der Stadt deutet die Raumaufteilung der Gebäude darauf hin, daß es sich um Mietshäuser gehandelt haben muß. Offensichtlich wurden die zum größten Teil bereits in vorrömischer Zeit errichteten Gebäude, die besonders entlang der östlichen Begrenzungslinie der Hochstadt aus einem Konglomerat von aneinandergereihten Wohneinheiten bestehen, nach der Übernahme der Stadt durch die Römer weiter benutzt, wenn sie in der Folge auch immer wieder umgebaut wurden.

In diesem Stadtviertel befinden sich jedoch die Überreste eines großen Gebäudes, das eine ganze *insula* belegt und aufgrund seiner Struktur und Ausstattung ein prächtiges Herrenhaus (*domus*) gewesen sein muß. Heute bietet das liebevoll hergerichtete «Haus des Orpheus», benannt nach einem Bodenmosaik, allerlei Attraktionen und wird deshalb von den zahlreichen Touristen gern besichtigt.

Das Haus des Orpheus

Das Gebäude[80] nimmt bei einer Länge von 60 m und einer Breite von 28 m die beachtliche Fläche von etwa 1700 m² ein (Abb. 76). Deutlich läßt sich eine funktionelle Zweiteilung der ehemaligen Raumaufteilung erkennen. Der westliche Teil des Hauses umfaßte einen Wirtschaftstrakt und Repräsentationsräume, während der östliche Flügel dem privaten Wohnbereich mit integrierten kleinen Thermen vorbehalten blieb.

Der mit Pilastern geschmückte Haupteingang an der Nordfassade hatte wie üblich zwei Türen aufzuweisen, eine größere für die Sänften und eine kleinere für die Fußgänger. Die Besucher wurden von einem Portier empfangen, der seine Loge links neben dem Eingang hatte. Drei Treppenstufen, über die man ins Vestibül (1) hinabstieg oder getragen wurde, überwinden den Niveauunterschied zwischen der Seitenstraße und dem tiefergelegenen Boden des westlichen Flügels. Das Vestibül zeigt sich hier nicht als separater Vorraum, sondern es erweitert sich zu beiden Seiten gen Süden, in der Mitte ein *atrium* (2) und ihm gegenüber im rückwärtigen Teil ein *tablinum* (3) um-

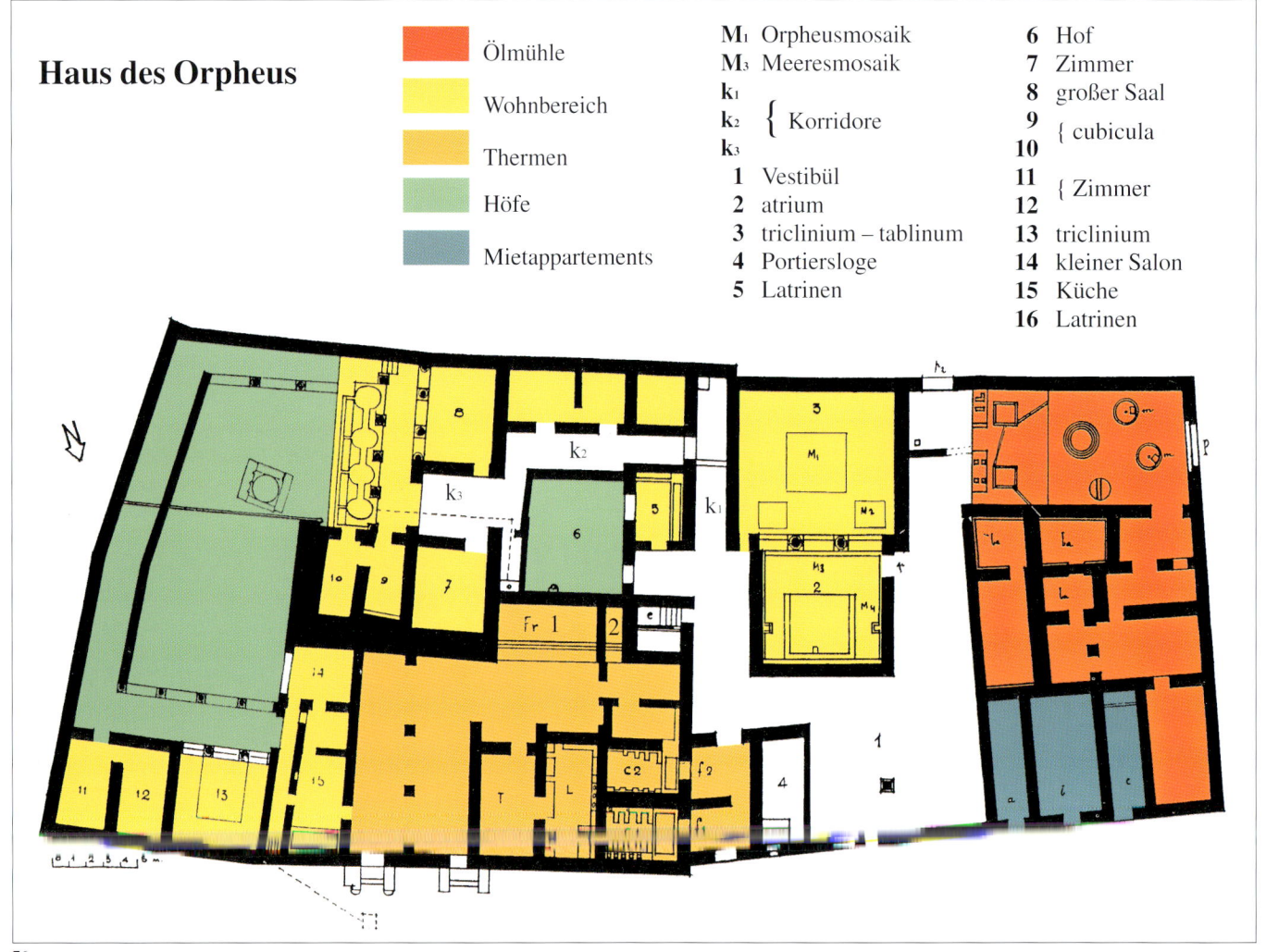

Haus des Orpheus

- Ölmühle
- Wohnbereich
- Thermen
- Höfe
- Mietappartements

M₁ Orpheusmosaik
M₃ Meeresmosaik
k₁
k₂ } Korridore
k₃
1 Vestibül
2 atrium
3 triclinium – tablinum
4 Portiersloge
5 Latrinen
6 Hof
7 Zimmer
8 großer Saal
9 } cubicula
10
11 } Zimmer
12
13 triclinium
14 kleiner Salon
15 Küche
16 Latrinen

76

Das Südviertel

77

schließend (Abb. 77). Eine Basis im vorderen Eingangsbereich deutet auf eine von einem Stützpfeiler getragene Abdeckung hin. Das Bassin des *atrium* ist an drei Seiten von Fußbodenmosaiken umgeben, von denen eines ein schwarzweißes Meeresmosaik zeigt. Das gegenüberliegende *tablinum* (Empfangssaal) ist ebenfalls reich mit Mosaiken bestückt. Im Zentrum zeigt eine große, kreisrunde Darstellung den Lyra-spielenden Orpheus inmitten von Fabelwesen und wilden Tieren (s. Abb. 130, 131). Der weite Übergang vom *atrium* zum *tablinum* ist akzentuiert durch zwei eingestellte oktogonale Säulen.

Abb. 76 Grundriß Orpheushaus, nach PSAM 6, 1941.

Abb. 77 Orpheushaus, Blick über den Empfangsbereich; links im Bild der lange Korridor, der in den östlichen Flügel des Hauses führt; mittig im Vordergrund die Portiersloge, rechts angeschnitten das Vestibül; im Hintergrund zuerst das Atrium, dahinter das Tablinum, in dem sich das große «Orpheusmosaik» befindet.

Abb. 78 Orpheushaus, Latrinen; im Vordergrund ein Wasserbecken.

78

Westlich dieses repräsentativen Traktes, wo der Hausherr seine Gäste und Klienten empfing, liegt der einstige Wirtschaftsbereich, der hier wie überall in Volubilis in die Privathäuser integriert ist. In der Südwestecke produzierte ein großer Betrieb Olivenöl. Er war mit zwei Ölpressen und zwei Quetschvorrichtungen (m) ausgestattet, worauf die steinernen Relikte noch heute verweisen (s. u. «Die Ölmühlen»). Je eine Tür in der West- und Südfassade ermöglichte die direkte Anlieferung der Oliven. Das Öl wurde in drei oder vier Bassins (ba) gesammelt, die in der islamischen Periode in bewohnbare Zimmer umgewandelt wurden. Die anschließenden Räume dienten wahrscheinlich der Lagerung von Olivenölamphoren. Drei separierte Räume in der Nordwestecke (a–c) könnten als

Mietappartement oder als Schlafzimmer des Personals der Ölmühle genutzt worden sein, wenn sie nicht als Verkaufslokale zu interpretieren sind.

Der östliche, private Flügel war über einen Korridor (k1) leicht vom *tablinum* aus zu erreichen. Ganz in der Nähe desselben, also an zentraler Stelle im Haus, lagen die Latrinen (5). Sie sind heute noch soweit erhalten (Abb. 78), daß sie die einheimischen Touristenführer als willkommene Abwechslung oft zu witzigen Demonstrationen inspirieren. Entlang zweier Seitenwände befinden sich Konstruktionen aus Steinplatten, die an einen Trog erinnern. Durch quer eingeschobene Holzbretter konnten Kabinen abgeteilt werden. Der Fußboden war einst mit einem weißen Mosaik belegt, das von einer vielfarbigen arabesken Bordüre umgeben war.

Die privaten Zimmer sind in zwei Einheiten organisiert. Eine, in der Südostecke des Flügels, nahe dem *tablinum*, gruppiert die verschiedensten Räume um einen offenen Hof (6), der mit sorgfältig bearbeiteten Kalksteinplatten belegt ist. Sein Boden ist leicht gen Westen geneigt, wo sich die Latrinen befinden, so daß das Regenwasser in dieser Richtung ablaufen und in den Abwasserkanal der Toiletten geleitet werden konnte. Zwei kleine Schlafzimmer (9 und 10) besitzen Mosaikfußböden mit einem geometrischen Muster, die den Platz für die Betten freilassen. Besonders aufwendig ist ein großer Saal (8) eingerichtet. Er öffnet sich im Osten über eine Kolonnade zu einem hier verlaufenden Gang, an dessen gegenüberliegender Seite sich vier ovale, miteinander verbundene Bassins auftreihen (Abb. 79). Die zwischen den Bassins sich jeweils annähernd trapezförmig ausbuchtende Einfassung trägt an der Frontseite eine Säulenreihe, während sie im hinteren Bereich mit figürlichen Mosaiken verziert ist. Diese zeigen paarweise Delphine und Rebhühner. Ausgesparte rosafarbene Quadrate dienten vielleicht als Standflächen für Statuetten. Über eine Leitung, welche in der rückwärtig anschließenden Mauer verlief, gelangte Frischwasser ins Becken. Der Abfluß erfolgte über einen in Richtung des Hofes führenden Kanal.

Fast die ganze Ostflanke wird von einem weiteren Hof besetzt, der über eine schmale Treppe am Ende des Beckens erreichbar war. Man mußte den Hof überqueren, um zu der zweiten Gruppe der privaten Zimmer (11–14) zu gelangen. Der sich über zwei verschieden hohe Bodenniveaus erstreckende Hof war von Portiken umgeben, worauf erhaltene Fragmente der Säulen hinweisen, und besaß in der Mitte einen Brunnen, der heute noch etwa 8 m in die Tiefe reicht. Er muß installiert worden sein, bevor das Wasser über den Aquädukt in die Stadt geleitet wurde. Später entnahm man das Frischwasser dem Zweig des Leitungssystems, welcher in der benachbarten Straße im Osten verläuft. Ein Teil der Leitung konnte noch im Hof lokalisiert werden.

Einer der Räume an der Nordseite zeichnet sich durch sein Bodenmosaik in T-Form als *triclinium* aus (Abb. 80). Der Platz für die drei Liegen, auf denen sich die Teilnehmer eines Mahles niederließen, ist mit geometrischen Motiven gekennzeichnet, während sich im Zentrum neun Delphine tummeln. Die weite Öffnung zum Hof wird durch zwei eingestellte Säulen mit ionischen Kapitellen dreigeteilt. In unmittelbarer Nähe des Speisezimmers liegen die Küche (15), ein kleiner Salon (14) und weitere Latrinen (16). Küche und Latrinen besitzen einen gemeinsamen Abwasserkanal, der zu einem Kollektor in der vor dem Gebäude verlaufenden Straße führt. Von dem Ofen der Küche sind nur kleine Reste gefunden worden, aber eine Nische für die Laren, die Schutzgeister des Hauses, ist noch

Abb. 79 Orpheushaus, Bassin in der Südostecke des Hauses.

Abb. 80 Orpheushaus, Triklinium in der Nordostecke des Hauses; im Hintergrund der große Hof.

Abb. 81 Orpheushaus, Treppenaufgang zur Thermenanlage; im Vordergrund links ein Fragment eines Kanaldeckels.

Das Südviertel   61

80

vorhanden, ebenso wie ein Wasserreservoir an der Nordwand.

Die kleinen privaten Thermen befinden sich in der Nordwestecke des Wohntraktes. Sie waren vom Hauptvestibül (1) über eine schmale Treppe (Abb. 81) oder von außen über zwei identisch gestaltete Eingänge der Nordfassade zugänglich. Wahrscheinlich überdachte Vorbauten, bestehend aus zwei Seitenwänden und flankierenden Halbsäulen mit korinthischen Kapitellen, gaben den Eingängen ein imposantes Gepräge. Wenn Gäste die Thermen von dieser Seite aus betraten, gelangten sie zunächst in das durch eine Pfeilerreihe zweigeteilte Vestibül, dessen linke Seite mit blauen Kalksteinplatten, die rechte aber mit einem Mosaik ausgelegt war. Rechterhand des Vestibüls befinden sich vier mit Fußboden- und Wandheizungen bestückte Räume, die als *tepidarium* (T), *laconicum* (L) und *caldaria* (C1 und C2) identifiziert werden konnten. Die warme Luft, welche in den gewölbten Tunneln der Böden (*hypocaustum*) und den Röhren der Wände (*tubuli*) zirkulierte, wurde in zwei Öfen (f1 und f2) erwärmt. Gegenüber den beheizten Baderäumen lag das *frigidarium* mit einem großen und einem kleinen Kaltwasserbecken (Fr1 und 2). Auf nähere Einzelheiten kann hier verzichtet werden,

81

da an anderer Stelle bereits ausführlich auf die Funktionsweise von Badeanlagen eingegangen wurde (s. o. «Die öffentlichen Thermen»). Es soll aber darauf hingewiesen werden, daß das Heizungssystem der Thermen des Orpheushauses vergleichsweise sehr gut erhalten und sichtbar ist, so daß man hier die Komplexität einer solchen Anlage sehr gut studieren kann.

Das imposante herrschaftliche Haus ist in seinem heutigen Zustand offensichtlich für nur eine Familie eingerichtet worden, doch die Untersuchungen ergaben, daß hier in der punisch-mauretanischen Epoche mindestens vier, vielleicht auch fünf Wohneinheiten für verschiedene Familien bestanden[81], die ein geschickter Architekt in römischer Zeit zu einer einzigen Einheit verbunden hat.

Die Privathäuser des Stadtviertels am Ehrenbogen

Das Stadtviertel rund um den Ehrenbogen bildet die Nahtstelle zwischen der alten Siedlungszone der «Hochstadt» auf dem Hügelsporn im Südosten der Stadt und dem später neu angelegten Nordostviertel. In seinem Zentrum treffen der 400 m lange *decumanus maximus*, die Hauptverkehrsader des Nordostviertels, und der *cardo*, der vom severischen Forum herüberführt, aufeinander. An dieser Stelle, wo die Bebauung einen weiten Platz freigibt, plazierte man 216/217 n. Chr. den imposanten Caracalla-Bogen. Die Häuser des Stadtviertels hatten zu jener Zeit aber schon lange bestanden.

Die Freilegung des Viertels erfolgte bereits zwischen 1915 und 1920 im Zuge der großangelegten Grabungskampagne des französischen Militärs unter der Leitung von L. Chatelain. Manche der Ruinen weisen noch sehr diffuse Strukturen auf, während andere im Laufe des Jahrhunderts sorgfältig teilrekonstruiert wurden.

Auf der nördlichen Seite des *decumanus maximus* sind heute die Überreste von vier freigelegten Häusern zu besichtigen: Das «Haus des Kompaß», das «Haus des Epheben», das «Haus der Säulen» und das «Haus des Reiters». Die geschlossene Front der Häuser wird von einer Seitenstraße durchbrochen, die den *decumanus maximus* mit dem *decumanus* Nord I verbindet. Nördlich von diesem liegt das «Haus mit der Zisterne». Südlich der Hauptverkehrsader befinden sich im Osten des *cardo*, welcher zum Forum führt, die großen Nordthermen und im Westen das «Haus des Hundes», sowie innerhalb derselben *insula* ein noch nicht interpretierter Komplex. Südlich davon wurde eine *insula* ausgegraben, die im Süden an den Forumsbereich anschließt, und u. a. das «Haus des Desultors» beherbergt.

Alle genannten Gebäude waren in der ausgehenden römischen Zeit große, reich ausgestattete Herrenhäuser (Abb. 82). Zumindest für die *insulae* im Norden des *decumanus maximus* läßt sich jedoch feststellen, daß sie zuvor mit bescheideneren Wohnhäusern besetzt waren, die

Abb. 82 Blick über das «Haus des Epheben» in Richtung Süden; im Vordergrund der rückwärtige Teil des Hauses: links eine Reihe von Zimmerchen mit einem transversalen Gang, der sich über eine Säulenstellung zu einem kleinen Innenhof (rechts im Bild angeschnitten) öffnete. Rechts im Mittelgrund ist das triclinium-tablinum erkennbar, dahinter das große Peristyl mit einzelnen aufrechtstehenden Säulen.

Abb. 83 Blick auf die Südfassade des «Haus der Säulen» mit dem Haupteingang am decumanus maximus.

Abb. 84 Grundriß «Haus der Säulen», aus PSAM 7, 1945.

Abb. 85 Grundriß «Haus des Hundes», aus PSAM 7, 1945.

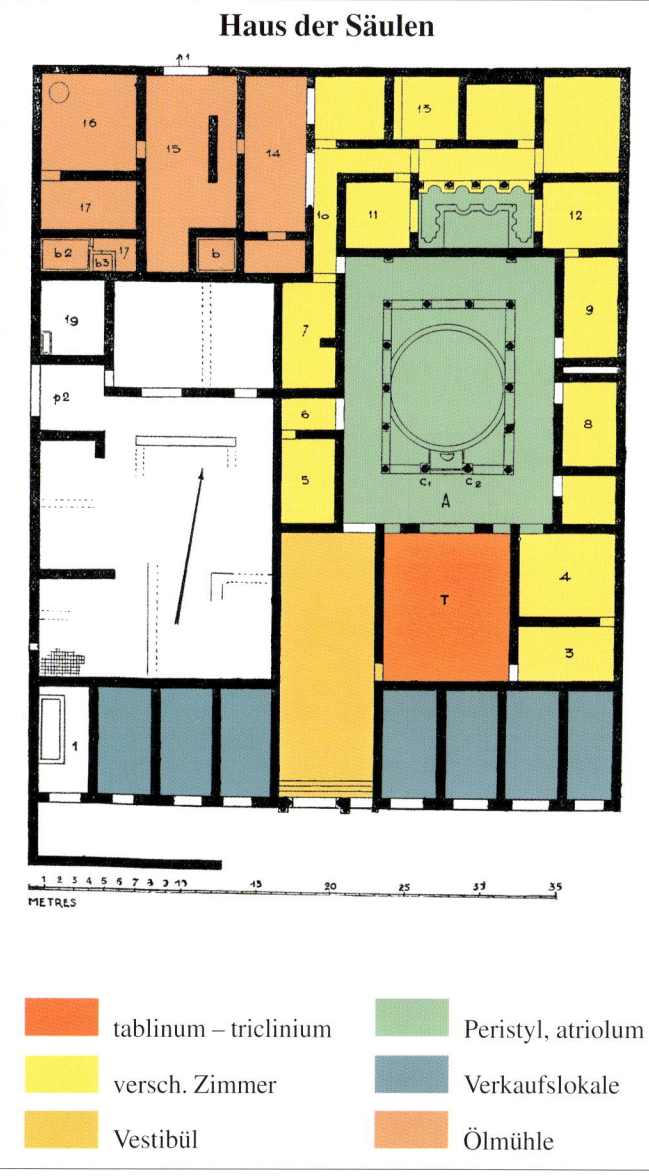

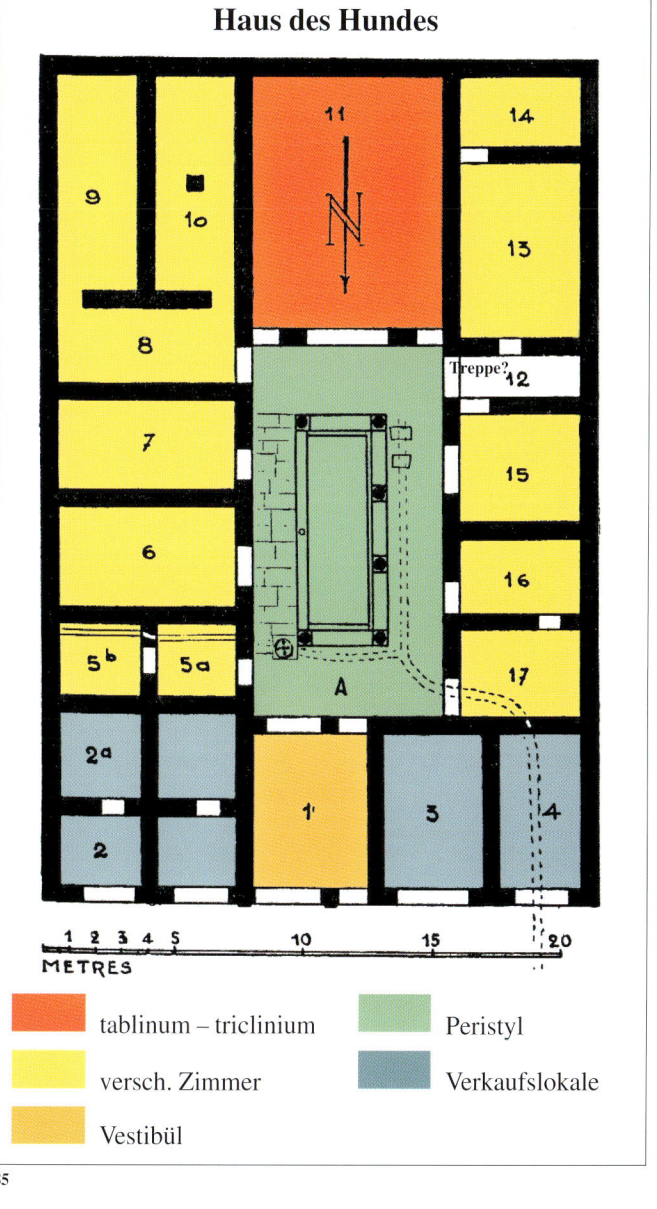

Die Privathäuser des Stadtviertels am Ehrenbogen

83

Haus der Säulen

- 🟧 tablinum – triclinium
- 🟨 versch. Zimmer
- 🟧 Vestibül
- 🟩 Peristyl, atriolum
- ⬜ Verkaufslokale
- 🟧 Ölmühle

84

Haus des Hundes

- 🟧 tablinum – triclinium
- 🟨 versch. Zimmer
- 🟧 Vestibül
- 🟩 Peristyl
- ⬜ Verkaufslokale

85

86

87

Die Privathäuser des Stadtviertels am Ehrenbogen

88

89

90

Abb. 86   «Haus der Säulen», Peristyl.

Abb. 87   «Haus der Säulen», Blick in das atriolum mit Bassin im hinteren Teil des Hauses.

Abb. 88   «Haus der Säulen», Peristyl; im Hintergrund der weite, mit Halbsäulen geschmückte Durchgang zum tablinum.

Abb. 89   «Haus des Epheben», Kapitell, Peristyl.

Abb. 90   Säulenfragmente im «Haus des Hundes».

sich mit dem zunehmenden Wohlstand der Stadt besonders gen Norden erweiterten. Das Stadtviertel wurde nach dem Abzug der Römer gegen Ende des 3. Jhs. n. Chr. von der zurückbleibenden Bevölkerung, die sich in den Westteil der Stadt zurückzog, als Nekropole benutzt.

Von den genannten Gebäuden dieses Stadtviertels soll hier besonders auf die drei großzügig geschnittenen Herrenhäuser nördlich des *decumanus maximus* eingegangen werden – das «Haus des Epheben», das «Haus des Reiters» und das «Haus der Säulen».[82] Letzteres erhielt seinen Namen aufgrund der zahlreichen aufrechtstehenden Säulen (Abb. 83). Der Bauschmuck und die teilweise wiederhergerichteten Räume locken heute die zahlreichen Besucher der Ruinen an. Die übrigen Häuser wurden nach den hier aufgefundenen Bronzeplastiken benannt.

Der Raumordnung der weitflächigen *domus*, deren größtes sich über eine Grundfläche von 1900 m² erstreckt, liegt im Prinzip das Schema des traditionellen römischen Wohnhauses zugrunde (Abb. 84): Der Haupteingang an der Frontseite wird flankiert von Verkaufslokalen. Man betritt das Innere des Hauses nicht direkt, sondern über ein Vestibül, welches zu dem im Zentrum plazierten *atrium* führt. Um dieses gruppieren sich die verschiedensten Wohn- und Schlafräume. Auf der dem Vestibül gegenüberliegenden Seite liegt ein großer Empfangsraum, das *tablinum*, welches sich mit seiner Frontseite zum Innenhof öffnet. Doch bei Ankunft der Römer in der Provinz hatte sich der Grundriß des einfachen Atriumhauses bereits unter dem Einfluß der griechisch-hellenistischen Kultur gewandelt und diesem griechisch-römischem Typus entsprechen auch die hier behandelten Häuser. Im Gegensatz dazu folgt der Plan des «Hauses des Hundes» auf der gegenüberliegenden Seite des *decumanus maximus* noch streng dem puren römischen Schema (Abb. 85). Bei den anderen Häusern hat das *atrium* größere Dimensionen angenommen und ist zu einem *peristylum* mit Gartenanlagen und einem Springbrunnen transformiert (Abb. 86). Der den Innenhof umgebende Säulengang kann in der Form eines «rhodischen» Peristyls gestaltet sein, bei dem die Portikus auf einer Seite, meist vor dem *tablinum*, erhöht wird, wie es beim «Haus der Säulen» und dem des «Epheben» der Fall gewesen sein muß.

Im hinteren Teil der *domus*, und nur über einen kleinen Korridor zu erreichen, liegt ein separater Komplex mit einem zweiten, kleineren Hof mit Bassin, dem sog. «*atriolum*», um das sich weitere Zimmer anordnen (Abb. 87). Dieser Bereich läßt sich mit den griechischen *gynaeconitis* vergleichen, die schon von

einer Balkenkonstruktion und war gedeckt mit Dachziegeln, von denen man große Mengen zwischen den Trümmern gefunden hat.

Die Ausstattung der Herrenhäuser war pompös und manifestiert sich nicht nur in den hier aufgefundenen Bronzeplastiken. Die Wände waren mit Fresken verziert, von denen man leider nur winzige Spuren verifizieren konnte. Aber die Reste der Bodenmosaike, mit denen sehr viele Zimmer und die Portiken ausgelegt waren, lassen sich noch an manchen Stellen bewundern – so z. B. das Mosaik, welches im Haus des Reiters die Geschichte von Bacchus und Ariadne thematisiert, oder die Darstellungen von Bacchus auf seinem Wagen (Abb. 91), vielfältigen Meerestieren und einer Nereide, auf einem Seepferd reitend (s. Abb. 140), im «Haus des Epheben». Neben den figürlichen Motiven finden sich zahlreiche geometrische, die mit der gleichen Virtuosität gestaltet sind wie die heutigen Berberteppiche.

Die Säulen der Peristyle tragen Kapitelle, bei welchen man zwar die typischen klassischen Elemente wiederfindet, die aber stilisiert und in der Zusammenstellung und den Proportionen modifiziert wurden, aber nichtsdestotrotz eine gewisse Eleganz ausstrahlen. Auch die phantasievolle Form der Wasserbassins mit alternierenden konkaven und konvexen Elementen, wie sie überall in Volubilis zu beobachten ist, verrät einen eigenwilligen Geschmack. So findet die spezifisch provinzielle Eigenart von Volubilis ihren Ausdruck besonders in der Architekturdekoration (Abb. 88–90).

Vitruv (84 v. – 27 v. Chr.) beschrieben werden. Hierher konnte sich der Hausherr mit seiner Familie zurückziehen, wenn er von den Tagesgeschäften ausruhen wollte, die er im vorderen repräsentativen Bereich des Hauses getätigt hatte.

Obwohl die volubilitanischen Architekten sich offensichtlich bemühten, das Raumprogramm nach typisch römischer Art symmetrisch zu gestalten, so waren sie doch gezwungen, eventuell aufgrund der vorhandenen Strukturen der zu erweiternden Vorgängerbauten oder aufgrund anderer Sachzwänge, gewisse Kompromisse einzugehen. So wurde oftmals ein Seitenflügel der Häuser erweitert, um zusätzliche Wohnräume oder Produktionsbetriebe aufnehmen zu können. Das *tablinum* scheint in diesem Viertel gleichzeitig auch als *triclinium* gedient zu haben, da man entsprechende Räume der zweiten Kategorie nicht identifizieren konnte. Das Vestibül liegt nicht mittig zum Hof, sondern versetzt, vielleicht um das Innenleben des Hauses vor den neugierigen Blicken der Passanten zu schützen.

Wahrscheinlich besaßen die Häuser eine obere Etage. Denn an manchen Stellen wurde zwischen den Seitenwänden zweier benachbarter Zimmer ein Freiraum belassen, in dem erfahrungsgemäß eine Treppe zu vermuten ist (Haus der Säulen, zwischen 8 und 9; Haus des Hundes, 12). Das Dach ruhte eventuell auf

Abb. 91   Bacchus auf seinem Wagen, Ausschnitt des Bodenmosaikes im tablinum-triclinium im «Haus des Epheben».

Das Nordostviertel

Das «Nordostviertel», welches sich zwischen dem östlichen Stadttor, dem sog. «Tangertor», und dem Stadtbereich am Ehrenbogen zu beiden Seiten des *decumanus maximus*, der zentralen Verkehrsader, ausbreitet, bildet heute als ein fast komplett freigelegtes urbanes Biotop einen Hauptanziehungspunkt für die Besucher von Volubilis (Abb. 92). Bis zum jetzigen Zeitpunkt förderten die Grabungsarbeiten in diesem Stadtviertel 25 erstaunlich großzügig angelegte, einstmals prächtig ausgestattete Privathäuser zu Tage[83], außerdem die Grundmauern des sog. «Gordianuspalastes», zumindest zeitweilig Residenz des Prokurators der Provinz (Abb. 93).

Abb. 92 Blick vom Tangertor über das Nordostviertel in Richtung Südwesten; deutlich erkennbar die Trasse des decumanus maximus, der zum Caracallabogen führt; im Hintergrund links die Basilika.

Ein Rundgang durch das Stadtviertel

Ein Rundgang durch die ungefähr bis auf Brusthöhe freigelegten Ruinen vermittelt einen anschaulichen Eindruck von der einstigen Vitalität des Stadtviertels und der Lebensweise seiner Bewohner. Fast jedes Haus besitzt einen großen mit Säulengängen umgebenen Innenhof mit einem für die volubilitanische Wohnkultur typischen originell geformten Wasserbassin, das oft mit einem Springbrunnen ausgestattet war und manchmal noch Reste einer Mosaikverzierung erkennen läßt (Abb. 94. 95). Natürlich ist dieses Ensemble nicht überall gut erhalten. Manchmal boten jedoch die aufgefundenen Fragmente genug Material, um die verflossene Pracht wieder zum Leben zu erwecken. Eine Vielzahl gut erhaltener und kürzlich restaurierter Fußbodenmosaike in situ – eine der Hauptattraktionen in Volubilis, nach denen heute verschiedene Häuser benannt sind, künden vom luxuriösen Geschmack der einstigen Bewohner. Zur Ausstattung gehörten auch Bronzeplastiken von erstaunlicher Qualität wie z. B. die Büsten des Cato von Utica und Jubas II. (s. u. «Bronzeplastiken in Wohnhäusern von Volubilis»), heute alle im Archäologischen Museum von Rabat zu besichtigen. Einige der Häuser besitzen sogar eigene kleine private oder halbprivate Thermalbäder.

Neben den privaten und repräsentativen Wohnräumen finden sich wie überall in Volubilis auch ökologisch genutzte Hausbereiche – Ölmühlen und Bäckereien, deren Relikten man an vielen Stellen begegnet, verweisen auf die Quelle des offensichtlichen Reichtums. Ladenlokale an den Frontseiten der Häuser boten unter noch fragmentarisch erhaltenen Portiken am *decumanus maximus* und in den stark frequentierten Seitenstraßen ihre Waren zum Verkauf. Lagerräume für Getreide, Oliven und Olivenöl, sowie Remisen für die benötigten Wagen und Zugtiere vervollständigen das Bild von florierender Produktion und regem Handel. Es waren also offensichtlich die reichen Kaufleute von Volubilis, die im Nordostviertel ihre Domizile errichteten. Die Integration ihrer Produktionsbetriebe in die Wohnhäuser ermöglichte ihnen eine direkte Kontrolle des Personals. Vielleicht wurden sie aber auch durch Überfälle feindlicher Berberstämme auf die Latifundien außerhalb der Stadt dazu gezwungen, die Verarbeitung der Ernte hinter die schützenden Stadtmauern zu verlegen.

Leider ist uns nur ein einziger Name eines Hausbesitzers bekannt: «Flavius Germanus». In dessen *domus* befindet sich nämlich in der Südostecke des Innenhofes ein kleiner Hausaltar mit einer Weiheinschrift, die diesen Namen nennt.[84]

Der Stadtplan des Nordostviertels (Abb. 96)

Auffällig ist das Fehlen von öffentlichen Plätzen und öffentlichen oder religiösen Bauten. Als einziges bekanntes Gebäude mit quasi-öffentlicher Bedeutung wäre nur der Palast des Prokurators der Provinz am *decumanus maximus* zu nennen. Dieser wurde in der Regierungszeit Gordianus III. (238–244 n. Chr.) von dem Prokurator der Provinz, M. Ulpius Victor, auf einem Vorgängerbau, dem sog. «Haus des Pompeius» errichtet (Abb. 97. 98).

Die Struktur des Stadtviertels wird bestimmt durch vier in etwa parallel von West nach Ost verlaufende Hauptstraßen, die *decumani*, an denen sich die Häuser aufreihen. In unregelmäßiger Abfolge nahezu rechtwinklig abzweigende Seitenstraßen, die *cardines*, unterteilen die Häuserreihen in verschieden große *insulae*, die von einem oder mehreren Häusern besetzt werden. Das Ideal eines römischen Stadtplanes im «Schachbrettmuster» scheint hier Pate gestanden zu ha-

Abb. 93 Abendstimmung in Volubilis. Blick über das Nordostviertel in Richtung Süden; im Vordergrund die Thermenanlage des Gordianuspalastes; links im Bild seine ionischen Kolonnaden am decumanus maximus.

Abb. 94 Mosaikverziertes Peristylbecken, «Haus der Nereiden».

Abb. 95 Nereide auf einem Hippokampus sitzend, Mosaik im «Haus der Nereiden», Einfassung des Beckens von Abb. 94. Das Motiv wiederholt jeweils paarig an allen vier Ecken des Bassins.

Abb. 96 Plan Nordostviertel, nach R. Etienne.

Das Nordostviertel

Tangertor

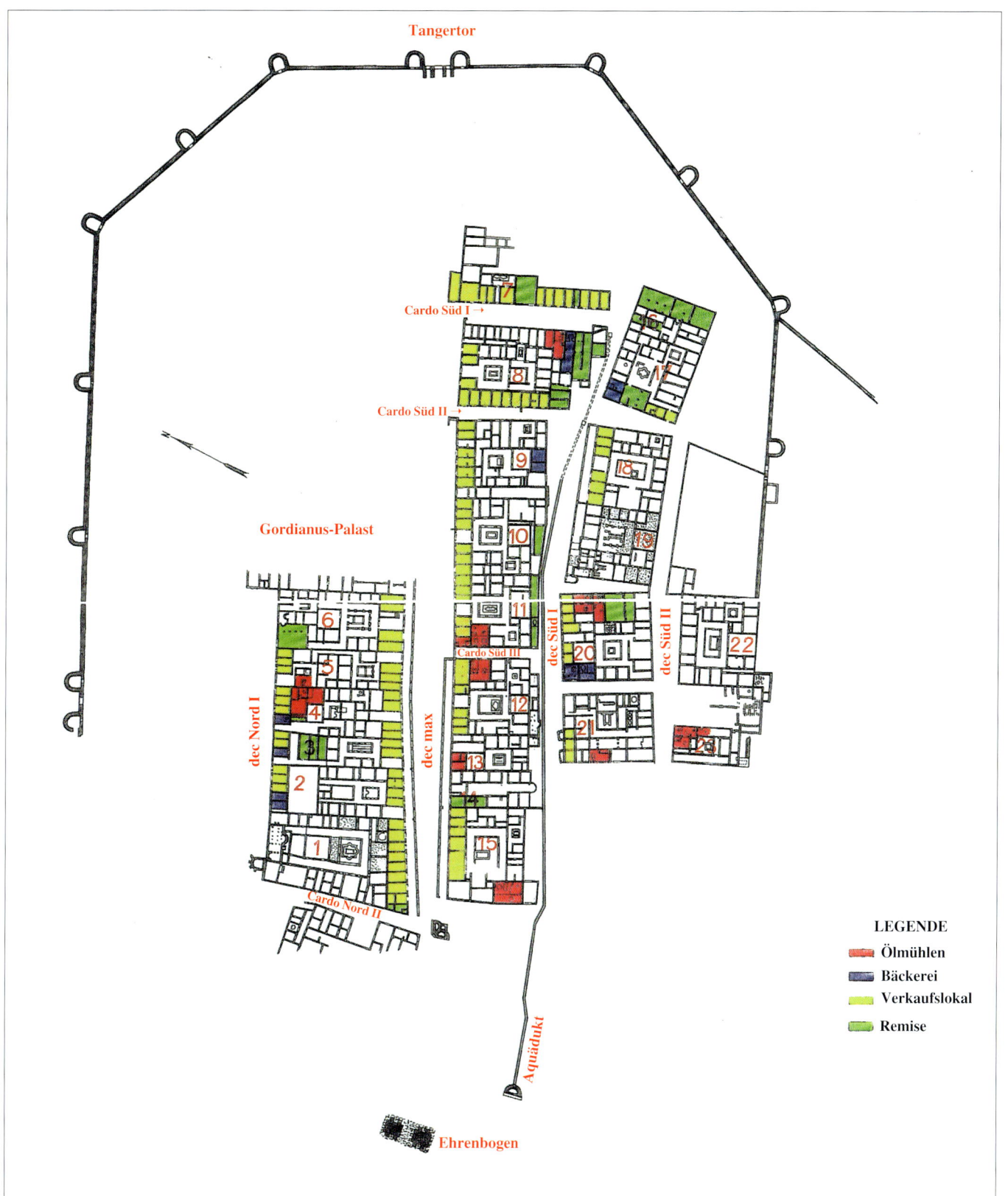

Cardo Süd I
Cardo Süd II
Gordianus-Palast
Cardo Süd III
dec Süd I
dec Süd II
dec Nord I
dec max
Cardo Nord II
Aquädukt
Ehrenbogen

LEGENDE
- Ölmühlen
- Bäckerei
- Verkaufslokal
- Remise

1 Haus der «Arbeiten des Herkules»
2 Haus des Flavius Germanus
3 Haus des «Dionysos und der vier Jahreszeiten»
4 Haus des Nymphenbades
5 Haus der Raubtiere
6 Haus im Westen des Palastes
7 Haus am Süd Cardo I
8 Haus des Goldstücks
9 Haus des Marmorbacchus
10 Haus der Sonnenuhr
11 Haus der zwei Ölpressen
12 Haus der Nereiden
13 Haus der Halbsäulen
14 Haus mit der Apsis
15 Haus ohne Namen
16 Haus ohne Peristyl
17 Haus mit dem Kleeblattbecken
18 Haus mit der Portikus
19 Haus der Venus
20 Haus der Bronzebüste
21 Haus des Goldrings
22 Haus mit den dicken Pilastern
23 Haus mit der Krypta

ben, wenn auch an verschiedenen Stellen das Schema gelockert wurde.

Ein noch gut erhaltener, gemauerter Aquädukt aus der flavischen Epoche (69–96 n. Chr.), der die Häuser mit Wasser versorgte, verläuft längs durch das Stadtviertel auf der Trasse einer Hauptstraße. Aus einer etwa 1 km entfernten Quelle östlich von Volubilis kommend leitete er das Wasser südlich des Tangertores unter der Stadtmauer hindurch bis zu zwei Brunnen in der Umgebung der Nordthermen (s. u. «Die Wasserversorgung»). Einer dieser Brunnen liegt genau an der südwestlichen Grenze des Stadtviertels am *decumanus maximus* (Abb. 99).

Während sich die Häuserreihen im Südwesten an die Bebauung der übrigen Stadt anschließen, umgibt die Stadtmauer aus der Zeit Marc Aurels (161–180 n. Chr.) das Viertel an den drei übrigen Seiten. Sie verläuft hier streng symmetrisch, die Form eines halben Oktogons beschreibend: Zwei lange Abschnitte im Nordwesten und Südosten, parallel zu den *decumani*, brechen jeweils in einem Knick in Richtung auf das Tangertor um, um sich schließlich im Nordosten in einer kurzen Geraden, parallel zu den *cardines*, am Stadttor, dem Endpunkt des *decumanus maximus*, zu treffen. Später wurde die Stadtmauer im Südosten erweitert, um den großen Tempel B auf dem gegenüberliegenden Ufer des Oued Fertessa mit einzubeziehen.

Breite Straßen und überdachte Bürgersteige

Die Straßen des Nordostviertels von Volubilis sind im Vergleich zu denen anderer Städte des römischen Nordafrikas auffällig großzügig dimensioniert. Die Breite z. B. des *decumanus maximus*, die in Richtung des Tangertores stetig zunimmt, variiert zwischen 6 und 20,45 m. Die stark frequentierten Seitenstraßen *cardo* Süd I, II und IV erreichen die stolze Weite von ungefähr 6 m–11 m. Die übrigen Straßen fallen etwas bescheidener aus, wobei der kleinste *decumanus* (Süd I) immerhin noch eine Breite von 3 m–10,1 m, der kleinste *cardo* (Nord II) eine Breite von 2,5 m–6 m erreicht. Alle Straßen waren also für den Wagenverkehr benutzbar.

Bürgersteige für Fußgänger sind in Form von durchschnittlich 3 m weiten Portiken für den größten Teil des *decumanus maximus* und einen Abschnitt des *decumanus* Süd I nachweisbar. Auf der Nordseite der Hauptstraße ist die Portikus vom «Haus der Arbeiten des Herkules» bis zu der Stelle, wo er in die ionische Kolonnade des Gordianuspalastes übergeht (Abb. 101), meist nur in Form von Pfeilerstümpfen erhalten. Vor dem «Haus der Arbeiten des Herkules» ist jedoch noch ein in voller Höhe überlieferter Abschnitt mit drei Bögen zu besichtigen (Abb. 100–103). Leider fehlt jeglicher Hinweis auf die Überdachung. Auch die Südseite des *decumanus maximus* war mit einer Portikus ausgestattet, heute noch erkennbar entlang der *insula* westlich des *cardo* Süd III (Abb. 104). Zum Ausgleich des Gefälles besitzen die Bürgersteige des *decumanus maximus* in großen Abständen ein bis drei Treppenstufen, die für die Bequemlichkeit der

Abb. 97a – c   Reliefmotive der Kolonnaden des Gordianuspalastes am decumanus maximus; a. Kantharus, Relief auf einem Gebälkfragment; b. Taube zwischen zwei ionischen Säulen, Relief auf einem Gebälkfragment; c. Stierkopf, Relief auf einem Säulenschaft.

Abb. 98   Eckkapitell, ionische Kolonnade vor dem Gordianuspalast.

Abb. 99   Brunnen im Nordostviertel an der Kreuzung des decumanus maximus mit dem cardo Nord III.

Abb. 100   Erhaltener Teilabschnitt der Portikus auf der nördlichen Seite des decumanus maximus.

Das Nordostviertel

Fußgänger sorgten. Am *decumanus* Süd I sind überdachte Bürgersteige nur vor dem «Haus der Portikus» und dem «Haus der Venus», wo die Portikus später zum Vestibül umfunktioniert wurde, nachgewiesen.

Der Plan der Herrenhäuser

Obwohl die Häuser des Nordostviertels eine homogene «Urbanisation» bilden, verteilt sich ihre Erbauung auf eine Zeitspanne von etwa zwei Jahrhunderten, beginnend mit der Ausdehnung der Stadt gen Nordosten etwa in der 2. Hälfte des 1. Jhs. n. Chr bis zum Rückzug der Römer 285 n. Chr.

Den Schwerpunkten der modernen Archäologie folgend, welche sich mehr und mehr den Ausdrucksformen des täglichen Lebens in der Antike zuwendet, verlangt eine Fragestellung bei der Betrachtung der Grundrisse der Privathäuser besondere Beachtung: Welche kulturellen Einflüsse dominierten die Gestaltung des Privathauses in einer römischen Stadt in Nordafrika an der äußeren südlichen Grenze des Imperium Romanum, wo Angehörige der unterschiedlichsten Nationen ihre Heimat fanden? Behauptet sich hier die römische Tradition oder die griechisch-hellenistische wie in anderen römischen Provinzstädten Nordafrikas? Lassen sich auch Relikte der punischen Tradition feststellen?

Wie schon erwähnt, basiert die Struktur der meisten Häuser, die wegen ihrer beträchtlichen Ausmaße und der prachtvollen Ausstattung ohne weiteres als Herrenhäuser, *domus*, zu bezeichnen sind, hauptsächlich auf dem speziellen Bedürfnis der Bauherren, verschiedene Funktionen, nämlich Wohnen und Repräsentation, Produktion und Verkauf, möglichst funktionell unter einem Dach zu vereinen (Abb. 105–107).

Läden an den Frontseiten der Häuser

Wie auch in anderen Städten des römischen Reiches sind die zu den Hauptverkehrsstraßen gerichteten Frontseiten der Häuser fast immer mit Kaufläden ausgestattet (Abb. 108. 109). Die Häuserreihe nördlich des *decumanus maximus* besitzt sogar an der Rückseite einige Ladenlokale, die im Zuge eines Umbaus des rückwärtigen Drittels der Gebäude und der wahrscheinlich zeitgleich erfolgten Anlage des *decumanus* Nord I etwa zur Zeit Caracallas (111–117 n. Chr.) hier eingerichtet wurden. In zwei Seitenstraßen (*cardo* Süd I und II) sind auch die Seitenfronten der Häuser mit Läden besetzt. Bezeichnenderweise liegen sie hier ausnahmslos an der Ostseite der Straßenzüge, d. h. geschützt vor der Morgen- und Mittagssonne, waren sie nur dem Lichteinfall der milden Abendsonne ausgesetzt, zumal sie den Schatten von Portiken entbehren mußten.

Insgesamt besitzt das Nordostviertel 119 Ladenlokale mit einer Gesamtnutzungsfläche von 2846,4 m². Sie bestanden aus einem schmalen, aber tiefen Raum mit einer durchschnittlichen Grundfläche von 24 m², waren also äußerst geräumig. Die an manchen Läden festzustellende Aufteilung in zwei Räume ist in der Regel einem späteren Umbau zuzuschreiben. Form und Plazierung der Ladenlokale sind dem üblichen italischen Modell vergleichbar, welches schon am alten republikanischen Forum in Rom anzutreffen ist, ebenso wie in Pompeji oder Herculaneum und in den römischen Provinzstädten Nordafrikas.[85]

Charakteristisch in Volubilis sind die Türschwellen der ein- oder zweiteiligen Eingänge der Läden: massive, längliche Kalksteinblöcke, in die eine Nut geschlagen ist. Vertiefungen an den Enden bezeichnen den Platz für die Türangeln, in denen sich die Türflügel bewegten. In die Schwellen eingelassene Schlösser gewährleisteten einen sicheren Verschluß der Waren. Eine zusätzliche Sicherung war in Form eines Querbalkens gegeben, den man vor die Türflügel schieben konnte. Die gleichen Läden mit ebensolchen Türschwellen findet man am *decumanus maximus* von Timgad (Algerien). Hier wie in Volubilis schlossen die Kaufleute jeden Abend ihre Läden – zu jener Zeit eine Sitte des Orients, vielleicht um die Nacht in einer Mietwohnung oder

der Längsachse des Hauses. Die achsiale Plazierung des Vestibüls entspricht dem üblichen römisch-pompejanischen Modell.[86] Die seitlich versetzte Passage folgt jedoch dem griechischen Typus[87], was durchaus auch in anderen römischen Provinzstädten Nordafrikas vorkommt wie beispielsweise in Djemila (Algerien)[88] oder Dougga (Tunesien)[89] und in der Mauretania Tingitana speziell in Banasa.[90]

Bei der Betrachtung des im vorderen Teil der Häuser gelegenen Innenhofes, der mit einem Wasserbecken ausgestattet und von Säulengängen umgeben ist, stellt sich die Frage: Handelt es sich hier um ein römisches *atrium* oder ein griechisches *peristylum*? Wie bereits bei der Beschreibung der Häuser des Viertels um den Ehrenbogen anzumerken war, hatte sich bei Ankunft der Römer in Volubilis bereits das römische Atriumhaus unter dem Einfluß der griechisch-hellenistischen Kultur gewandelt. Das *atrium*, der Innenhof, mit einem Wasserbecken in der Mitte zum Auffangen des Regenwassers (*compluvium/impluvium*), erweitert sich zu einem griechischen *peristylum* mit weiten Wandelgängen und einem Zierbassin mit Springbrunnen in der Mitte (Abb. 112. 113). Die so bewirkte Auflockerung und Durchlichtung des Inneren der Häuser erfreute sich schnell großer Beliebtheit, genügte sie doch dem verfeinerten Lebensstil einer zunehmend wohlhabenderen Händlerschicht. Die großen Innenhöfe im Nordostviertel sind deshalb als *peristylum* zu bezeichnen. Die Wasserbassins scheinen auch nicht die Rolle eines *impluvium* übernommen zu haben, denn sie besetzen nur einen kleinen Teil der Freifläche. Auch sind bisher keine Fragmente von etwaigen Wasserrohren gefunden worden, welche das Regenwasser von den Dachrinnen ins Becken abgeleitet haben könnten. Die originelle Form der Bassins, die oft mit Springbrunnen versehen waren, läßt darauf schließen,

einer *taberna* zu verbringen, falls der Betreiber des Ladens nicht auch gleichzeitig der Besitzer des Hauses war. In Herkulaneum oder Pompeji übernachteten die Kaufleute hingegen auf kargen Hängeböden in den Verkaufsräumen. In Volubilis stehen die Läden also nicht in der rein römischen Tradition, sondern unterliegen auch orientalisch-griechischen Gepflogenheiten.

Der Wohnbereich

Die Haupteingänge der Herrenhäuser, die über ein Vestibül direkt zum großen Innenhof führen, liegen mit Ausnahme desjenigen des «Hauses der Arbeiten des Herkules» an den *decumani*. Die Eingänge sind mit Pilastern geschmückt (Abb. 110) und meist zweiteilig: eine kleinere Tür für die Fußgänger, eine größere für die Wagen und Karren. Die Türschwellen sind in der gleichen charakteristischen Weise gestaltet wie sie auch bei den Läden zu bemerken ist und zeigen noch Spuren der einstigen starken Frequentierung (Abb. 111).

Die manchmal noch mit einem Vorzimmer ausgestatteten Vestibüle sind wegen der starken Beanspruchung grundsätzlich mit Kalksteinplatten ausgelegt. Sie liegen entweder dezentral an den Gebäudeecken oder flankiert von den Ladenlokalen in

Abb. 101 Ionische Kolonnade am decumanus maximus vor dem Gordianuspalast.

Abb. 102 Männliche Büste über der mittleren Arkade der Portikus, Darstellung des personifizierten «Roms»?

Abb. 103 Weibliche Büste über der nördlichen Arkade der Portikus, Darstellung der personifizierten «Afrika»?

Abb. 104 Fragmente der Portikus auf der südlichen Seite des decumanus maximus.

daß die Wasserbecken neben ihrer erfrischenden Wirkung auch ästhetischen Zwecken dienten. Übrigens ist das Verschwinden des *impluvium* nicht verwunderlich, denn seit Frischwasser über Leitungen in die Häuser geführt wurde, was im Nordostviertel nachgewiesen ist (s. u. «Wasserversorgung»), wurde ein hauseigener Regenwasserspeicher überflüssig.

Die Peristyle mehrerer Häuser (Haus der Arbeiten des Herkules, Haus des Goldstückes, Haus der Nereiden, Haus der Bronzebüste, Haus der dicken Pilaster) scheinen dem rhodischen Typus, wie er auch in Delos anzutreffen ist, zu entsprechen und den Vitruv folgendermaßen beschreibt: «Id autem peristylium, quod unam altiorem habet porticum, Rhodiacum dicitur.» (De Architectura, VI, IX). Das heißt, eine Säulenhalle überragt die anderen, in der Regel diejenige auf der Seite des Empfangssalons, worauf in unserem Fall die im Vergleich größer dimensionierten Säulenbasen hinweisen.

Griechisch inspiriert sind auch die in einigen Villen (Haus der Raubtiere, Haus westlich des Palastes, Haus der Sonnenuhr) anzutreffenden pastas (παστάς)-Peristyle, bei denen sich eine Portikus über die gesamte Breite eines Hauses erstreckt. Als bekanntestes Vergleichsbeispiel wäre hier Olynth (Griechenland) zu nennen.[91] In den Häusern ohne *peristylum* ersetzte ein einfacher Hof dessen Funktion (Haus des Flavius Germanus, Haus des Goldringes, Haus ohne Peristyl). Diese einfachen Höfe repräsentieren vielleicht einen punischen Einfluß.

Um das Peristyl gruppierten sich verschiedene Zimmer, denen über den Innenhof Licht und Luft zugeführt wurde. Wie schon erwähnt, liegt hinter der rückwärtigen Säulenhalle, auf einer Achse mit dem Vestibül, meist ein großer Salon mit Blick auf den Springbrunnen im Innenhof, der durch seine Dekoration als der prachtvollste Raum der Villen gelten kann und dem Hausherrn als Empfangsraum (*tablinum*) für seine Gäste und Klienten diente. Die weiten Eingänge sind meist dreigeteilt und mit Halbsäulen geschmückt (Abb. 114). Ein großes Mosaik ersetzt den Teppich. Das Speisezimmer

74 *Das römische Volubilis*

Haus der Arbeiten des Herkules

tablinum

triclinium

Mosaik «Arbeiten des Herkules»

- Verkaufslokale
- Thermen
- Peristyl
- Vestibül mit Portiersloge
- Wohnbereich
- Appartement für Gäste oder Mieter

105

Haus der Bronzebüste

- Ölmühle
- Remise
- Bäckerei
- Wohnbereich
- Vestibül
- Peristyl
- Verkaufsräume

Haus der Sonnenuhr

- Thermen
- Verkaufslokale
- Peristyl
- Atriolum
- Vestibül
- Zimmer
- Remise
- Hof

Abb. 105 Grundriß «Haus der Arbeiten des Herkules», nach R. Etienne.

Abb. 106 Grundriß «Haus der Bronzebüste», nach R. Etienne.

Abb. 107 Grundriß «Haus der Sonnenuhr», nach R. Etienne.

Abb. 108 Verkaufslokale an der Frontseite des «Haus des Flavius Germanus»; im Vordergrund rechts und links Pfeilerfragmente der ehemals überdachten Arkaden der Bürgersteige.

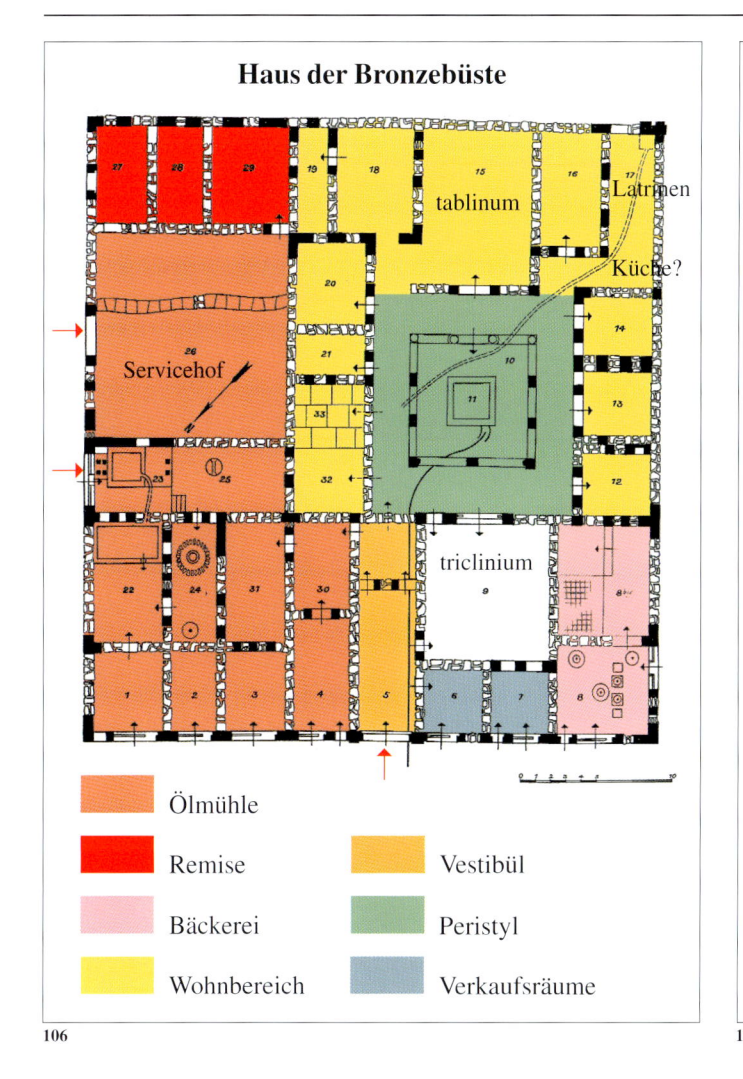

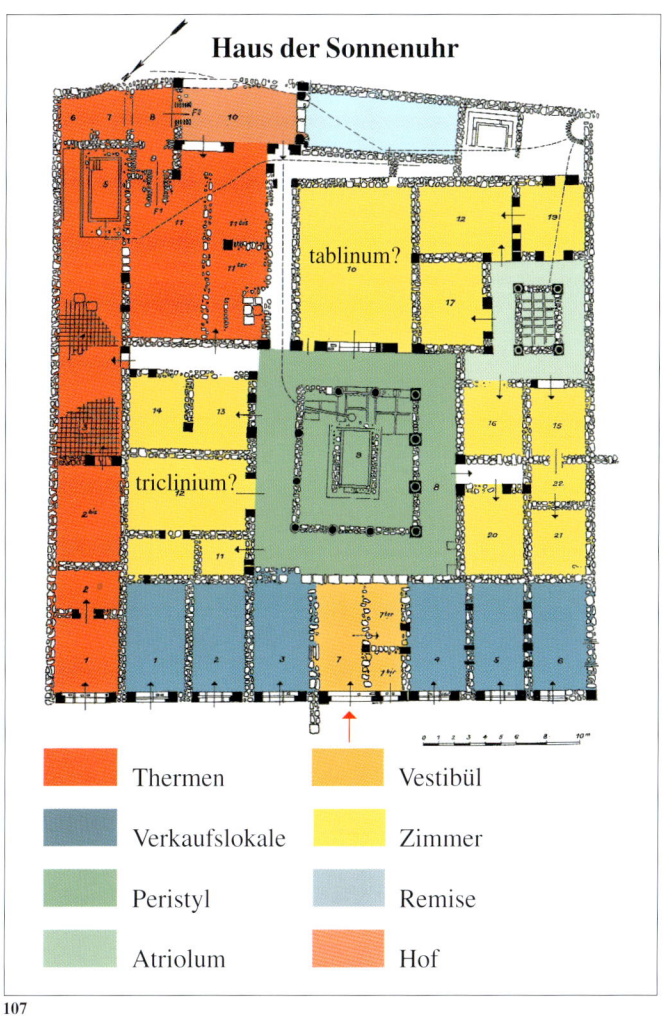

(*triclinium*), erkennbar an seinem Fußbodenmosaik in T-Form, findet oft seinen Platz an der Ost- oder Westseite des Peristyls – in orthogonaler Beziehung zum *tablinum*. Diese die Symmetrie brechende Plazierung bietet ein weiteres Beispiel für den Einfluß der griechischen Tradition.

Der zentrale Bereich des Hauses mit dem weiten, luftigen Peristyl diente also hauptsächlich den repräsentativen Bedürfnissen des Besitzers. Doch wie befriedigte man architektonisch das Bedürfnis nach einem privaten Rückzugsraum? Man applizierte keinesfalls wie in Rom oder Pompeji ein zweites Peristyl mit Garten. Den einzigen im Nordostviertel zu findenden Garten besitzt das «Haus des Flavius Germanus». Er ist jedoch nur ein einfacher Hof und läßt jegliche Kolonnaden vermissen. Stattdessen erscheint im hinteren Teil mancher Villen im Zentrum einer Gruppe von kleineren Zimmern ein «*atriolum tetrastylos*»: Die offene Fläche ist auffallend klein, die Wasserbecken sind *impluvia* und besetzen die gesamte freie Fläche in der Mitte der von vier Säulen getragenen Portiken. Oftmals fehlt das Bassin jedoch und der kleine Innenhof ist nur mit Platten ausgelegt.

Bei mehreren der Häuser des Nordostviertels läßt sich aus der Vielzahl der Räume eine kleine Gruppe herauslösen, die sich um einen separaten kleinen Gang anordnet, der in manchen Fällen sogar über einen Nebeneingang von außen zu betreten ist. Die Vermutung liegt nahe, daß die Hausbesitzer somit kleine Appartements zur Verfügung hatten, die sie vermieten oder ihren Gästen überlassen konnten.

Ölmühlen und Bäckereien

Wie bereits angesprochen beherbergten die Wohnhäuser auch Produktionsbetriebe. Zehn Ölmühlen und sieben Bäckereien konnten allein in 23 untersuchten Häusern festgestellt werden. Wenn möglich lagen sie immer an den Außenseiten der Villen, um eine bequeme An- und Abfuhr der Waren zu gewährleisten. Besondere Erwähnung verlangen die Bäckereien am *decumanus* Nord I. Sie wurden im Zuge des Umbaus der rückwärtigen Trakte der Häuser am Ende der Regierungszeit Caracallas (111–117 n. Chr.) eingerichtet. Sie besetzen in jedem Fall das erste Ladenlokal an der Nordwestecke der einzelnen Häuser (Haus des Flavius Germanus, Haus des Dionysos und der vier Jahreszeiten, Haus des Nymphenbades), die hier lückenlos aneinander anschließen. Eine große, zentral plazierte Speicheranlage im «Haus des Dionysos und der vier Jahreszeiten» scheint diesen Betrieben vorbehalten gewesen zu sein. Ist hier das Reglement einer städtischen oder staatlichen Behörde zu spüren, die hier eine Möglichkeit sah,

Abb. 109 Verkaufslokale hinter der zum cardo Süd III gewandten Seitenfassade des «Hauses des Goldstückes».

Abb. 110 Wandsäulen und Pilaster, «Haus der Arbeiten des Herkules», Haupteingang am cardo Nord II.

Abb. 111 Schleifspuren auf einer Türschwelle des «Hauses mit den dicken Pilastern». Die hier abgebildete Türschwelle hat nicht die sonst charakteristische Nut aufzuweisen.

Abb. 112 «Haus der Arbeiten des Herkules», Blick über das Peristyl in Richtung Nord.

Abb. 113 «Haus der Halbsäulen», Peristyl.

▲ 112   113 ▼

eine eigene Produktion aufzubauen? Die Frage bleibt leider unbeantwortet.

Bezüglich der Funktionsweise der Ölmühlen und Bäckereien sei auf das gesonderte Kapitel verwiesen (s. u. «Landwirtschaft und Produktion»).

Private Thermen

Obwohl die großen öffentlichen Badeanlagen von Volubilis gewiß auch die Bevölkerung des neuen Stadtviertels aufnehmen konnten, wurden im Nordostviertel vier kleinere Thermenanlagen gebaut. Sie waren, wie die Analyse zeigt, jedoch nicht im ursprünglichen Plan vorgesehen, sondern wurden erst später installiert. Auf eine genaue Datierung hat man sich bis jetzt jedoch nicht einigen können. Zwei der kleinen Thermen des Nordostviertels wurden in Wohnhäuser integriert (Haus der Arbeiten des Herkules, Haus der Venus).

Eine weitere befindet sich zwischen dem «Haus des Marmorbacchus» und dem «Haus der Sonnenuhr» (s. Abb. 107). Sie scheint den Platz eines alten *cardo* eingenommen zu haben, dehnt sich jedoch zusätzlich über die Südostecke des letztgenannten Hauses aus. Über den Eingang am *decumanus maximus* gelangte man zunächst durch ein Vestibül in zwei Umkleideräume und im Anschluß in das mit Ziegelplättchen ausgelegte *frigidarium* mit dem Kaltwasserbecken. *Tepidarium* (warmes Bad) und *caldarium* (heißes Bad) lagen daran anschließend in der Südostecke des Hauses, worauf die noch vorhandene Hypokaustenkonstruktion hinweist. Über einen kleinen Hof erreichte man drei Räume mit ungeklärter Funktion. Obwohl diese Anlage nicht viele Personen aufnehmen konnte, scheint sie halb-privat, halb-öffentlich genutzt worden zu sein, worauf der separate Eingang am *decumanus maximus* hinweist. Die Durchgänge zum Haus der Sonnenuhr scheinen zu einem späteren Zeitpunkt angelegt worden zu sein.

Die vierte Badeanlage befindet sich hinter dem Haus der Nereiden, eingezwängt zwischen dessen Rückwand und der Mauer des Aquäduktes. Die Nähe zum Haus mit der Apsis, welches eventuell als Hotel zu definieren ist, könnte bedeuten, daß sie dessen Gästen zur Verfügung stand.

Latrinen

Im Nordostviertel gab es nach heutigem Wissensstand auch zwei öffentliche Latrinen, jeweils in ein Haus integriert (Haus der Sonnenuhr, Haus mit der Krypta). Sie sind natürlich kleiner als die in der Nähe des Forums, da in diesem herrschaftlichen Viertel die Leute eigene private Toiletten besaßen. Beide Latrinen liegen in einem rückwärtigen Winkel des jeweiligen Hauses, im «Haus der Sonnenuhr» neben einer Remise, im «Haus mit der Krypta» neben einer Ölmühle. Die Benutzer waren also wohl u. a. Fuhrleute und Arbeiter der Mühle. Die Konstruktion der Latrinen folgt dem traditionellen Schema: Das Abwasser ging direkt in den Abwasserkanal des Hauses, der an dieser Stelle eine U-förmige Biegung beschreibt. Der Boden besteht aus Ziegelsteinen, die Wände aus Kalkstein. Dazu muß man sich hölzerne Sitze und Trennwände vorstellen.

Baumaterial

Der von den Ruinen ausgehende einheitliche Eindruck wird zum großen Teil durch die Kontinuität der Konstruktionstechnik und die Verwendung einheitlichen Materials hervorgerufen. Es ist der leicht zu beschaffende grau-blaue, solide Kalkstein und der gelbe, poröse Sandstein aus den nahen Steinbrüchen des Zerhoun-Gebirges, der das Stadtbild dominiert. Dies erklärt das seltene Vorkommen

Abb. 114 «Haus der dicken Pilaster», Blick aus dem *tablinum* in das Peristyl.

Abb. 115 Kapitell aus dem «Haus der Arbeiten des Herkules», gelber Sandstein, Lapidarium, Volubilis.

Abb. 116 Grundriß «Haus der Venus», nach R. Etienne.

von Ziegelkonstruktionen, obwohl diese Technik in Volubilis bereits seit der Zeit des Juba II. (25 v.–23/24 n.Chr.) eingeführt worden war. Nur dort, wo man auf diese nicht verzichten konnte, wie bei den Stützen und Bögen der Hypokausten, wurden Ziegel verwendet. Aber selbst die Stützen wurden oft aus Kalkstein gefertigt. Nur im «Haus westlich des Palastes» (244–250 n.Chr.) trifft man verstärkt auf Ziegelstein – an den Mauerecken, den Bassins und Säulen.

Zu den selten verarbeiteten Materialien gehört auch der Marmor, dessen unerschwinglich hohe Importkosten eine vermehrte Verwendung verhinderten. Nur in zwei Häusern trifft man auf eine Marmordekoration: Im «Haus des Dionysos und der vier Jahreszeiten» ist ein Wasserbecken mit Marmorplatten verkleidet, im «Haus des Goldstückes» ein Fußboden mit diesem Material in *opus sectile*-Technik (Mosaiktechnik) belegt.

Aufgrund seiner soliden Beschaffenheit wurde der grau-blaue Kalkstein besonders für stark beanspruchte Architekturelemente eingesetzt wie bei Tür- und Fensterverstrebungen oder Türschwellen und zur Verstärkung von Zwischenwänden oder Häuserecken. Sein marmorähnliches Aussehen prädestinierte ihn auch für dekorative Elemente wie Pilaster, Säulen und Kapitelle. Auch die Bodenplatten der Vestibüle, die Treppenstufen, Kanaldeckel und Mühlsteine sind meist aus Kalkstein gefertigt.

Der gelbe, weniger solide, schnell verwitternde Sandstein wurde im Prinzip für die gleichen Zwecke eingesetzt (Abb. 115), war dann aber oft stuckiert. Da er leichter zu bearbeiten war, bot er ein billigeres Material als der Kalkstein. Die Entscheidung für die eine oder andere Steinsorte war also wohl hauptsächlich eine Frage des Geldes und weniger eines bestimmten Zeitgeistes, weshalb sie auch keinen Anhaltspunkt für eine Datierung bietet.

Konstruktionstechnik

Die Fundamente der Mauern besitzen eine Tiefe von 0,3–0,5 m und sind ungefähr 0,2 m breiter als das durchschnittlich 0,6 m dicke aufstrebende Mauerwerk. Während die Häuserecken durch große, an den Außenseiten meist bossierte Kalksteinblöcke verstärkt sind, bestehen die Wände selbst aus Bruchsteinmauerwerk. An den Innenseiten zweier Holzverschalungen wurde zunächst je ein Blendmauerwerk aus sorgfältig in Zement gelagerten Bruchsteinen hochgezogen, der freie Innenraum dann mit Bruchsteinen und Zement verfüllt. Diese Technik ist in der Provinz Mauretania Tingitana auch aus Banasa bekannt. Abschließend erhielten die Wände eine dicke Putzschicht und einen Farbanstrich. Einige Fassaden bestehen auch durchgehend aus großen Kalksteinblöcken (Haus des Herkules/Fassade am *decumanus maximus*, Haus der Nereiden, Haus der dicken Pilaster). Sie bleiben jedoch eine Ausnahme und dürften den Wohlstand der Besitzer dokumentiert haben.

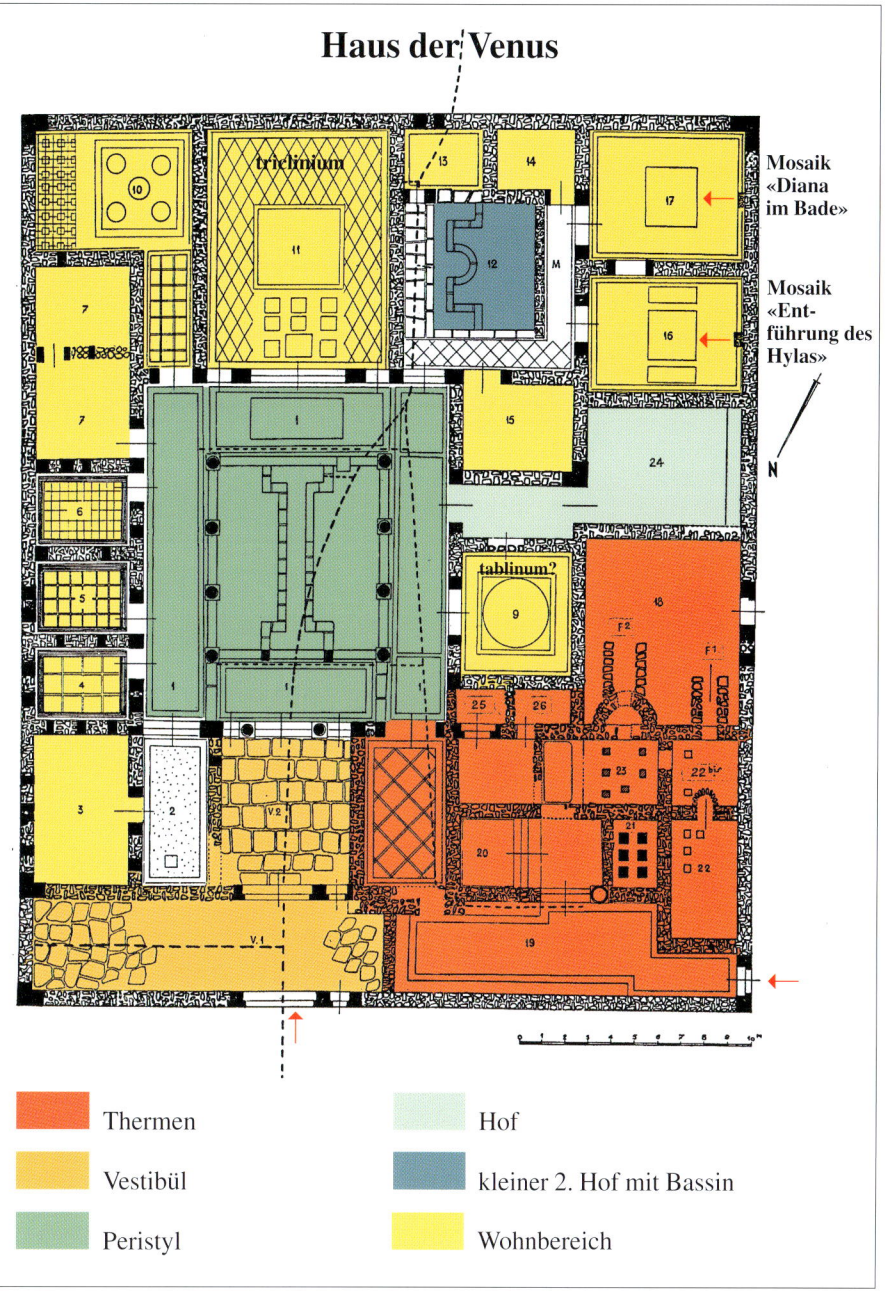

Die Fußböden sind zementiert oder, im Falle einer starken Beanspruchung wie in Vestibülen oder Höfen, die auch von Wagen frequentiert wurden, mit Kalksteinplatten ausgelegt. Für die Abdichtung der Wasserbecken benutzte man mit gemahlenen Ziegeln gemischten Zement.

Die Häuser im Nordostviertel waren grundsätzlich nicht unterkellert. Nur im «Haus des Goldringes» legten die Grabungsarbeiten Substruktionen frei, die auf ein Souterraingeschoß hinweisen.

Die Frage, ob die Häuser ein Stockwerk besaßen, läßt sich nicht abschliessend beantworten. Mancherorts scheinen Verankerungen im Mauerwerk oder zwei engbeieinanderliegende Stützmauern auf einen Treppenaufgang hinzuweisen. Aber letztendlich kann nur das Vorhandensein von Treppenstufen (Haus mit der Apsis, Haus des Marmorbacchus, Haus der Nereiden, Haus der dicken Pilaster) als definitiver Nachweis zumindest für Konstruktionen eines oberen Stockwerkes gelten. Ein komplettes oberes Geschoß ist damit noch nicht nachgewiesen. Die Treppen könnten nämlich auch lediglich zu einem Balkon, z.B. über dem *atriolum*, führen wie im «Haus der dicken Pilaster».

117

118

Im «Haus westlich des Palastes» fand man außer einem Treppenaufgang im Vestibül Fragmente der Säulen eines zweiten Stockwerks des Peristyls, kleiner als die des Erdgeschoßperistyls, aber in der Gestaltung diesen nachgeahmt. Schon ohne die Maße des verlorenen Architravs einzubeziehen, würden die übereinandergestellten Säulen die für volubilitanische Verhältnisse bemerkenswerte Höhe von 7 m erreichen. Trotzdem muß in diesem Fall mit einem zweiten Stockwerk gerechnet werden.

Das Problem der Dachkonstruktionen läßt sich aufgrund der spärlichen Fundlage ebensowenig mit Sicherheit lösen. Im «Haus der Arbeiten des Herkules» gefundene Dachziegel attestieren zumindest hier eine auf einem Dachstuhl ruhende Ziegelabdeckung. Im «Haus westlich des Palastes» und im «Haus der Bronzebüste» entdeckte Abschnitte von Bruchsteinmauerwerk mit daran ansetzenden Graten deuten auf ein Flachdach über Kuppeln mit gekreuzten Bögen aus Beton. Aufgrund der beachtlichen Dimensionen vieler Zimmer, deren Weite in Betonbauweise am besten überbrückt werden kann, ist diese Dachform für die meisten der Häuser am wahrscheinlichsten.

Das Haus der Venus

Da diese prächtige *domus* wegen ihrer verschwenderischen Ausstattung mit kunstvollen Bodenmosaiken und der liebevollen Restaurierung bei Touristen und Archäologen gleichermaßen beliebt ist, soll hier auf eine Beschreibung nicht verzichtet werden.[92] Scheinbar war der Hausherr ein Kunstliebhaber und -sammler. Allein vier Bronzeplastiken von erstaunlicher Qualität konnten während der Grabungsarbeiten geborgen werden: Die Büsten des Cato von Utica und Jubas' II. erregen seit ihrer Entdeckung die Gemüter der Wissenschaftler. Zu den Funden

Abb. 117 «Haus der Venus», zweites Vestibül mit dahinterliegendem Peristyl.

Abb. 118 «Haus der Venus»; im Zentrum der Abbildung der mit Mosaiken belegte Boden der östlichen Portikus, rechts eine Säule des Peristyls, links die an das Peristyl grenzenden Räume.

Abb. 119 «Diana im Bade», Mosaik, «Haus der Venus».

Abb. 120 «Entführung des Hylas durch die Nymphen», Mosaik, «Haus der Venus».

gehören auch die Statue eines alten Fischers, die Statuette eines Löwen und ein Bronzekandelaber (s. u. «Bronzeplastiken in Wohnhäusern von Volubilis»).

Bezeichnend für das Persönlichkeitsprofil des Besitzers ist auch der Verzicht auf jegliche ökonomisch genutzte Räume, auf Läden oder Produktionsbetriebe. Stattdessen wurde im Zuge eines Umbaus in der Nordwestecke der Villa eine private Badeanlage eingerichtet.

Hinter der zum *decumanus* Süd I gerichteten Fassade erstrecken sich zwei schmale Vestibüle über die gesamte Breite des Hauses (Abb. 116). Vor dem Einbau der Thermen verlief hier die Portikus, deren Fortsetzung heute noch am Nachbarhaus zu erkennen ist. Über einen separaten Nebeneingang am *cardo* Süd V gelangt man in das westliche Vestibül, welches als Vorzimmer der Thermenanlage diente. Der mit Pilastern geschmückte Haupteingang am *decumanus* führt über drei Treppenstufen in das östliche Vestibül und von dort in den Wohnbereich. Zuvor muß man jedoch ein zweites Vorzimmer passieren, das ursprüngliche Vestibül des Hauses, welches wie das jüngere mit Platten ausgelegt ist (Abb. 117). Bemerkenswert ist die Öffnung zum Peristyl, welches durch zwei eingestellte Sandsteinsäulen, und nicht durch die zu erwartenden Kalksteinstützen, eine Dreiteilung erfährt.

Die Struktur des Wohnbereiches wird dominiert vom Peristyl und seinen angrenzenden repräsentativen Räumen und einem kleinen, einen Hof einschließenden, intimen Bereich in der Südwestecke des Hauses. Das Peristyl liegt mit dem Vestibül im Norden und dem *triclinium* im Süden auf einer Längsachse. Das *tri-*

Haus mit der Apsis

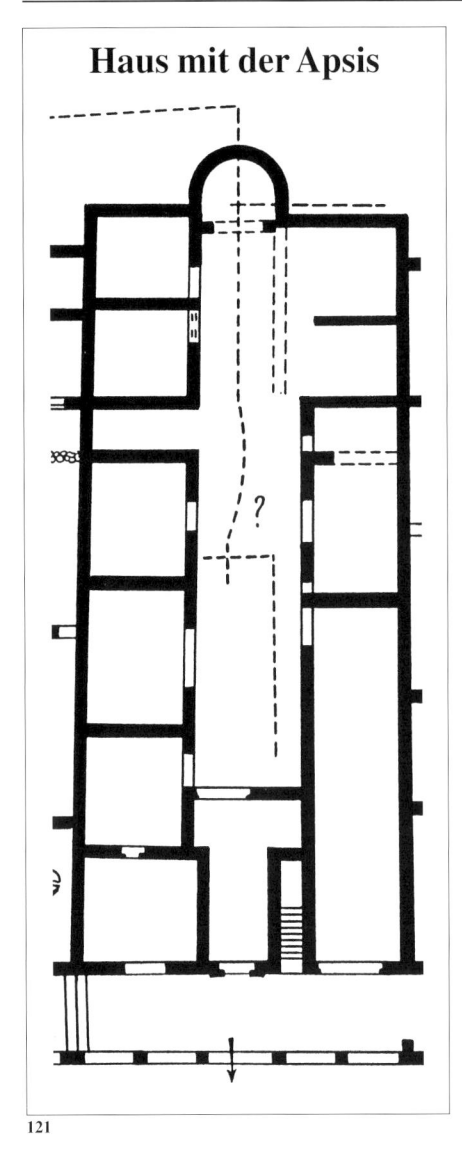

121

clinium nimmt also hier den im Nordostviertel traditionell für das *tablinum* vorgesehenen Platz ein. Es ist aber anhand des Mosaiks in T-Form eindeutig als Speisezimmer zu definieren. In der Mitte des Raumes zeigte ein heute im Museum von Tanger ausgestelltes Mosaik, nach dem das Haus benannt wurde, die Göttin Venus und ihr Gefolge. Das *tablinum*, dessen Fußboden ein kreisrundes Mosaik ausfüllt, liegt im Westen des Peristyls. Die bei der zusammenfassenden Beschreibung der Häuser festgestellte orthogonale Beziehung zwischen *tablinum* und *triclinium* ist hier also auch gegeben, wenn auch mit vertauschten Plätzen.

Die Böden des Peristyls sind rundum mit geometrischen Mosaikarbeiten belegt (Abb. 118). Das einzige figürliche Mosaik, welches ein Wagenrennen von Enten und Gänsen zum Thema hat, breitet sich wie ein Teppich vor dem Eingang des *triclinium* aus.

Die den rechteckigen Innenhof umschließenden Portiken wurden von acht Sandsteinsäulen getragen – je vier an den Längsseiten. Im Norden und Süden ersetzen mit Pilastern versehene, zierliche Pfeiler den Platz der Säulen, sie werden aber wohl kaum eine tragende Rolle übernommen haben. Wie allgemein in Volubilis üblich ist der Innenhof durch ein die Interkolumnien (Säulenzwischenräume) füllendes Mäuerchen umfriedet. Ein in I-Form gestaltetes Wasserbassin erstreckt sich über die gesamte Länge. Es fluchtet genau mit den jeweils mittleren Passagen der dreiteiligen Eingänge von Vestibül und *triclinium*.

Östlich des Peristyls liegen sechs verschiedene Zimmer, von denen drei Mosaikfußböden im geometrischen Stil besitzen. Ein Raum in der Südostecke ist als *cubiculum* (Schlafzimmer) zu identifizieren; ein gemustertes Mosaik bezeichnet den Platz für das Bett. Den größten Teil des Bodens belegt jedoch ein Mosaik mit dem figürlichen Motiv «Bacchus und die vier Jahreszeiten», welches auch im «Haus des Dionysos und die vier Jahreszeiten» thematisiert wurde.

Über den westlichen Säulengang gelangte man in den kleinen Hof in der Südwestecke. Er ist von einer niedrigen Mauer umschlossen und an drei Seiten mit Fluren umgeben, über die man die anschließenden Zimmer betreten konnte. An die südliche Mauer schmiegt sich ein schön geformtes Wasserbecken, welches sich gen Norden in Form einer Exedra, flankiert von rechtwinkligen Ausbuchtungen, ausweitet. Zwei große Räume gegenüber der Frontseite des Bassins bieten besondere Attraktionen: Die kürzlich restaurierten Fußbodenmosaike behandeln in künstlerisch anspruchsvollem Stil zwei bekannte mythologische Themen – «Diana beim Bade» (Abb. 119) und die «Entführung des Hylas durch die Nymphen» (Abb. 120). Zwei Postamente trugen einst die erwähnten Bronzebüsten des Cato von Utica und Jubas' II.

Zwischen diesem privaten Rückzugsbereich und den Thermen liegt ein weiterer Hof, der jedoch rein funktionellen Zwecken diente. Das Servicepersonal konnte hier das Holz lagern, welches in den zwei Öfen des von hier aus zu betretenden *praefurnium* verheizt wurde. Von dort wurde die heiße Luft in die heute noch erkennbaren Hypokausten der vier anschließenden Räume geleitet, die also als *tepidarien* und *caldarien* erkannt werden dürfen. Zwei kleinere, der Körperpflege oder dem Umkleiden dienende Räume und ein Kaltwasserbecken vervollständigen die Badeanlage.

Nach genauer Betrachtung bestätigt sich das eingangs gewonnene Bild von der Persönlichkeit des Besitzers: Die geschmackvolle Ausstattung mit kunstvollen Mosaiken und Plastiken, die durch römische Architekturgedanken inspirierte Betonung der Achsialität und Symmetrie des repräsentativen Bereiches, die originelle Gestaltung einiger Architekturelemente, die liebevolle Ausstattung der «intimen Ecke» und die Installation eines eigenen Bades atmen den Geist eines reichen – man möchte fast behaupten intellektuellen – Ästheten.

Das Haus mit der Apsis

Auf der südlichen Seite des *decumanus maximus*, zwischen dem «Haus der Halbsäulen» und dem «Haus ohne Namen», liegt ein langgestrecktes, schmales Gebäude mit einem ungewöhnlichen Grundriß, der in keiner Weise mit denen der Wohnhäuser im Nordostviertel übereinstimmt[93] (Abb. 121).

Der Eingang am *decumanus* führt in ein axial positioniertes Vestibül und von dort in einen schmalen, unbedeckten Hof, der sich über die gesamte Länge des Hauses erstreckt. An seinem hinteren Ende, gegenüber der Mauer des Aquäduktes, ist eine Apsis angefügt. Der Hof ist nicht mit Platten ausgelegt, was darauf hindeutet, daß er nicht von Wagen befahren wurde. Das Regenwasser, welches sich unvermeidlich hier ansammeln mußte, wurde in einem Kanal aufgefangen und wahrscheinlich in ein in der Apsis zu vermutendes Becken geleitet. Zu beiden Seiten des Hofes liegt jeweils eine Reihe von Zimmern, die einzeln über den Innenhof, der ihnen auch Licht spendete, zu betreten waren. Das Vestibül ist nicht, wie zu erwarten wäre, von Ladenlokalen flankiert. Stattdessen befindet sich auf der rechten Seite eine langgestreckte Remise, die anhand der Wagenspuren, welche noch heute auf der Türschwelle erkennbar sind, als solche zu identifizieren ist. Weiter fällt auf, daß man im Vestibül, direkt von der Straße zu betreten, eine Treppe eingerichtet hatte. Sie führte wahrscheinlich in ein oberes Stockwerk.

Es ist anzunehmen, daß es sich bei diesem Gebäude um eine Art von Hotel oder Mietshaus handelt, welches im oberen Stockwerk noch weitere, wahrscheinlich möblierte Zimmer besaß. Es würde somit eine Marktlücke im Nordostviertel gefüllt haben, denn bis jetzt hat man hier noch keine Herberge entdeckt, obwohl der florierende Handel sicher einen großen Bedarf an Unterkünften für reisende Kaufleute hervorgerufen hat.

Abb. 121   Grundriß, «Haus mit der Apsis», nach R. Etienne.

Die Wasserversorgung

von Rachid Bouzidi, übersetzt von Martina Riße

Volubilis liegt in einer Region, die vielerlei Vorteile bietet, die unsere Vorgänger zu nutzen wußten, um sich mit Wasser zu versorgen. Das Terrain zeichnet sich durch geologische Formationen des Quartärs aus, die auf pedologischer Ebene durch das Nebeneinander von durchlässigen (Kalkstein) und undurchlässigen Bodenzügen (Mergel) markiert werden (Abb. 123). Diese Abfolge sowie der Bewuchs des Bodens begünstigen die Konservierung von Grundwasser. Das Aufeinanderteffen der beiden verschiedenen Formationen ist oft die Ursache für das Hervortreten von Quellen wie Ain Schkor, Ain Bziz, Ain Maaza, Ain Fertessa, Ain Oualili, Ain Lqsar, Ain Jemejema etc. und trägt zur Entstehung bedeutender Grundwasserschichten bei. Diese natürlichen Wasserreserven werden genährt durch reichliche Regenfälle.

Die Steilhänge der überlappenden Falten des Vorriffs, welche sich im Osten, Nordosten und Südosten erstrecken, sind gen Westen und Südwesten orientiert, d. h. gegen den Standort von Volubilis und die fruchtbare Ebene von El Gaada. Der Hang ist demnach folglich mehr oder weniger uneben, glättet sich aber leicht innerhalb der Stadt und nimmt verschiedene Richtungen im Nord-, Süd- und Westviertel. Der pedologische Faktor erleichtert so den Fluß des kanalisierten Wassers ebenso wie den des Sicker- und Regenwassers.

Die Art und Weise der Wasserversorgung der mauretanischen Stadt ist unbekannt, die Freilegung einer Wasserleitung in einem vorrömischen Kontext beweist aber, daß schon vor der römischen Periode ein Verteilungssystem eingeführt war.

Nach der Annexion von Volubilis durch Rom 41–42 n. Chr. hat der Wasserverbrauch einen größeren Umfang angenommen, da «Wasser» für die Römer nicht nur ein Element der Hygiene, sondern auch des urbanen Komforts darstellte. Während der 2. Hälfte des 1. Jhs. n. Chr. erfährt Volubilis eine Expansion gen Norden und Nordosten. Drei Thermenanlagen werden nun konstruiert; es handelt sich um die Thermen des «Hauses mit der Zisterne», die Kapitolsthermen und die Nordthermen. Die ursprünglichen Bauphasen der Häuser südlich des *decumanus maximus* korrespondieren mit dieser Ausweitung. Die Stadt vergrößert sich und ein neuer Bedarf an Wasser entsteht, zumal sie sich mit öffentlichen Thermen ausstattet, die die größten Wasserkonsumenten sind. In diesen Zusammenhang fällt die Konstruktion des Aquäduktes, über den wir durch die Spuren seiner Verzweigungen innerhalb der Stadtmauer unterrichtet sind. Die Nordthermen, die wichtigsten in der Stadt, und der Aquädukt wurden in der flavischen Epoche (68–96 n. Chr.) errichtet.

Es war H. de La Martinière, der den Hauptarm des Aquäduktes entdeckte. Dieser führt unter der 168/169 n. Chr. erbauten Stadtmauer hindurch. Die gemauerte Bedeckung des Kanals ist überwölbt mit einer Arkade aus dicken Blöcken,

Abb. 122 Kanal des Aquäduktes durch die Stadtmauer südlich des Tangertores.

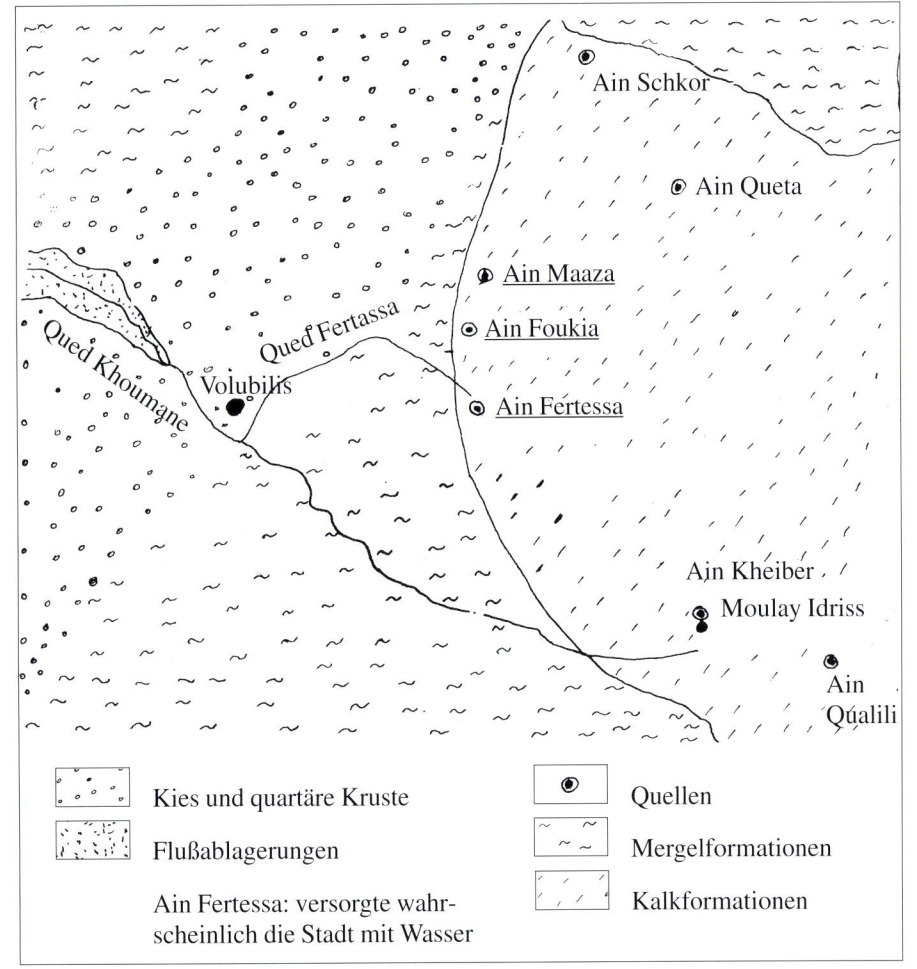

ken. Diese Leitungen datieren zwischen 80 und 120 n. Chr.

Die Zuleitung des Wassers wurde in Bleiröhren vorgenommen, von denen heute 74 Fragmente im Archiv von Volubilis lagern. Ein der Gießerei mißlungenes Stück (Volubilis 15234) indiziert die lokale Fabrikation dieser Röhren.

Das Kanalnetz und die urbanen Kommunikationswege verlaufen parallel zueinander; indem erstere dem Straßenverlauf folgen, finden sie genug Freiraum und können leicht repariert werden. Die beiden Netze – Wasserleitungen und Straßen – sind für Volubilis ein Symbol des Wohlstandes und des Prestiges sowie Zeichen einer tiefgehenden Romanisierung. Es mußte ein enormer Aufwand betrieben werden, wie er bei Dionysios von Halikarnassos beschrieben wird (II, 67): «*Für mich gehören zu den drei größten römischen Werken, welche am Besten die Größe des Imperiums zum Ausdruck bringen, die Aquädukte, die Straßen und die Kanalisation, nicht nur wegen ihrer Nützlichkeit, sondern wegen des Aufwandes, den sie gekostet haben.*»

Entsprechend ihrer Entwicklung steigerten sich auch die Bedürfnisse der Stadt. Dem von den Stadtvätern initiierten Bau des Aquäduktes folgten zahlreiche Erweiterungen im Laufe des 2. und 3. Jhs. n. Chr. Ausgehend vom Aquädukt und seinen sekundären Verzweigungen wurde das Wasser in die Häuser, die Thermen und die Brunnen geleitet. Die Kapazitäten der hydraulischen Installationen dieser Gebäude sind mit mehr als 668,12 m² zu veranschlagen.

Zusätzlich zu seiner kulinarischen Funktion speiste das Wasser die Bassins der Peristyle, um den Komfort und die Luftqualität des Raumes zu steigern, welcher den luxuriösen Lebensstandard des Besitzers widerspiegelt und wo dieser unter den Kolonnaden mit seinen Gästen lustwandelte. Das Wasser speiste auch die sekundären Becken im hinteren Teil der Häuser. Es trug demnach zum Luxus der großen Peristylhäuser bei.[94] In den privaten (sieben Etablissements) und öffentlichen (vier Etablissements) Thermen war das Wasser eine wichtige Komponente

deren Wölbsteine auf Widerlagern ruhen, die an den Flügeln der hier durchbrochenen Stadtmauer eine Stütze finden. Eine im Kanal aufrechtstehende Platte unterstützt die gemauerte Decke und muß den Wasserdruck reduziert haben (Abb. 122). Außerhalb der Stadt und nahe der Stadtmauer ist der mit einer gewölbten Decke versehene Aquädukt in einen Tunnel versenkt. Innerhalb der Stadt tritt er ans Tageslicht (Abb. 124), verläuft doch seine Stützmauer entlang des großen *decumanus* Süd I. Seine Decke ist dort aus Platten konstruiert, die eine Kanalisation tragen.

Im Nordostviertel beschreibt er aufgrund der Topographie des Geländes verschiedene Richtungswechsel, schließlich umgeht er die Nordwand des Tumulus, um seine Nordost/Südwest-Orientierung wieder aufzunehmen, bevor er in den Brunnen des großen *cardo* (Nähe Ehrenbogen) mündet (Abb. 125). Sein Verlauf ist von keinem Wasserspeicher unterbrochen, was zeigt, daß die volubilitanischen Ingenieure das Gefälle sehr gut kalkuliert haben, damit das Wasser ohne großen Druck abfließen konnte. (Im Gegensatz dazu wurden entlang einer Wasserleitung, welche neben dem Aquädukt verläuft, fünf Wasserspeicher installiert).

Außerhalb der Stadt konnte seine Trasse nicht bis zu der Quelle, aus welcher er sich speist, verfolgt werden. Es wird aber allgemein angenommen, daß sein Ausgangspunkt bei der Quelle von Ain Fertessa lag, die in dem heutigen Dorf «Fertessa», östlich von Volubilis, entspringt.

Vom Aquädukt wurden sekundäre Arme abgezweigt, um im Nordostviertel ein gut organisiertes Leitungssystem zu formieren. Neun Abzweige sind noch erhalten; sie müssen die reichen Wohnstätten des Viertels, sowie den Brunnen am *decumanus maximus* gespeist haben.

Ein anderes Leitungsnetz, nach heutigen Erkenntnissen aus 12 Nebenarmen bestehend, wurde im Viertel am Ehrenbogen eingerichtet, wo sich auch die Nordthermen befinden. Einige Verzweigungen verlaufen oberirdisch, andere in Tunneln.

Das Wasserleitungssystem des Südviertels ist nur schlecht erforscht, bisher konnten hier nur drei Arme festgestellt werden. Der Wasserzuleitungskanal dieses Viertels, welches etwas entfernt ist vom Endstück des Aquäduktes, muß gewiß das Forum durchquert haben, wo man Leitungen aus Ton gefunden hat, wie die Grabungsberichte von 1956–60 vermer-

Abb. 123 Pedologische Karte der Region Volubilis, nach: Karte von Marokko, Sidi Kacem (Petit-Jean. Moulay Idriss), coordonnée Lambert: x-486-y-386; Überarbeitung: Konservation von Volubilis.

Abb. 124 Trasse des Aquäduktes innerhalb der Stadt; im Hintergrund das Zerhounmassiv, in dem die versorgenden Quellen liegen.

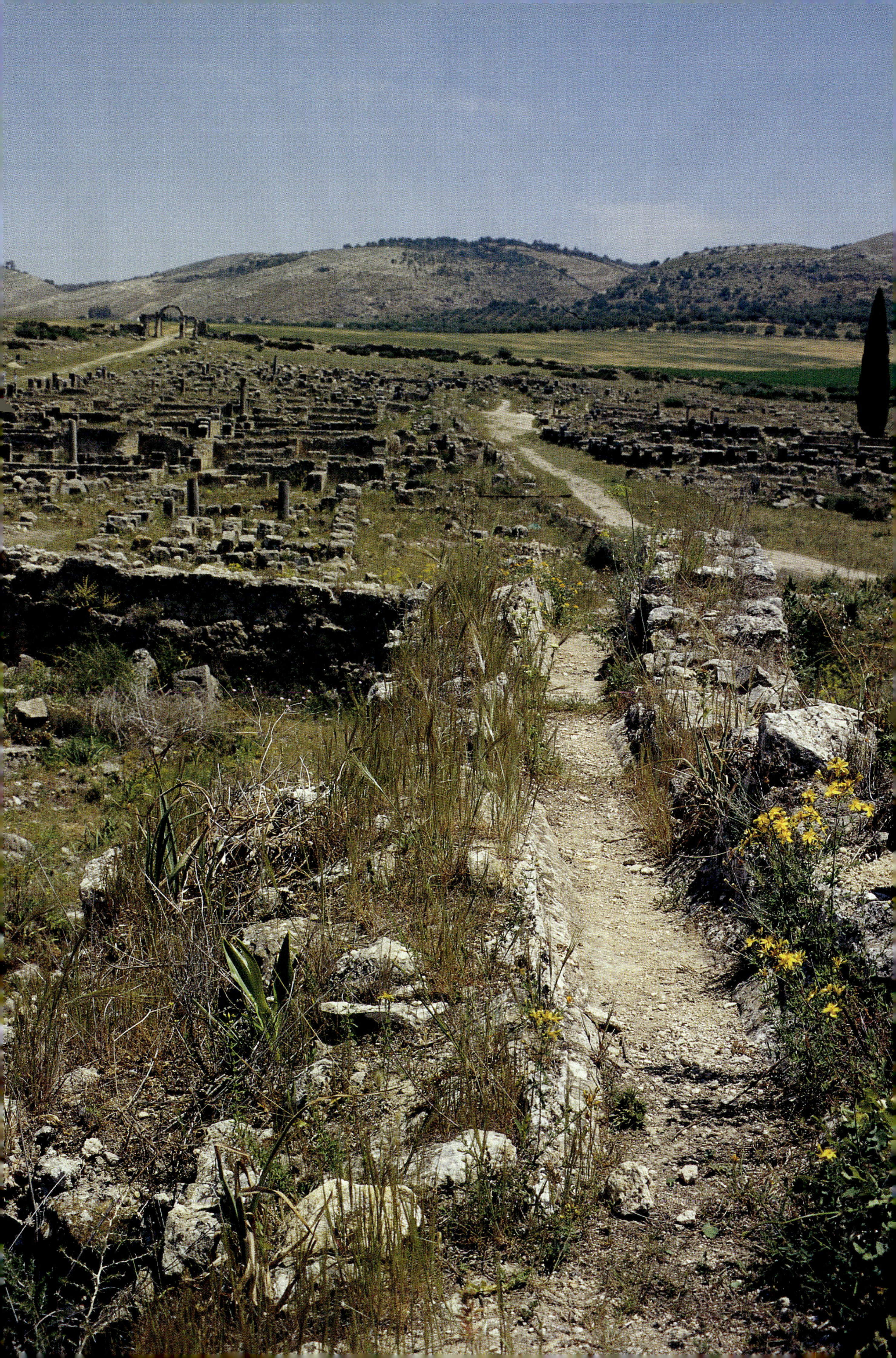

verläuft diese Leitung entlang des Mittelwalls der Stadtmauer, schließlich bis zu seinem Ende auf dem alten Aquädukt. Außerhalb der Stadt, auf den kultivierten Feldern nordöstlich des Tangertores, sind ihre Spuren noch sichtbar. Sie folgt dort einer Nordost/Südwest-Orientierung. Dieser zusätzliche Leitungskanal beweist, daß man eine weitere Quelle in Anspruch genommen hatte. A. Luquet und R. Paskoff zeigen eine Wasserleitung und Blöcke, welche als Strukturen der Quellfassung identifiziert wurden, in unmittelbarer Nähe der Quelle von Ain Maaza an, die sich im Nordosten von Volubilis befindet. Die Inanspruchnahme von Grundwasserschichten ist nur für den Brunnenschacht des Orpheushauses und den des Tempels C nachgewiesen.

Einige Anhaltspunkte deuten darauf hin, daß sich die Wasserversorgung der Stadt ohne Probleme bis in die letzte Zeit der römischen Okkupation und sogar darüber hinaus kontinuierlich fortsetzte. Der Gordianuspalast mit seinen großen Bädern wurde zwischen 238 und 244 n. Chr. konstruiert. Über einen Arm, welcher direkt dem Wasserspeicher nahe der Passage des Aquäduktes durch die Stadtmauer entspringt, wurde der Palast mit Wasser versorgt. Eine andere Leitung verwendet den Südpfeiler des 217 n. Chr. erbauten Ehrenbogens wieder und wendet sich dann gen Westen, wahrscheinlich um sich mit einem weiteren Leitungskanal zu vereinigen, der nach der Aufgabe des «Hauses mit dem Kompaß» gebaut wurde.

Der Wert des Wassers ging bei den Römern über den Rahmen der täglichen Nutzung hinaus, um eine symbolische Bedeutung anzunehmen. Die Beherrschung der Wasserzirkulation war ein Zeichen der Romanisierung der Stadt, der Dominierung ihres Territoriums und der Größe des technischen «Know How» der Römer. Die Quelle des Wassers war zugleich die Quelle des Lebens, der Fruchtbarkeit und des Wohlstandes. Das Löwenmaul,

des Baderitus. War es im Zusammenhang mit den Privathäusern ein Element der sozialen Abgrenzung, so war es bezüglich der Thermen und Brunnen ein Zeichen von Demokratie; die ganze Bevölkerung konnte davon profitieren, ob reich oder arm, frei oder versklavt. Ob kalt oder warm, in den Thermen war «Wasser» ein Element der Hygiene und wichtiger Bestandteil der physischen Kultur.

Vier Brunnen schmücken die großen urbanen Verkehrsadern: einer am *decumanus maximus*, zwei am großen *cardo*, zwischen dem Caracallabogen und dem Forum, und einer auf dem Platz, welcher als «Forum Juba II.» (*platea vetus*) bezeichnet wird (Abb. 126). Die Fülle der verschiedenen hydraulischen Installationen sicherte das gute Funktionieren der Latrinen und die Sauberkeit der mit Platten belegten Straßen; das Abwasser sammelte sich in Kanälen (Abb. 127), welche im Oued Fertessa oder im Oued Khroumane mündeten (Abb. 128).

Mit der Fortentwicklung der Stadt konnte das Wasser des Hauptaquäduktes nicht mehr alle Bedürfnisse befriedigen, so daß man 168/169 n. Chr. eine neue Leitung konstruierte, welche die von Marc Aurel errichtete Stadtmauer einige Meter nördlich des Tangertores durchschneidet. Die Passage durch die Stadtmauer besteht aus einer auf einer Platte gelagerten Röhre. Im Inneren der Stadt

Abb. 125 Karte des Wasserleitungssystems von Volubilis, Konservation Volubilis.

Abb. 126 Brunnen am großen cardo zwischen dem Caracallabogen und dem Forum. Der Brunnenrand zeigt noch die Gebrauchsspuren der Antike.

Abb. 127 Kanaldeckel, Nähe Forumsbrunnen.

Abb. 128 Austritt eines Abwasserkanals aus der römischen Stadtmauer am Ufer des Oued Khoumane.

Die Wasserversorgung 87

126

127

aus dem das Wasser in den Brunnen der Kapitolsthermen herabfällt, repräsentiert ein Tier, welches der punisch-römischen Gottheit Baal-Saturn geweiht ist. Die mythologischen Szenen des Mosaiks der Diana beim Bade und das des Gefolges der Venus verdeutlichen den heiligen Wert des Wassers nicht nur für die Römer, sondern auch für ihre Gottheiten. Wegen des Gebrauchs- und Symbolwertes des zugunsten von Volubilis kanalisierten Wassers, wurde es gegen eventuelle Überfälle der Berberstämme einer ständigen Kontrolle unterzogen. Die Wasserleitungen treten genau in der Nähe der die Stadtmauer flankierenden Wachtürme in die Stadt ein.

Es scheint gewiß, daß die Stadt nicht sofort nach dem Rückzug der Römer gegen 285 n. Chr. an Wassermangel zu leiden hatte, da ja Bewohner in der Stadt zurückblieben und die alten römischen Quartiere kontinuierlich besiedelten. Mit der Zeit verringerte sich jedoch der Wasserfluß aufgrund eines Mangels an systematischer Wartung der Aquädukte und sekundären Ableitungen, was zu einem späteren Zeitpunkt die Bewohner – Christen und schließlich Muselmanen – veranlaßte, sich im Westviertel, nahe dem Oued Khroumane festzusetzen. Letztere haben sogar eine Thermenanlage am tonhaltigen Flußbett errichtet.

Die Spuren des Wasserleitungssystems von Volubilis, die das Wasser in geräuschdämpfenden Kanälen führte oder es aus Brunnen sprudeln ließ, sind noch zu unvollständig, um es ganz zu durchschauen, da dies vom Fortschreiten der Grabungsarbeiten abhängig ist, welche noch nicht alle Bereiche des 40 ha umfassenden Stadtgebietes berührt haben.

128

Die Mosaike von Volubilis

von Hassan Limane und Abdelfattah Ichkhakh, übersetzt von Martina Riße

Einführung

Die römische Stadt Volubilis hat uns eine Anzahl wichtiger Mosaike überliefert. Dabei sind geometrische und florale Motive stark vertreten (Abb. 129). Figürliche Darstellungen zieren fast ausnahmslos die Fußböden von Privathäusern, seltener die von Thermen. Die aus den anderen Provinzen Afrikas bekannten Mosaike in Grabstätten fehlen gänzlich in Volubilis. Die meisten der Szenen greifen im Wesentlichen auf ein mythologisches Thema zurück (Orpheus, Amphitrite, der bacchische Zyklus, Herkules, Diana und die Wassergottheiten, Hylas …), andere wiederum sind Tierdarstellungen (Raubtiere, Delphine …). Die Anzahl der Szenen, welche sich auf realistische Episoden, das tägliche Leben, beziehen, ist sehr beschränkt. Die wenigen Szenen dieser Art sind von zwei charakteristischen Themen der antiken Gesellschaft inspiriert: der Muße (Mosaik mit einem Fischer) und der Spiele (ein Desultor im Zirkus).

Die Verteilung der Mosaike ist sehr aufschlußreich, sie befinden sich alle in den herrschaftlichen Vierteln (Viertel am Ehrenbogen und Nordostviertel) mit Ausnahme der Mosaike des Orpheushauses, welches im Südviertel liegt. Sie vermitteln somit einen Eindruck von der Einrichtung der noblen Wohnstätten (Hausarchitektur) sowie von dem sozialen Status ihrer Bewohner. Im Inneren der Häuser nehmen die Mosaike oftmals einen Platz entweder im *triclinium* oder im *tablinum* ein, «Theater» der großen Momente des häuslichen Lebens.

Im Gegensatz zu dem, was manchmal geschrieben wird, haben die volubilitanischen Mosaizisten ihre Virtuosität sowohl im geometrischen Ornament als auch in der figürlichen Darstellung offenbart. Die Existenz eines Modellbuches, nachgewiesen durch identische Mosaikmotive (z. B. das Motiv der «Diana und der Nymphen» im «Haus der Venus» und im «Haus des Nymphenbades»), darf keinesfalls als Beweis eines Mangels an Phantasie interpretiert werden, weist doch das reiche und variable Repertoire der volubilitanischen Mosaike darauf hin, daß die Mosaizisten sich nicht darauf beschränkt haben, die Skizzen ihrer Modellhefte zu reproduzieren. Durch das Changieren der Farbtöne verliehen die lokalen Mosaikkünstler ihren Figuren auch die Imagination von Plastizität (Relief) und Bewegung (Perspektive).

Erleichtert wurde die Arbeit durch das Vorhandensein des wichtigsten Materials in der Umgebung der Stadt. Die kubisch geformten Steinchen kommen aus der Natur; der graue Kalkstein des Zerhoun-Gebirges lieferte die Farben Grau und Dunkelgrau, Marmor stellte das Weiß und das blasse wie das dunkle Rosa, während Keramikscherben die Ockertöne Rot und Gelb lieferten. Für die blauen und roten Töne wurde Glasmasse benutzt, und manchmal diente Schiefer für das Schwarz und Blau.

Das Orpheus-Mosaik

Das zwischen 1926 und 1928 freigelegte Mosaik des Orpheus ziert eines der weiträumigsten Zimmer des repräsentativen Flügels des gleichnamigen Hauses. Es gilt als das größte kreisförmige Mosaik in Volubilis.

Der Zirkel ist in ein großes, von geometrischen Motiven gerahmtes Rechteck eingeschrieben. Die so entstandenen Restflächen in den Winkeln des Rahmens sind besetzt mit Rebhühnern und Enten vor Gefäßen oder vor blumengeschmückten Körben. Im Zentrum des Kreises, in einem oktogonalen Medaillon, ist Orpheus dargestellt, reich gekleidet und eine Lyra spielend (Abb. 130). Um ihn herum bilden belaubte Bäume acht Felder, welche von verschiedenen Tieren bevölkert werden: Vögel sitzen in den Zweigen, am Boden laufen oder ruhen Vierfüßler (Abb. 131).

Die beschriebene Szene spielt auf die Fähigkeit des Orpheus an, nach seinem Mißgeschick im Reich der Toten selbst unsensible Geschöpfe mit seinem Spiel bezaubern zu können. Die Legende erzählt von seinem berühmten Abstieg in die Unterwelt, aus der er seine Gemahlin Eurydike zurückführen wollte. Dank seiner Musik gelingt es Orpheus, die höllischen Gottheiten zu bezaubern und erlangt von ihnen die Erlaubnis, seine Frau in die Welt der Lebenden zurückzuführen unter der Bedingung, sich bis zum Überschreiten der Grenzen der Unterwelt nicht umzublicken. Vor Ungeduld, jene wiederzusehen, die ihm folgt, und so die Bedingung vergessend, dreht sich der unglückliche Liebende um und Eurydike entschwindet für immer ins Reich der Schatten. Die Götter widersetzen sich einem erneuten Abstieg in die Hölle und Orpheus zieht sich nach Thrakien zurück, wo er

Abb. 129 Geometrisches Motiv, Mosaik «Die badenden Nymphen» im Haus gleichen Namens.

Abb. 130 Orpheus, Zentralmotiv des grossen «Orpheusmosaiks» im Tablinum-Triclinium des Orpheushauses.

Abb. 131 Fabel- und Wildtiere unter Bäumen, Ausschnitt des «Orpheusmosaiks», im Tablinum-Triclinium des Orpheushauses.

130

131

132

seitdem fortwährend trauert und sein Unglück auf einer Lyra spielend beklagt.

Der Wagen der Amphitrite

Ebenfalls im «Haus des Orpheus», zwischen dem *tablinum* und dem Becken des *atrium*, befindet sich eine rechteckige Fläche mit einem bichromen Mosaik (schwarze Motive auf weißem Grund). Es zeigt den Wagen der Amphitrite, Tochter des Nereus und Gattin des Neptun, gezogen von einem Seepferd (Abb. 132). Zu beiden Seiten und unterhalb des Wagens tummeln sich Fische und Krustentiere: ein Zitterrochen, eine Languste, ein Tintenfisch (Abb. 133), eine Moräne, eine Seebarbe und als Delphine.

Bacchus entdeckt Ariadne

Es schmückt eines der Zimmer des Nordflügels des «Haus des Reiters», gelegen im Viertel am Ehrenbogen. An allen vier Seiten gerahmt von geometrischen Motiven repräsentiert das als gekurvtes Sechseck geformte Hauptemblem den Gott Bacchus bei der Entdeckung Ariadnes (Abb. 134). Der als Gott des Weines verehrte Bacchus ist erkennbar an seinem Thyrsosstab (ähnlich einem langen Speer) und seiner Weinrebenkrone. Mit jovialer Miene blickt der Gott auf Ariadne, die Tochter des Minos, die von Theseus auf der Insel Naxos zurückgelassen wurde. In der Mitte der Komposition dient ein kleiner Amor als Führer des Gottes. Die Episode erzählt vom Unglück der von Theseus betrogenen Ariadne, die ihm zuvor geholfen hatte, aus dem Labyrinth des Königs Minos herauszufinden, nachdem er dort den Minotaurus getötet hatte.

Abb. 132 Wagen der Amphitrite, Detail aus dem schwarz-weißen Meeresmosaik vor dem Bassin des Atriums des Orpheushauses.

Abb. 133 Tintenfisch, Detail aus dem Meeresmosaik vor dem Bassin des Atriums des Orpheushauses.

Abb. 134 «Bacchus entdeckt Ariadne», Mosaik im Nordflügel des «Haus des Reiters».

Abb. 135 «Herkules erschlägt die Hydra von Lerna», Detail aus dem Mosaik «Die Arbeiten des Herkules» im Haus gleichen Namens.

Abb. 136 «Herkules und König Eurystheus», Detail aus dem Mosaik «Die Arbeiten des Herkules» im Haus gleichen Namens.

Die Arbeiten des Herkules

Dieses Mosaik im Haus gleichen Namens beinhaltet drei vollkommen unterschiedliche Sujets. Im Zentrum: Ganymed, ein junger Prinz von so überragender Schönheit, daß Jupiter ihn zu seinem Mundschenk machen wollte. Eines Tages, als Ganymed auf dem Berg Ida in Phrygien weilte, verwandelte sich der Gott in einen Adler und trug den Knaben auf den Olymp.

Abb. 137 «Herkules besiegt die Königin der Amazonen», Detail aus dem Mosaik «Die Arbeiten des Herkules» im Haus gleichen Namens.

Abb. 138 Muse, eine Doppelflöte spielend, Detail aus dem Mosaik «Dionysos und die vier Jahreszeiten» im Haus gleichen Namens.

Abb. 139 Tondo: «Herbst», Detail aus dem Mosaik «Dionysos und die vier Jahreszeiten» im Haus gleichen Namens.

Abb. 140 Nereide, auf einem Hippokampus reitend, Zentralmotiv, Mosaik im triclinium des «Haus des Epheben».

Die Mosaike von Volubilis 91

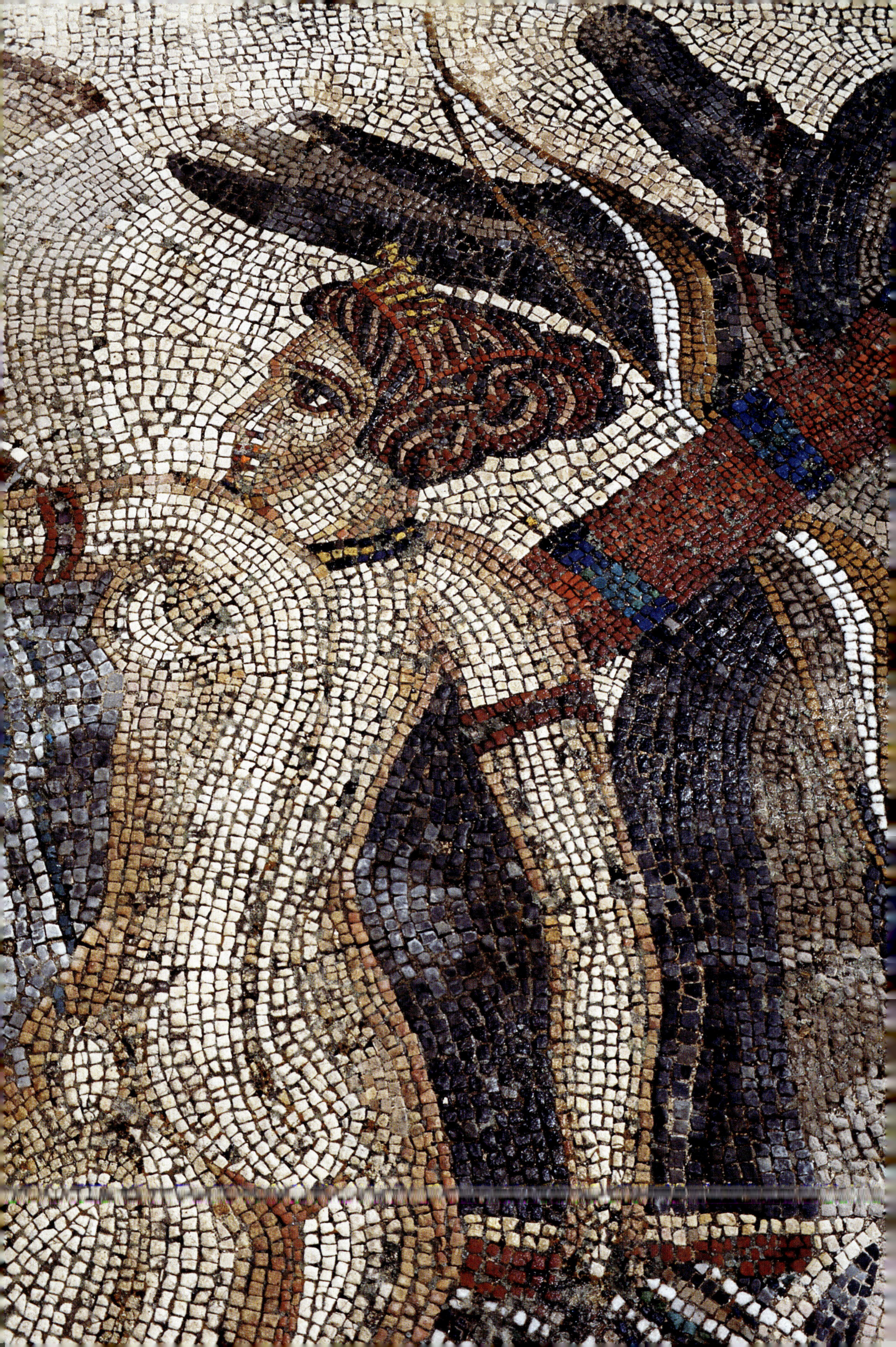

Die Mosaike von Volubilis

Auf vier quadratischen Tafeln sind die Jahreszeiten in Form von Frauenbüsten dargestellt, von denen nur zwei erhalten sind: der vermummte «Winter» und der mit Weinranken bekrönte «Herbst».

Das dritte Thema behandelt die zwölf Arbeiten des Herkules, von denen nur noch elf überliefert sind: Herkules erwürgt als Kind die Schlangen, führt den Cerberus an der Kette, zähmt den Stier der Insel Kreta, säubert die Ställe des Königs Augias, streckt mit Pfeilschüssen die Vögel am See Stymphalos nieder, bringt auf seinen Schultern den erymanthischen Eber zurück, erwürgt Antaios, erschlägt die Hydra von Lerna, besiegt die Königin der Amazonen, erlegt den nemeischen Löwen und stiehlt die goldenen Äpfel aus dem Garten der Hesperiden (Abb. 135–137).

Dionysos und die vier Jahreszeiten

Dieses Mosaik ziert den Boden eines großen Saales von 6,5 m Länge und 5 m Breite in dem nach ihm benannten Haus. Es setzt sich zusammen aus zwei verschiedenen Medaillontypen: oktogonalen und runden. Fische und Vögel füllen den freien Platz zwischen den Medaillons und der rechteckigen Rahmung.

Die achteckigen Medaillons reihen sich auf der zentralen Achse der Komposition. Mittig plaziert, lehnt sich der nackte Bacchus (oder Dionysos) gegen eine Stele, unter- und oberhalb folgt je eine Muse, die eine einen Tambourin, die andere eine Doppelflöte spielend (Abb. 138). Das oberste Emblem zeigt eine dritte, sitzende Muse mit einer Lanze in der Hand.

Die Jahreszeiten besetzen runde Medaillons beiderseits des zentralen Themas. Jede Jahreszeit wird von einer weiblichen Büste (Abb. 139) und einem kleinen Amor mit den der Jahreszeit entsprechenden Attributen repräsentiert.

Am oberen Ende des Mosaiks zeigen zwei quadratische Felder das Haupt der Medusa mit ihrem berühmten Haarschmuck und eine weitere, nicht identifizierte Person.

Abb. 141 Diana, Detail des Mosaiks «Diana im Bade», «Haus der Venus».

Abb. 142 Aktaion, Detail des Mosaiks «Die badenden Nymphen» im Haus gleichen Namens.

Abb. 143 Hylas, Detail des Mosaiks «Die Entführung des Hylas», «Haus der Venus».

144

Die Nereiden

Im Norden des Peristyls des «Haus des Epheben» befindet sich das *triclinium*, welches mit einem der größten Mosaike von Volubilis (7,4 m x 7,7 m) ausgekleidet ist: An den Seiten, gegenüber den zwei seitlichen Türen des Raumes ist rechts ein Kentaur, einen wahrscheinlich mit Wein gefüllten Krug haltend, und links eine Kentaurin mit einem umgedrehten Krug in der Hand dargestellt. In der Mitte befinden sich zwei oktogonale Medaillons, welche von einem Arrangement von runden und ovalen umgeben sind. Eines der oktogonalen Medaillons, welches auch am besten erhalten ist, zeigt eine Nereide, auf der Kruppe eines Hippokampus sitzend und mit den Händen einen Schleier haltend (Abb. 140). Unterhalb des Seepferdes schwimmt ein Delphin in umgekehrter Richtung. Die Darstellung der Nereide und ihres Reittieres erinnert an die im folgenden beschriebenen ähnlichen Motive im «Haus der Nereiden».

Das Mosaik schmückt hier die Einfassung des Peristylbeckens. Die Komposition ist nicht kompliziert. In jeder Ecke beiderseits der konkaven Ausbuchtungen sind zwei Göttinnen einander gegenübergestellt, die wie Amazonen auf verschiedenen Meerestieren reiten (s. Abb. 94. 95). Vom Wind aufgeblähte Schleier entfalten sich über ihren Köpfen. Von den Reittieren erkennt man einen Stier und ein Seepferd, die anderen lassen sich schwerer identifizieren: Es sind wilde Phantasietiere des Meeres mit Fell, heller oder dunkler gepunktet oder gestreift, deren Oberkörper vage an Tiger, Panther oder Leoparden erinnern. Dünne horizontale Striche auf den Freiflächen sollen ohne Zweifel die Wogen des Meeres darstellen.

Die Haltung der Nereiden ist nicht uniform: die einen sind gelagert, die anderen sitzen mit galant angezogenen Knien. Diese Variabilität in der Darstellung ist auch in der Art und Weise wie sie ihre Schleier halten festzustellen. Diese sind gebläht und zeigen Streifen, abwechselnd hell und verschattet, wofür blasses Gelb und braunes Rot benutzt wurde, ohne Zweifel, um den Kontrast zwischen verschatteten Vertiefungen und belichteten Erhebungen herzustellen. Das Ensemble wird umrahmt von einem schwarz/gelben Band, welches den Konturen des Beckenrandes folgt.

Diana und die Nymphen beim Baden

Dieses Mosaik ziert eines der Zimmer im südwestlichen Teil des «Hauses der Venus». Es wurde so verlegt, daß es vom rückwärtigen Teil des Zimmers und nicht vom Eingang aus zu betrachten war. Vier Bänder mit schwarzen geometrischen Mustern auf weißem Grund bilden den Rahmen. Die Hauptszene zeigt Diana, die Göttin der Jagd, Zwillingsschwester des Apoll, begleitet von zwei Nymphen in einem Bad inmitten des Waldes. In der Mitte der Darstellung befindet sich die nackte Diana (Abb. 141), das rechte Bein in einem Becken, die linke Hand erhoben, um den Wasserstrahl aufzufangen, welcher von dem geflügelten Pferd «Pegasus» herunterfällt. Die Nymphe auf der rechten Seite, in Frontalansicht, sitzt auf einem Tuch, den Blick fragend auf die zweite Nymphe gerichtet. Diese, aufrecht stehend und teilweise entblößt, ein Tuch in der Hand, blickt erschrocken nach rechts. Hier, in der Südostecke der Szene sieht man eine kleine Figur, bekannt unter dem Namen «Aktaion», welche den Körper der Göttin bewundert (Abb. 142).

In der griechisch-römischen Mythologie wird Diana oft als eine ernste, grausame, sogar rachsüchtige Göttin dargestellt. Sie verfährt streng gegen all jene, welche ihre Mißgunst erwecken. Die Legende erzählt, daß infolge des Wagemutes des Aktäon Diana ihm mit Wasser das Gesicht besprützte, worauf er im gleichen Moment in einen Hirsch verwandelt und

Die Mosaike von Volubilis 95

von seinen eigenen Hunden zerfleischt wurde. Mit Ausnahme einiger Details gleicht dieses Mosaik einem anderen im Haus des Nymphenbades nördlich des *decumanus maximus*.

Hylas, von den Nymphen entführt

Ein anderer Bodenbelag, ebenfalls im «Haus der Venus» zu finden, zeigt Hylas, einen Freund des Herkules, der an einer Quelle Wasser geschöpft hat (Abb. 143). Zwei von seiner Schönheit verführte Nymphen versuchen ihn zu überwältigen. Die erste, auf der linken Seite, hält ihn am Handgelenk fest (Abb. 144). Die zweite, auf der rechten Seite, greift ihm mit ihrer linken Hand ans Kinn, während ihre Rechte eine mit Wasser gefüllte Urne hält, Attribut der Quellgottheit (Abb. 145).

Die Tafel wird gerahmt von zwei weiteren: Im Norden wird ein Wilddieb, welcher mit einem Pfeilschuß einen zu seinen Füßen liegenden Vogel niedergestreckt hat, von zwei Wächtern überrascht. Er wird gefangengenommen, gefesselt und gegeißelt. Im Süden wird die gleiche Person gerichtet, dazu verurteilt, wilden Tieren überlassen zu werden. Ein Eros lüftet die Klappe einer Falle, aus der eine riesige Schildkröte entweicht, das Maul weit geöffnet, um den Verdammten zu zerfleischen.

Abb. 144 Nymphe, Detail des Mosaiks «Die Entführung des Hylas», «Haus der Venus».

Abb. 145 Nymphe, Detail des Mosaiks «Entführung des Hylas», «Haus der Venus».

Bronzeplastiken in Wohnhäusern von Volubilis

von Detlev Kreikenbom

Aus Numidien stammte der Anwalt, Rhetor und Schriftsteller Apuleius. Reisen führten ihn nach Rom und Griechenland, große Teile seines Lebens verbrachte er aber in Nordafrika. Bald nach der Mitte des 2. Jhs. n. Chr. ließ er sich in Karthago nieder. Sein berühmtestes Werk ist der Sittenroman «Der goldene Esel».

Im zweiten Buch des Romans geleitet der Autor den Ich-Erzähler in das Haus einer Frau namens Byrrhena. Die Beschreibung wendet sich allein einem offensichtlich Repräsentationszwecken dienenden Teil der Domus zu. Doch nicht die Architektur, sondern die Ausstattung einschließlich ihrer räumlichen Disposition steht im Mittelpunkt. Der Erzähler, mit dessen Augen das Ensemble betrachtet wird, zeigt sich begeistert:

«Eine sehr schöne Halle trug auf viermal, nämlich in den einzelnen Ecken, aufragenden Säulen Statuen, Gestalten der Siegesgöttin, welche, die Flügel ausgebreitet, mit taufrischen Sohlen, ohne fest aufzutreten, den schwankenden Grund einer rollenden Kugel berühren und doch nicht so darauf haften, daß sie verweilen; man möchte sogar glauben, sie fliegen. Und dort in der genau abgewogenen Mitte des ganzen Raumes befindet sich, aus parischem Marmor gestaltet, Diana, ein vollendet prachtvolles Standbild; das Gewand gebauscht, lebendig im Schreiten, so stellt es sich dem Eintretenden entgegen, verehrungswürdig durch die göttliche Majestät. Hunde flankieren die Göttin auf beiden Seiten, und diese Hunde waren ebenfalls aus Stein. Ihre Augen drohen, die Ohren sind gespitzt, die Nasenlöcher aufgesperrt, das Maul voller Wut, und wenn irgendwoher aus der Nähe ein Bellen dringen sollte, so möchte man glauben, es kommt aus diesen Rachen von Stein; und worin jener treffliche Bildhauer den höchsten Beweis seiner Darstellungskunst geliefert hat, die Hunde richten sich auf mit erhobener Brust, so daß nur die Hinterläufe unten aufstehen, die Vorderbeine laufen. Hinten im Rücken der Göttin erhebt sich ein Fels nach Art einer Grotte mit Moos, Kraut, Blättern, Zweigen und an einer Stelle mit Weinranken, an anderer mit blühenden Bäumchen aus Stein. [...] Mitten zwischen dem steinernen Laub sieht man Aktaion als Statue zugleich im Stein und im Quell, wie er neugierigen Blicks in der Richtung auf die Göttin sich vorbeugt und, schon zum Tier in Hirschgestalt sich wandelnd, Diana belauert, die baden will.»

Es handelt sich nicht, wie man meinen könnte, um die Beschreibung realer Gegebenheiten. Die Schilderung ist vielmehr aus dem Zusammenhang des Romans entwickelt. Sie rekurriert aber auf die Kenntnis des Lesers, der mit der Ausstattungspraxis von Wohnhäusern gehobenen Standards vertraut war, spielt den Reiz zwischen Wirklichkeit und Übersteigerung aus. Das notwendige Maß an Glaubwürdigkeit wird dadurch gewährleistet, daß Skulpturen schon längst als Luxusgegenstände Einzug in die römische Wohnkultur gehalten hatten. Auch gehörten erotische Themen und dionysische Verweise – hier in Gestalt der Wein-

Abb. 146a. b   Jüngling als Leuchterträger, frühe Kaiserzeit, Rabat, Museum.

ranken – zum Repertoire privater kaiserzeitlicher Bildwelt. Die figürlichen Mosaiken in Volubilis bezeugen dies in aller Deutlichkeit.

Plastische Bildwerke haben sich in Volubilis in ausnehmend reichem Maße erhalten. Es sind Bronzearbeiten unterschiedlichen Formats und unterschiedlicher Funktion – vom Möbelbeschlag bis zur lebensgroßen Statue –, die seit ihrer Auffindung das Interesse auf sich gezogen haben. Vorgestellt sei eine Auswahl von Objekten, die aufgrund ihrer Qualität und ihres Repräsentationszwecks herausragen oder aber ein spezifisches Interesse ihres Besitzers andeuten.

Als lebensgroß darf, gemessen am Alter des Dargestellten, die 1,4 m hohe Bronzestatue eines nackten Jugendlichen bezeichnet werden (Abb. 146a.b). Sie stammt aus einem dicht am Ehrenbogen gelegenen Gebäude, das nach ihr modern als «Haus des Epheben» benannt ist. Über schlanken Beinen mit elastischem Stand wächst ein fein geschwungener Rumpf auf, dessen dezente Modellierung die Jugendlichkeit unterstreicht. Zugleich verraten der Absatz gegen die Beine und das Gliederungsschema des Körpers gezielte Anleihen bei griechischen Werken klassischer Zeit. Das gilt ebenso für das Gesicht und die Frisur. Das gewiß nicht am Ort gefertigte, sondern importierte Werk entstand in der frühen Kaiserzeit.

Auf den dionysischen Bereich verweist ein Efeukranz im Haar. Dionysische Anspielungen mögen einst noch sinnfälliger hervorgetreten sein, da die heute leeren Hände Ranken, vielleicht Weinranken hielten. Zu solcher Ergänzung berechtigt die Analogie gleichartiger Bronzen aus Italien. Damit wird auch eine praktische Aufgabe des liebenswert-jugendschönen, der Welt des Genusses zugeordneten Bildes deutlich, denn an den Ranken waren Lampen angebracht.

Statuarische Leuchterträger erfreuten sich gerade in der Periode, der das Beispiel aus Volubilis angehört, großer Beliebtheit. Die Verbindung von klassischen Zitaten und hellenistischen Proportionen entsprach dem Bildungsanspruch wie dem Geschmack spätrepublikanisch-frühkaiserzeitlicher Auftraggeber. In Wohnhäusern aufgestellt, dokumentierten derartige Statuen den positiv konnotierten Luxus des privaten Lebens. Sie gereichten aber nicht allein den Hausbewohnern zur Freude; vielmehr dürften Klientel und Gastfreunde des Hausherrn als Zielpublikum einberechnet gewesen sein.

Auf den ersten Blick andere, letztlich aber parallele Ideale sollte eine Statuette von einem Drittel Lebensgröße aus dem «Haus des Mosaiks der Venus» vermit-

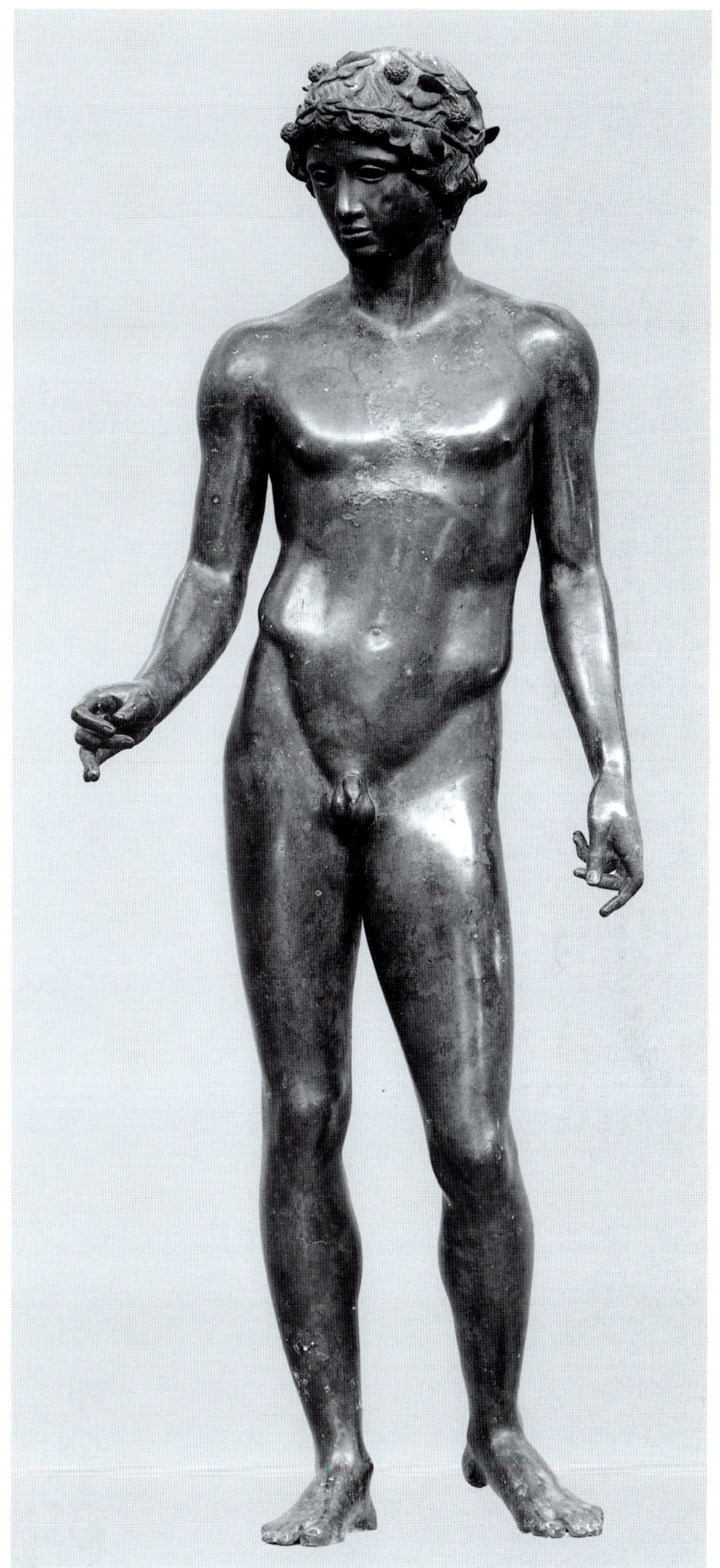

146b

teln (Abb. 147). Der gebeugte Körper und der zergliederte Kopf signalisieren altersbedingten Verfall, kombiniert mit dezidiert unschönen Elementen wie dem Haarbüschel in der Mitte der Brust, den Sehnen am Hals oder der stumpfen Nase. Zu den physisch bedingten Phänomenen tritt als negative Kennzeichnung die Mimik mit geöffnetem Mund und unangemessener Stirnkontraktion. Gebrechlichkeit, ungepflegte Erscheinung und Verhaltensweisen jenseits des Kanons gesellschaftlich akzeptierter Muster sind in dem niederen Stand des Dargestellten begründet: Mit dem Alten, dessen Gewand auch auf einfache Tätigkeit verweist, ist ein Fischer gemeint.

Rundplastische, im Format variierende Darstellungen von Menschen auf unterer Stufe der sozialen Hierarchie waren seit dem Hellenismus häufig. Insofern bildet der – wahrscheinlich im 1. Jh. n. Chr. gestaltete – Fischer keinen Sonderfall, auch nicht durch seine Herkunft aus einer Domus. Es ist schwer zu beurteilen, ob Karikaturen intendiert waren. Auf jeden Fall markierten Wiedergaben von Fischern und Bauern im gehobenen privaten Ambiente eine Gegenwelt. Sie gaben die Folie ab, vor der sich die Kultiviertheit des Hausbesitzers um so klarer abhob. Sein Status, seine Bildung, sein Geschmack und sein Vermögen, das Dasein zu genießen, verhielten sich reziprok zur Notwendigkeit einer Lebenssituation, in der man simpler Arbeit nachzugehen hatte. Überdies konnte selbst ein häßlicher Fischer noch auf der Ebene kunsthistorischer Bildung gelesen werden, da einerseits (und im Unterschied zum vorgenannten Leuchterträger) seine hellenistischen «Realismen» eine sujetgerechte Stilhaltung bekundeten, andererseits in seinen Aufbau motivische Anspielungen integriert waren, die sich bei ausreichender Vertrautheit mit der klassischen Kunst leicht auflösen ließen und dem wissenden Betrachter wohl doch ein Lächeln entlockten: So hielt die rechte Hand des Fischers die Angel wie dereinst die linke Hand des edlen polykletischen Doryphoros den Speer.

Im selben Haus wurde ferner eine lebensgroße Büste mit dem Porträt eines Römers entdeckt. In Silber eingelegte Buchstaben auf dem Büstenstück bezeichnen ihn als Cato (Abb. 148). Dargestellt ist der überzeugte Republikaner und Feind Caesars, der 46 v. Chr. im nordafrikanischen Utica den Freitod wählte. Der Kopf weist ruhige Züge, auf auch eine kraftvoll gebuckelte Stirn auf. Er folgt einem in der ausgehenden Republik geläufigen Bildnisschema. Nach Ausweis des großen Büstenstücks, der teigigen Modellierung des Gesichts und der Haarbildung fiel die Ausführung jedoch erst in die 2. Hälfte des 1. Jhs. n. Chr., wobei ein älteres, vielleicht augusteisches Porträt kopiert worden sein dürfte.

Seine Aufstellung in einem nordafrikanischen Privathaus verdankte das Bildnis mutmaßlich zwei Gründen: Zum einen figurierte Cato als Beispiel ethischer Größe, die der Dargestellte bewiesen hatte, als er sich nicht seinem Gegner unterwarf, zum anderen war der Dargestellte mit der Geschichte Nordafrikas verbunden. Letzteres trifft noch mehr auf einen zweiten Mann zu, dessen Bild ebenfalls in Volubilis gefunden wurde:

Abb. 147 Statuette eines Fischers, wahrscheinlich 1. Jh. n. Chr., Rabat, Museum.

Abb. 148 Büste des Cato, 2. Hälfte 1. Jh. n. Chr., Rabat, Museum.

Abb. 149a.b Büste Jubas II., spätes 1. Jh. v. Chr., Rabat, Museum.

149a 149b

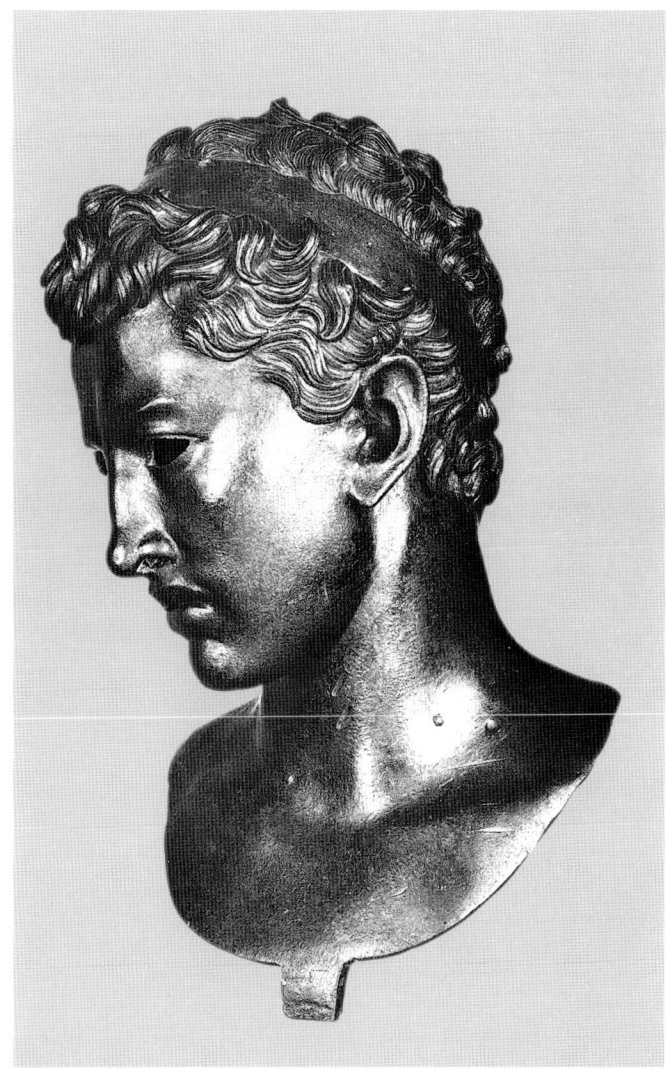

König Juba II. (Abb. 149a.b). Obwohl nicht im «Haus des Mosaiks der Venus» ausgegraben, bildete diese Bronzebüste allem Anschein nach in der Antike doch ein Pendant zu jener des Cato und war mit ihr zusammen am kleinen Peristyl der Domus aufgestellt. Auffallend sind die Unterschiede in der Gestaltung und in der Porträtauffassung. Die Frisur des numidisch-mauretanischen Herrschers von Roms Gnaden hängt unmittelbar von einem Bildnistypus Octavians ab, gewährleistet aber darüber hinaus mit ihrer lebhaften hellenistischen Stilisierung einen Anschluß an die Dynastie der Ptolemäer, von der sich ebenso die breite Königsbinde herleitet. Wiederholungen des Jubabildnisses sind von mehreren Orten bekannt. Bemerkenswert scheint aber an der Replik aus Mauretanien, daß im Gesicht afrikanische Ethnizität zur Geltung kommt. Die aufgeworfenen Lippen, die breiten Nasenflügel und die horizontal ausgezogenen Brauenbögen waren standardisierte Formeln für die Darstellung von Afrikanern. Offenbar dachte man bei der zeitgenössischen, in das spätere 1. Jh. v. Chr. datierbaren Herstellung des Bronzewerks an ein Publikum, das der Betonung solcher Züge positiv gegenüberstand. Man darf vermuten, daß die nicht am Ort entstandene Büste von einem Mann nordafrikanischer Abstammung in Auftrag gegeben war.

Dies berührt die Frage, ob die genannten Bronzen, die alle Importe waren, sich von Anbeginn in Volubilis befanden. Entdeckt wurden sie jedenfalls im Kontext späterer Wohnhäuser, aber die Wahrscheinlichkeit spricht dafür, daß sie schon von vornherein für Volubilis geschaffen worden waren und als leicht bewegliche, wertvolle Objekte in neuen Häusern wieder für die Einrichtung dienten. Nimmt man die Gesamtheit der Bronzen aus Volubilis in den Blick, so fällt auf, wie hoch der Anteil derjenigen ist, die zeitlich gerade in die Periode der numidischen Königsherrschaft (25 v. Chr.–40 n. Chr.) gehören und die von auswärtigen Werkstätten bezogen wurden. Insofern sind die Bronzen wichtige Zeugnisse für die Prosperität der Stadt seit Beginn der römischen Kaiserzeit.

Landwirtschaft und Produktion

Überall in Volubilis, im alten Stadtkern rund um die Basilika und das Forum ebenso wie im jüngeren Nordostviertel, trifft man auf die Relikte von Bäckereien und zahlreichen Ölmühlen. Die Landwirtschaft, die Verarbeitung und der Vertrieb ihrer Erzeugnisse, insbesondere des Olivenöls, waren offensichtlich ein wesentlicher ökonomischer Faktor für die römische Provinzstadt, begünstigt durch ihre Lage inmitten der fruchtbaren Ebene von El Gaada zu Füßen des wasserspendenden Zerhounmassivs (Abb. 150). Die Landschaft scheint sich seit der Antike nicht grundlegend verändert zu haben. Noch immer ziehen sich Olivenhaine entlang der Hänge des Gebirges, während in der Ebene, so weit das Auge reicht, die Getreidefelder wogen.

Etwa 3900 ha pflügbares Ackerland standen der antiken Stadt zur Verfügung. Man kann davon ausgehen, daß auf etwa 2/3 der Fläche Getreide angebaut wurde, der Rest aber mit Gemüse bepflanzt war, wahrscheinlich mit Bohnen, deren karbonisierte Reste man in Volubilis und Banasa gefunden hat.[95] Wie in römischer Zeit und auch heute noch mancherorts in Marokko üblich, wurde unter den Olivenbäumen auch Getreide angepflanzt, da man den fruchtbaren Boden zwischen den Bäumen nicht ungenutzt lassen wollte. Es ist anzunehmen, daß man die Felder abwechselnd jedes zweite Jahr brach liegen ließ, um eine Erschöpfung des Bodens zu vermeiden, eine Praxis, die in vielen Regionen des römischen Reiches vorherrschend blieb, obwohl der Fruchtwechsel andernorts bereits eingeführt worden war.[96] Nicht vergessen werden darf, daß auch Flächen benötigt wurden, auf denen das Vieh weiden konnte.

Unter Berücksichtigung der genannten Umstände kann man behaupten, daß der jährliche Ertrag an Getreide ausreichte, um die Bewohner von Volubilis und seiner Umgebung mit Mehl und Brot zu versorgen[97], daß aber keine Überschüsse produziert wurden, die man hätte exportieren können. Weitaus lohnender als der Getreideanbau scheint die Olivenkultivierung gewesen zu sein. Bis jetzt hat man, über die Stadt verteilt, nicht weniger als 100 Ölmühlen entdeckt. Es gab wenige große Privathäuser, die keine Presse besaßen. Manche Häuser wurden sogar zu Beginn des 3. Jhs. n. Chr. umgebaut, um Anlagen dieser Art installieren zu können, ein sicheres Indiz für den expandierenden Markt. Anders als beim Getreide scheinen hier Überschüsse produziert worden zu sein, die eventuell ins Mutterland exportiert wurden oder auch den steigenden Bedarf im Inland deckten.[98] Immerhin verbrauchte der antike Mensch durchschnittlich etwa 20 l Öl im Jahr, wobei zu berücksichtigen ist, daß dieses auch als Brennstoff für die Beleuchtung diente.

Der typische Charakter der volubilitanischen Bäckereien und Ölmühlen, die Integration in das Wohnhaus des Besitzers in Zusammenhang mit Verkaufsräumen (s. o. «Das Nordostviertel»), läßt weniger an großangelegte Produktionsanlagen einiger weniger Unternehmer denken als an Familienbetriebe, die von einer relativ breiten Mittelschicht geführt wurden. Die Arbeit verrichtete in diesem Falle die *familia*, die Hausgemeinschaft, der auch Sklaven zuzurechnen sind. Wahrscheinlich besaßen die Eigentümer der Betriebe gleichzeitig auch die Ländereien vor den Toren der Stadt, so daß die landwirtschaftlichen Erzeugnisse von der Saat bis zum Verkauf, oft sogar einschließlich der nötigen Transporte, in denselben Händen blieben.[99]

Die Frage, wie die Bewirtschaftung der Ländereien organisiert war, läßt sich nur schwer klären. In der römischen Kaiserzeit war das System des Kolonats allgemein verbreitet, d. h. die Anbauflächen wurden parzelliert und an besitzlose Bau-

150

Landwirtschaft und Produktion 101

151

152

ern (*coloni*) verpachtet. In Nordafrika blieben dabei aber meist vorrömische Abhängigkeitsverhältnisse bestehen; die *coloni* waren nur halbfrei, durften das Land nicht verlassen und waren abgabepflichtig[100] (s. u. «Volubilis und der Handel im Mittelmeer»).

Die Ölmühlen

Die antike Ölproduktion war bereits vom Einsatz aufwendiger technischer Hilfsmittel abhängig. Die Ölmühlen in Volubilis arbeiteten alle nach dem gleichen Prinzip und waren alle in der ausgehenden römischen Epoche (bis 285 n. Chr.) in Betrieb.[101] In welche Zeit die Installation solcher Anlagen zurückreicht, läßt sich nach heutigem Stand der Forschung nicht zufriedenstellend klären. Kontrovers diskutiert wird die Datierung einiger Mühlen bereits in die vorrömische Epoche. Übereinstimmend geht man jedoch von der offensichtlichen Expansion dieses Produktionszweiges im 3. Jh. n. Chr. aus.[102]

Der Produktionsvorgang beinhaltete drei verschiedene Prozesse: Zunächst mußten die Oliven zu einer breiartigen Masse gequetscht werden, die im zweiten Schritt gepreßt wurde, um die ölige Flüssigkeit zu entziehen. Zuletzt war das reine Öl von verunreinigenden Stoffen zu trennen.

Abb. 150   Die Ruinen von Volubilis inmitten der fruchtbaren Ebene von El Gaada.

Abb. 151   Mechanische Instrumente für die Zerkleinerung von Oliven; links der erste Typus der Quetschvorrichtung, rechts der Untersatz des zweiten Typus, beide nebeneinander in situ aufgefunden, «Haus der zwei Ölpressen», Nordostviertel.

Abb. 152   Quetschvorrichtung für Oliven, zweiter Typus, «Haus der Bronzebüste», Nordostviertel.

Mechanische Instrumente für die Zerkleinerung der Oliven

Für den Quetschvorgang, bei dem die harte Schale der Oliven aufgebrochen und die Kerne vom Fruchtfleisch gelöst wurden, benutzte man in Volubilis zwei verschiedene Instrumente, welche manchmal einzeln, oft auch in demselben Zusammenhang gefunden wurden. Natürlich sind die hölzernen Teile nicht mehr erhalten, eine Rekonstruktion der Mechanik ist jedoch anhand von Beschreibungen in der antiken Literatur und Darstellungen auf Mosaiken etc. durchaus möglich.

Der erste Typus besteht aus einem fixierten Element in Form eines buckligen, gewölbten Konus und einem mobilen Teil in Form eines Reifens, beides aus Muschelsandstein (Abb. 151. 157b). Die Oberfläche des massiven Konus, welcher einem Sockel aus Stein oder Mauerwerk aufsitzt, ist mit Riefen versehen. An seinem Scheitelpunkt ist in einer rechteckigen Höhlung eine fixe vertikale Achse aus Eisen oder Holz verankert, um die herum sich das mobile Element, der Reifen, bewegt. Seine Innenseite ist ebenfalls gefurcht. Die leicht konvexe Kontur paßt sich der Wölbung des Konus an, sorgt aber auch für einen kleinen Abstand, um die Oliven durchzulassen. Eine Holzkonstruktion führt den Ring um den fixierten Mühlstein herum: Zwei diagonal gegenüberliegende Zapflöcher im Rand des Reifens nehmen zwei vertikale Holzpfosten auf, die durch einen horizontalen Balken verbunden sind. Dieser wiederum kreuzt in der Mitte die vertikale Achse des fixen Konus. Die Schwierigkeit beim Quetschen der Oliven bestand darin, zu verhindern, daß die Kerne zerbrachen, wodurch die Qualität des Olivenöls beeinträchtigt worden wäre. Daher war die Mechanik so eingerichtet, daß der Reifen nicht direkt dem massiven Konus aufsaß. Um den austretenden Olivenbrei aufzufangen, ist die Mühle von einer kreisrunden, gemauerten oder mit Platten verkleideten Brüstung umgeben. Der Boden im Inneren ist mit Mörtel ausgestrichen.

Die antike Literatur berichtet von vier verschiedenen Instrumenten für diesen Quetschvorgang – *mola olearia*, *trapetum*, *tudicula* und ein Instrument, bestehend aus *canalis* und *solea*.[103] Die oben beschriebene Mühle kann keinem dieser Geräte zugeordnet werden. Sie ähnelt jedoch den in Volubilis gebräuchlichen Getreidemühlen und scheint zumindest im westlichen Mittelmeerraum verbreitet gewesen zu sein, worauf Beispiele aus Spanien und der Provence hindeuten.

Der zweite in Volubilis beobachtete Typus einer Quetschvorrichtung besteht aus einer zylindrischen Trommel und einem Untersatz, beide aus dem graublauen Kalkstein des Zerhoungebirges (Abb. 152). Der runde, monolithische Untersatz hat einen Durchmesser von ungefähr 1,1 – 1,25 m und einen etwa 0,1 – 0,15 m hohen Rand. Die Oberfläche ist entweder glatt oder gerieft. Ein rechteckiges Loch im Zentrum der Schale dient als Lager für eine vertikale Achse aus Eisen oder Holz. Die Trommel hat bei einer Länge von 0,3 – 0,4 m einen Durchmesser von etwa 0,45 – 0,5 m und wiegt zwischen 125 und 245 kg. Sie besitzt in der Mitte ein durchgehendes Loch, in dem eine horizontale Achse geführt wird, welche an der vertikalen Achse des Untersatzes aufgehängt ist. So kann der Zylinder zwei Bewegungen ausführen: Zum einen zirkuliert er um die vertikale Achse des Untersatzes, zum anderen rotiert er um seine eigene horizontale. Dieses Instrument arbeitet im Gegensatz zu dem vorher beschriebenen durch das Gewicht der Trommel, was im Hinblick auf die Gefahr des Zerbrechens der Kerne von großem Nachteil war.

Von den bei antiken Autoren erwähnten Instrumenten kommt es wohl der *mola olearia* am nächsten, obwohl bei dieser das Gewicht der Trommel nicht mehr auf der Unterlage lastete. Sie besaß zwei Läufersteine, die an einem drehbaren, senkrecht aufgestellten Balken so befestigt waren, daß ihre Höhe verstellbar war.[104]

Es stellt sich die Frage, ob die beiden verschiedenen Typen des Quetschinstrumentes eine unterschiedliche Funktion hatten. R. Etienne, der die Ölmühlen des Nordostviertels untersuchte, glaubte, daß der Zylinder für einen ersten Quetschvorgang benutzt wurde, bei dem die Kerne vom Mark getrennt wurden, der Mühlstein für einen zweiten Durchgang.[105] Die Tatsache, daß beide Typen auch allein auftreten, spricht aber eher dafür, daß sie die gleiche Funktion hatten, daß der Zylinder ein veraltetes Modell war, welches noch weiterhin benutzt wurde, obwohl schon die technisch fortgeschrittenere Version auf dem Markt war. In der neueren Forschung geht man auch davon aus, daß in Volubilis die Steine der Oliven nicht vom Fruchtmark getrennt wurden.[106]

Die Balkenpresse

Die Olivenpressen, in denen die gequetschten Oliven gepreßt wurden, arbeiteten alle nach dem gleichen System: Der Olivenbrei wurde zwischen übereinandergestapelte Korbscheiben geschichtet, die mit einer runden Holzplatte abgedeckt waren. Die Pressung erfolgte über einen horizontalen Hebel in Form eines langen Holzbalkens (*prelum*). Dessen eines Ende, nahe des Preßgutes, wurde zwischen vier vertikalen Holzbalken, den sog. «*arbores*», fixiert, indem es, variabel

Abb. 153 Oberer Teil der Balkenpresse; links die «arbores», rechts die Korbscheiben, zwischen denen das Preßgut gelagert wurde, Rekonstruierte Ölmühle, insula 16.

Abb. 154 Unterer Teil der Balkenpresse; rechts die Seilwinde, links eine Quetschvorrichtung des ersten Typus, rekonstruierte Ölmühle, insula 16.

Abb. 155 Steinerne Relikte einer römischen Ölmühle, insula 9. Links im Bild die kreisrunde Rinne, in deren Mitte die Korbscheiben mit dem Preßgut plaziert wurden, links davor sind zwei der vier rechteckigen Vertiefungen zu sehen, in die die «arbores» eingelassen waren, vorn rechts die Rinne, welche das Öl in die Auffangbecken des Nachbarraumes leitete.

Abb. 156 Bäckerei im Nordostviertel, insula 36, im Vordergrund zwei steinerne Backtröge, im Hintergrund zwei Getreidemühlen, eine aus schwarzer Lava.

Landwirtschaft und Produktion

156

in der Höhe, zwischen Schichten von Holzblöcken gelagert wurde (Abb. 153). Das lange Ende wurde mittels einer Seilwinde niedergezogen, so daß die Korbscheiben mit dem Olivenbrei zusammengepreßt wurden. Die Holzkonstruktion der Winde war im Boden in einem Gegengewicht verankert (Abb. 154). Dieses bestand aus einer schweren, meist runden Steinscheibe, in die Vertiefungen für die Holzstützen eingelassen waren. Die *arbores* waren in einer rechteckigen Steinplatte gelagert. Vier rechteckige Vertiefungen nahmen die senkrecht stehenden Hölzer auf.

Das System nähert sich der klassischen Beschreibung Catos (Cato, XVIII *De Agricultura*), in Volubilis wurden die Maße lediglich reduziert, was sich aus dem Standort innerhalb der Stadt erklären läßt. Allerdings war die Bedienung des Preßbalkens über eine Seilwinde zu jener Zeit schon eine antiquierte Methode. Vitruv erwähnt bereits in seinem Werk «De Architectura» (33–23 v. Chr.) eine technische Neuerung, welche das Ende des *prelum* über eine lange, senkrechtgestellte Schraube bewegt. Ein weiterer Typus der Schraubenpresse, welcher den Druck der in einem Rahmengestell herabgedrehten Schraube direkt auf das Preßgut überträgt und somit das platzko-

stende *prelum* überflüssig macht, wurde etwa Mitte des 1. Jhs. n. Chr. entwickelt. Die Verwendung des archaischen Seilwindensystems in Volubilis kann jedoch nicht als Indiz für eine Vordatierung der Pressen herangezogen werden. Zwar hatten die sehr teuren antiken Pressen eine lange Lebensdauer und wurden auch dann nicht ersetzt, wenn neuere Technologien zu haben waren, aber man kann auch beobachten, daß bei neuerrichteten Anlagen Pressen des älteren Typs installiert wurden.[107]

Interessant ist, daß die in der Antike entwickelte direkte Schraubenpresse heute noch in Marokko in den zahlreichen Ölmühlen benutzt wird. Darüber hinaus fand sie in der Neuzeit als Tuch- und Druckerpresse einen neuen Anwendungsbereich.

Dekantation

Im letzten Prozeß der Ölgewinnung mußte das reine Olivenöl von dem bitteren Fruchtwasser (*amurca*) getrennt werden. Zu diesem Zweck sammelte man das Öl in großen Becken; die *amurca* sank nach unten und das reine Öl konnte durch wiederholtes Abgießen oder Abschöpfen gewonnen werden. Durch diesen, Dekantation genannten Vorgang, erhielt man

Olivenöl in unterschiedlichen Qualitätsstufen.

Die Räumlichkeiten einer Ölmühle

Die Räumlichkeiten einer volubilitanischen Ölmühle waren aufgrund der gleichbleibenden Produktionsmethoden in Prinzip immer gleich gestaltet. Leichte Differenzen ergaben sich aus der spezifischen Struktur eines Hauses, in das die Anlage integriert war. Heute erkennt man die ehemaligen Mühlen an den charakteristischen steinernen Relikten, welche im Gegensatz zu den Holzelementen die Jahrhunderte überdauert haben. In der Nähe des Kapitols, *insula* 16 (Abb. 153. 154), kann man heute eine liebevoll rekonstruierte Ölmühle besichtigen. Sie bestand normalerweise aus drei Räumen, von denen einer auf einem höheren Niveau lag als die beiden anderen. In diesem oberen Raum befanden sich die Körbe zur Aufnahme des Preßgutes und die *arbores*, heute erkennbar an der steinernen Verankerung und den großen steinernen Bodenplatten mit eingeritzten Rinnen zum Auffangen der öligen Flüssigkeit, welche aus den in der Mitte gelagerten Körben herausrann (Abb. 155). Von hier aus wurde das Öl zur Dekantation direkt in

157

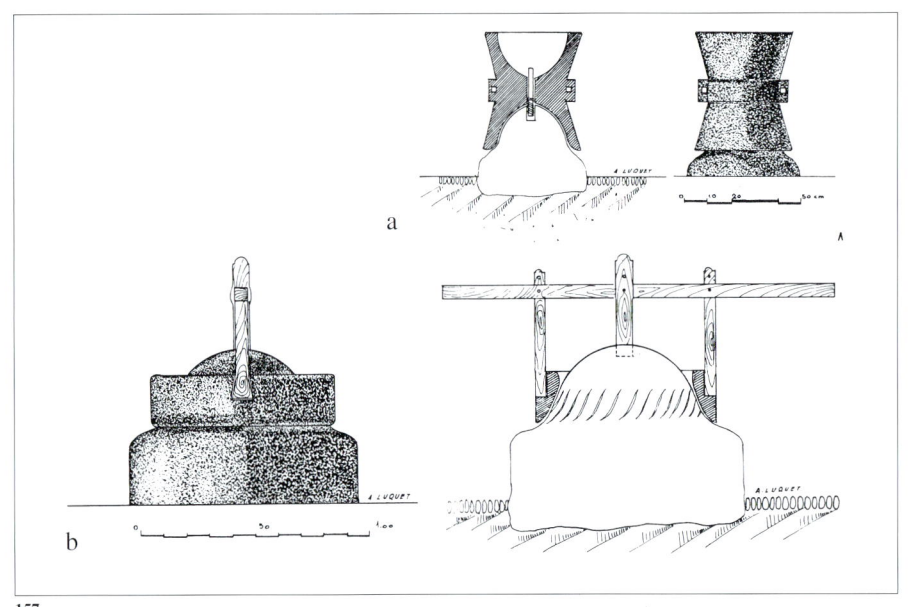

158

ein oder mehrere Auffangbecken im Nebenraum geleitet. Der Preßbalken ragte in einen tiefergelegenen Raum hinein, in dem sich die Seilwinde befand. Beide Räume kommunizierten über eine Treppe. Neben der Seilwinde war oft Platz für die Quetschvorrichtung, wenn sie nicht im Nebenraum untergebracht war. Eine breite zweiflügelige Tür sorgte für einen möglichst bequemen Zugang zu einer Straße.

Die Bäckereien

Die mechanische Getreidemühle

Die in Volubilis gebräuchlichen mechanischen Getreidemühlen, von denen man bis jetzt etwa 70 gefunden hat, entsprechen alle einem einzigen Typus, ähnlich der oben beschriebenen konischen Olivenmühle (Abb. 156). Der Unterschied besteht darin, daß der fixe konische Stein gedrungener gestaltet ist und nicht auf einem Sockel steht. Außerdem ist jener meist, der mobile Ring immer, aus schwarzer Lava geschnitten. Dieses Material stammt ursprünglich aus dem Tal des Saïs, also aus der Nähe des heutigen Meknès, nicht weit von Volubilis, aber auch von den alten Vulkanen des mittleren Atlas, deren Lavaströme große Steinkugeln zurückgelassen hatten. Dieses Gebiet lag zwar außerhalb des römischen Territoriums, unterhielt aber offensichtlich gute Beziehungen zu verschiedenen antiken Städten Marokkos, wo dieses Gestein zur Herstellung von Mühlen sehr beliebt war, wie die Funde beweisen.

In der Literatur wird dieser Typus der Getreidemühle zuweilen als eine abgewandelte Form der in der Antike weitverbreiteten sog. «pompejanischen Mühle» betrachtet[108] (Abb. 157a). Diese bestand aus einem feststehenden konischen Mühlstein (*meta*), auf dem mittels eines Holzgestells ein diaboloförmig geschnittener Stein (*catillus*) rotierte. Der obere Hohlkegel diente als Trichter, in den das Getreide eingefüllt wurde. Der untere Hohlkegel umschloß die *meta*, ließ jedoch einen kleinen Zwischenraum frei, in dem das nachrutschende Korn gemahlen wurde. Die volubilitanische Getreidemühle scheint nach dem gleichen Schema gearbeitet zu haben, mit dem Unterschied, daß statt des *catillus* als mobiles Element ein Reifen eingesetzt wurde (Abb. 157b). In der Mauretania Tingitana ist dieses Modell auch in Banasa[109] und Tamuda[110] anzutreffen.

Ob in Volubilis neben diesen mit Menschen- oder Tierkraft betriebenen Getreidemühlen auch Wassermühlen etwa am Ufer des Oued Khoumane im Westen der Stadt in Betrieb waren, ließ sich bis jetzt nicht verifizieren, jedenfalls könnten dort lokalisierte Steinblöcke zu einem solchen Gebäude gehört haben.

Der mechanische Backtrog

Zur Anmischung und Knetung des Teiges wurde ebenfalls ein mechanisches Instrument benutzt: der mechanische Backtrog (Abb. 158). Er bestand aus einem innen ausgehöhlten zylindrischen oder kubischen Kalksteinblock. Nach allem, was man von ähnlichen Trögen aus Pompeji weiß, diente eine im Boden des Zylinders verankerte vertikale Achse aus Eisen mit vier Flügeln, angetrieben von einer Kurbel, zum Bewegen der Teigmasse. Zwei Löcher auf verschiedener Höhe in der Wandung bildeten die Führung für zwei Querbalken, welche die vertikale Achse stützten. Während Getreidemühle und Backtrog meist im Verkaufsraum der Bäckerei untergebracht waren, befand sich der Ofen, soweit dies nachvollziehbar ist, in einem separierten Raum, worauf in seltenen Fällen noch das kreisrunde Fundament aus in Mörtel gelagerten Ziegeln hinweist.

Der Antrieb aller mechanischen Instrumente scheint in Volubilis weniger mit Menschenkraft, sondern mit Hilfe von Tieren, Pferden oder Eseln, erfolgt zu sein. Darauf deuten jedenfalls die sorgfältig bearbeiteten Böden im Umfeld der Anlagen und die zahlreichen Stallungen hin. Auf kleinstem Kreis mit extremer Körperbiegung und verbundenen Augen voranschreitend bewegten die Tiere die Mühlen. Antike Dichter beklagten das Schicksal der gequälten Tiere (Anth. Graeca 9, 20):

«An des Alpheios Gestade errang ich mir Kränze, mein Wandrer,
zweimal war ich bekränzt an dem Kastilischen Quell.
Preisend verkündigte auch mich Nemea; und an dem Isthmos
flog ich als Füllen dereinst wie der beflügelte Wind.
Ach nun dreh ich im Alter den immerzu kreisenden Mühlstein,
hart von der Peitsche bedrängt, strahlenden Siegen zur Schmach.»

Abb. 157 Schemazeichnung A. Luquet: a pompejanische Getreidemühle; b Getreidemühle aus Volubilis.

Abb. 158 *Mechanischer Backtrog, insula 11.*

Volubilis und der Handel im Mittelmeer

von Sigurd Müller

Volubilis, schon lange vor der Zeitenwende eine punisch-berberische Niederlassung, wurde spätestens 41/42 n. Chr. im Zuge der Erhebung in den Stand des *municipium* romanisiert. Durch den Krieg in Judäa, der von Seiten der Juden wie der Römer mit erbarmungsloser Härte geführt wurde und mit der Zerstörung Jerusalems endete (70 n. Chr. unter Titus), flüchteten viele Juden in die Stadt. Darunter müssen sich auch gebildete Menschen befunden haben, da viele Juden hebräisch, griechisch und lateinisch lesen und schreiben konnten. Auch verdiente Veteranen haben sich wohl in der Stadt niedergelassen. So ist der Aufenthalt der Familie eines «Germanicus» bezeugt. Dabei darf man nicht verkennen, daß

Abb. 159 Die Ruinen von Volubilis vor dem Hintergrund der landwirtschaftlich genutzten Ebene, deren Fruchtbarkeit den Wohlstand der Stadt bedingte.

diese Stadt immer im Kontakt mit den sie umgebenden Berberstämmen gelebt und viele einflußreiche Familien mit berberischen Wurzeln beherbergt hat.

Diese kosmopolitische, multikulturelle Stadt hatte durch ihre Bevölkerungsstruktur von bodenständigen Ackerbürgern und vor dem internationalen Hintergrund ihrer Bewohner die Möglichkeit und geistige Potenz, gezielt in den Fernhandel einzusteigen, der den merkantilen Aufschwung von Volubilis im 2. Jh. n. Chr. bedingte. Man kann annehmen, daß die Kaufkraft der berberischen Bevölkerung aus dem Umkreis der Stadt für das hier hergestellte Hauptprodukt – Olivenöl verschiedener Qualitäten – beschränkt war.

Die Olivenbaumkulturen besitzende Bevölkerung der Stadt lebte in komfortablen Herrenhäusern. Die Produktionsstätten für die Erzeugung des Öls befanden sich in diesen Privathäusern. Vermutlich arbeiteten diese Ackerbürger nicht mit Sklaven oder Kolonen, sondern die Großfamilie und die mit ihr lebende Landarbeiterschaft verarbeiteten die Oliven gemeinsam und pflegten auch gemeinsam unter der Aufsicht des Patrons die Olivenbaumkulturen. Die planvolle Nutzung des Bodens und die intensive Betreuung durch die Besitzer garantierten die Erwirtschaftung guter Erträge und die Erzielung annehmlicher Gewinne. Dabei korrespondierte die puristische Auffassung der römischen «Klein- oder Mittelgrundbesitzer» über ihre Aufgabe als *patronus* und *domina* der *familia* mit dem merkantilen Kaufmannsgeist der aus dem semitischen Kulturkreis kommenden Ackerbürger.

Obwohl deren Häuser die hochentwickelte Kultur römischen Städtewesens widerspiegeln, hat man in Volubilis weder ein Theater, noch ein Amphitheater gefunden. Obwohl man reich war, wollte man sich vielleicht einen solchen, der Arbeit abträglichen öffentlichen Luxus nicht erlauben. Eine ganz andere Auffassung herrschte in der Mauretanien auf der andalusischen Seite der Meerenge gegenüberliegenden «Urbanisation» «Nova Italica» vor, wo in der Nähe der mit gigantischem Aufwand gebauten Arena, einer riesigen Anlage für Tier- und Gladiatorenspiele, aristokratische Herrenhäuser gebaut wurden. – Wohl zu dem Zweck gebaut, den Zirkusspielen beiwohnen zu können. Denn man fand in diesen aristokratischen Domus auch keine Produktionsstätten, wie u. a. für die Olivenölgewinnung.

Nur einmal erlaubten sich die Volubilitaner den Luxus, ein aufwendiges Bauwerk zu errichten, das nicht einem nützlichen Zweck des Allgemeinwohls diente – den Ehrenbogen für den Kaiser Caracalla. Dieser Kaiser, in Rom umstritten und ermordet, gab allen «Freien» der Provinzen Roms das römische Bürgerrecht. Auch die zeitgleiche Befreiung der Provinz Mauretania Tingitana vom Tribut mag ein wesentlicher Beweggrund gewesen sein, einen Ehrenbogen zu errichten.

Bedingung für die Entwicklung eines lukrativen Fernhandels in Volubilis war der Bedarf der Metropole Rom und Italiens an Agrarprodukten aus den Provinzen. Das auf die Agrarwirtschaft ausgerichtete Ökonomiesystem der Römer kämpfte im 2. Jh. n. Chr. schon mit erheblichen Schwierigkeiten. Die Konzentration von Grund und Boden in den Händen weniger aristokratischer Großgrundbesitzer in Italien war weit fortgeschritten. Die riesigen Latifundien und Domänen arbeiteten traditionell mit Sklaven. Durch die Befriedung des Imperiums brachte der Krieg immer weniger Sklaven als Kriegsbeute ein. Dazu kam die außenpolitische Doktrin des imperialen Staates, eroberte Gebiete einem Assimilationsprozeß zu unterziehen, der das Verbleiben der einheimischen Bevölkerung auf ihrem Land bedingte. Überdies war schon durch die in Rom immer größere Akzeptanz der stoischen Philosophie und ihrer humanitären Aspekte das Sklavenhaltersystem in Verruf geraten. Das Aufkommen des Christentums und seine im Ursprung ablehnende Haltung gegenüber der Sklaverei bedingte ein Übriges. Auch die Neigung des römischen Großgrundbesitzers, in der Stadt zu leben und die Verwaltung der Güter Sklaven, Pächtern oder angestellten Verwaltern zu überlassen, trug zum Niedergang bei.

Der allmähliche Zusammenbruch der Sklaverei bedingte eine neue soziologische Form der vom Großgrundbesitzer abhängigen Landarbeit. Freie Kleinbauern wurden durch die Kapitalintensivierung und die Beherrschung der Absatzmärkte seitens der Großgrundbesitzer in den Ruin getrieben. Ihr Schicksal war Landflucht in die Städte oder die Arbeit als Kolon in der Form eines Pächters oder Landarbeiters im abhängigen Arbeitsverhältnis auf nichteigenem Boden. Die Aufteilung der riesigen Agrarflächen der Latifundien und Domänen in kleine Gehöfte abhängiger Pächterkolonen durchbrach das System planvoll gesteuerter Großbetriebe. Die zuhauf auftretende Unfähigkeit der Kolonen, die Pacht zu bezahlen, brachten den Verpächter in die Rechtssituation der «Ingenuitas», d. h. die freie Geburt des Kolonen wurde einem Rechtstitel unterworfen, der im Extremfall die Versklavung zum Kettensklaven bedingte. Das Resultat dieser Mißstände war der teilweise Zusammenbruch der italischen Wirtschaft und die Notwendigkeit der Metropole, Agrarprodukte aus den Provinzen einzuführen.

Die handelspolitischen Parameter für erfolgreichen Fernhandel waren günstig wie nie zuvor. Das Verbringen der Ware

Abb. 160   Karte des westlichen Mittelmeeres in römischer Zeit.

Abb. 161   Modell eines amphorenbeladenen römischen Schiffes, Museum für Unterwasserarchäologie, Cartagena.

auf dem Landweg, eventuell zum nächsten Fluß «Loukkos» ließ sich bewältigen. Dort mußte ein Händler die Ware bezahlen und sie mit dem Kauffahrteischiff nach Italien, wenn nicht gleich nach Ostia transportieren. Dazu bedurfte es der sog. «*navicularii*». Der Beruf der *navicularii* war lebensgefährlich, Schiffsunglücke an der Tagesordnung. Die behäbigen römischen Handelsschiffe mit ihren Rahsegeln konnten nur mit dem Wind von hinten oder dem «raumen» Wind, rückwärtig etwas Steuerbord oder Backbord einfallend, segeln. Halber Wind, der auf die Längsseite des Schiffes einfällt, konnte zum Segeln aller Wahrscheinlichkeit nach nicht genutzt werden. Ein Segeln «am Wind» (von vorn, in Fahrtrichtung einfallender Wind) trieb ein solches Schiff höchstens zurück, niemals nach vorn. Das zwang den *navicularius* und seine Mannschaft zu kurzen Schlägen, das hieß, nach Möglichkeit, die offene See zu meiden und sich an der Küste von Schutzhafen zu Schutzhafen «entlangzuhangeln». Bei Sturm geriet ein solches Schiff unweigerlich in Seenot. Es bestand die Gefahr des Kenterns.

Stürme sind im Mittelmeer häufig und stark. Auch im Sommer können sie sehr abrupt auftreten. Die Wettersituation ist für eine mehrtägige Fahrt über die offene See nicht beherrschbar. Dazu kommt bei Sturm oder Starkwind die zwar nicht sehr hohe, aber in kurzen Abständen auftretende Welle. Auch heute noch werden wesentlich besser zur See gehende Boote in einer solchen Situation in ihren Manövermöglichkeiten beschränkt, bzw. jedes Navigieren in Bezug auf einen einzuhaltenden Kurs wird unmöglich gemacht. Besonders gefährlich war die sog. «Legerwallsituation», d. h. das Schiff bekommt halben Wind auf die Längsseite, der Wind fällt von der See kommend ein, das Schiff nimmt keine Fahrt auf und wird an die Küste getrieben. Dort war es unweigerlich der Brandung und einer eventuellen Felsenküste ausgesetzt. Verlust der Ladung, des Schiffes und der Menschen waren die logische Folge eines solchen Geschehens.

Welchen Kurs hat ein römisches Handelsschiff, mit seiner Hauptladung, Olivenölamphoren aus Volubilis an der mauretanischen Küste wohl genommen? Welchen Hafen hat es angelaufen? Die mauretanische Küste des Mittelmeeres oder die mauretanische Küste des Atlantiks? Um an die Küste des Atlantiks zu kommen, an die Häfen von Tingis (Tanger) oder Lixus (Larache), mußte es durch die «Säulen des Herkules» fahren (Abb. 160). Heute würden wir dazu die «Meerenge von Gibraltar» sagen. Die Meerenge ist ca. 30 km lang. Der Wind komprimiert zwischen den Gebirgen der Enge. Die Meerenge hat fast immer Starkwind oder Sturm. Die Strömungen sind sehr stark. Manche Strömungen kentern, drehen sich wegen der Gezeiten in die entgegengesetzte Richtung. Die See ist ungewöhnlich rauh. An den Rändern der Enge gibt es Wirbel und Kreuzsee. Wir sind die Enge mit einem modernen Einmaster (ein wesentlich seegängigeres Boot als die römischen Kauffahrteischiffe) sechs mal gefahren. Es war jedesmal wie ein Ritt auf dem Rücken des Teufels. Die muslimischen oder katholischen Fischer beten auch heute noch fleißig, bevor sie die Meerenge unter den Rumpf ihrer mehrere hundert PS starken Boote nehmen.

Volubilis hat in etwa die gleiche Entfernung zu den Mittelmeer- wie zu den Atlantikhäfen. Allerdings wurde der aufwendige Landtransport der Amphoren zum Hafen der Atlantikseite durch die Zuhilfenahme des Loukkos-Flusses, der in den Hafen Lixus (Larache) einmündet, wesentlich erleichtert. Dann müßte das Schiff aber die Atlantikküste hochsegeln und die besagte Enge befahren. Außerdem müßte die Ware auf Flußkähnen be- und entladen werden.

Auf der Mittelmeerseite gab es drei Häfen, die eventuell in Frage gekommen wären. Septem Fratres (Ceuta) direkt an der Meerenge, die gut geschützte Bucht Cala Iris mit einer vorgelagerten Insel, im Mittelalter der Hafen Badis für die Stadt Fés, oder der Naturhafen Villa Sanjuro, das heutige Al Hoceima östlich von Badis. Badis und Al Hoceima kommen wohl nicht in Frage, da der Warentransport über das Riffgebirge mit seinen wilden Berbern geführt hätte, ein Gebiet, daß die römischen Auxiliartruppen sicherlich nicht kontrollieren konnten. Bleibt am wahrscheinlichsten Ceuta, trotz des längeren Landweges als nach Larache auf der Atlantikseite.

Nehmen wir also an, in Ceuta wurden die Amphoren in die Schiffsrümpfe gestaut. Wie die Ware verhandelt wurde, ist nicht überliefert. Aber nehmen wir an, der *navicularius* hat die Ware bar bezahlt. Schließlich waren die *navicularii* See- und Kaufleute, die auf eigene Rechnung handelten. Nachdem man die Ölamphoren gut unter Bord verzurrt hatte, kam auch noch diese oder jene Amphore Garum, Bleibarren, Elfenbein und was Mauretanien sonst noch an Waren zu bieten hatte, zur Ladung (Abb. 161).

Welchen Kurs nahmen die Kauffahrteischiffe auf dem Weg von Ceuta nach Ostia? Sie konnten von Westen nach Osten die afrikanische Küste entlangsegeln, auf der Länge von Karthago nach Sardinien übersetzen und bei der Insel Korsika Kurs auf Ostia halten. Etwas umständlicher war es, auf der Länge von Karthago Kurs auf Sizilien zu nehmen und die italische Küste entlang nach Ostia zu fahren.

Die afrikanische Küste war in dem Zeitraum, den wir behandeln, von wilden Berberstämmen bewohnt. Die Römer kontrollierten nur einen Teilbereich dieser Landmasse militärisch. Außerdem segelte man entlang dieser Küste unverhältnismäßig oft auf «Legerwall». Ausgerüstete Schutzhäfen sind auch heute noch selten. Sicherlich befuhren die Phönizier und später die Karthager diese Küste ständig. Aber die Punier bevorzugten das geruderte Schiff und waren den Römern nautisch weit überlegen.

Das geruderte Schiff, das bei passendem Wind auch segelte, konnte mindestens die dreifache Geschwindigkeit eines

161

römischen Kauffahrteischiffes erreichen, deren Durchschnittsgeschwindigkeit auf höchstens drei Knoten (5,5 km pro Stunde) geschätzt wird. Zwar hat man im archäologischen Feldversuch mit der Nachbildung einer athenischen Triere keine hohe Durchschnittsgeschwindigkeit erreicht. Aber die Nachbildung war natürlich nicht optimal, man konnte nicht wie die Griechen auf Jahrhunderte an Erfahrung betreffs Schiffsbaukunst zurückgreifen. Zudem wurden als Ruderer Studenten eingesetzt. Nach kurzer Zeit mußten sie Ruhepausen einlegen. Seeleute, die ans Rudern gewöhnt sind, sind nach zwei Stunden des Ruderns gerade aufgewärmt. Allerdings unter der Voraussetzung, daß sie in fliegendem Wechsel ausruhen.

Deshalb sind die römischen Kauffahrteischiffe die spanische Küste von Hafen zu Hafen entlanggesegelt. Dabei half ihnen der Wind, der in aller Regel Ostnordost als «Poniente» oder Westsüdwest als «Levante» weht. Vom heutigen Gibraltar bis Capo de la Nao (oberhalb von Alicante) herrscht so eine zumeist kalkulierbare Windsituation. Die Schutzhäfen auf dieser Distanz sind häufig. Die Archäologie hat mehrere römische Kauffahrteischiffe vor der spanischen Küste geborgen, an deren Ladung, z. B. Elfenbein (Abb. 162), man klar nachweisen kann, daß sie aus Mauretanien gekommen sein müssen. Bei Capo Nao, dem alten Hafen Calpe, hat man übergesetzt nach Ibiza und von dort auf die Inseln Mallorca und Menorca. Von Menorca steuerte man das nördliche Sardinien an. Dort passierte man die Enge von Bonifatio zwischen den Inseln Sardinien und Korsika und befand sich auf Kurs nach Ostia. Dabei bleibt zu bedenken, daß die Distanz zwischen Menorca und dem nördlichen Sardinien recht weit ist. Wie die römischen Kauffahrteisegler diese Distanz bei der im Sommer in diesem Seegebiet meist vorherrschenden Flaute (Windstille) bewältigt haben, ist unklar. Um der Phantasie freien Lauf zu lassen: Vielleicht bildeten sie einen Verband und ließen sich von Galeeren ziehen.

Er hätte Punier sein müssen, als Kapitän in Karthago ankommend, wo Seefahrer und Kaufleute das Sagen hatten. In Rom war er nur ein *navicularius*. Sicherlich, die Beamten des Hafens Ostia behandelten ihn zuvorkommend. Es gab kaiserliche Erlasse, die den *navicularii* Privilegien zusicherten. Sicherlich, ein *navicularius* mußte viel können. Menschenführung war nur eine seiner Fähigkeiten. Es war nicht leichter, ein Schiff oder gar Schiffe zu führen als eine Hundertschaft Infanteristen. Aber so ein Offizier war ein Ritter und stand ungleich höher im sozialen Rang der römischen Gesellschaftsordnung. Mit einem hochedlen Großgrundbesitzer, Kolonen- und Sklavenhalter konnte sich ein *navicularius*, und war er noch so reich, schon gar nicht messen. Mit den schmutzigen Geschäften eines Kaufmannes und windigen Beutelschneiders wollte der Aristokrat nichts zu tun haben. Höchstens, daß er sich eines Strohmannes bediente, um am lukrativen Geschäft der *navicularii* teilhaben zu können.

Das «Clubhaus» seiner Kooperation in Ostia war luxuriös und bequem. Alle *navicularii*, wie fast alle handel- und gewerbetreibenden Berufe, mußten einer Kooperation angehören. Das erlaubte dem Staat, eine straffe Kontrolle auszuüben. Wenn da nur nicht der Ärger mit der Bürokratie gewesen wäre. Sein Schiff wurde von den Beamten und ihren Helfern, der Hafenbehörde, den staatlichen Aufkäufern für die Magazine Roms und den Fiskalbeamten genauestens vermessen und begutachtet. Der Preis, den der Staat dieses Jahr für Olivenöl in Gold bezahlte, ließ für den *navicularius* einigen Gewinn erwarten. Außerdem konnte er noch etliche Amphoren auf dem freien Markt verkaufen. Blieb noch der Ärger mit dem Fiskus. Natürlich hatten sich alle Gesetze und Verordnungen während seiner Abwesenheit geändert. Der Fiskalberater (Steuerberater) seiner Kooperation versuchte ihm zu erklären, daß der Zensor sich jetzt Breite mal Länge mal Tiefe des Schiffes plus Höhe der Masten ins Verhältnis gebracht mit dem Gewicht der Ladung in Relation zur Kopfzahl der Mannschaft und Weihegaben an die Götter und Geschenke an den Kaiser berechnete. Dadurch hätten sich die Fiskalberechnungen wesentlich vereinfacht. Schließlich zahlte man ihm, zwar etwas unwillig, aber höflich bemüht – sehr wohl wissend, daß Rom wohl eine Schlacht und ein paar Legionen in seinem riesigen Imperium verlieren konnte, aber keinen einzigen *navicularius*, welcher Ostia belieferte – sein Gold auf den Tisch.

Abb. 162 Elfenbein, Ladung eines römischen Schiffes, geborgen vor der spanischen Küste, Mueum für Unterwasserarchäologie, Cartagena.

Das nachrömische Volubilis

Einige Notizen zur islamischen Besiedlung von Volubilis

von Hassan Limane und Abdelfattah Ichkhakh, übersetzt von Martina Riße

Die folgenden Ausführungen möchten das Augenmerk auf die islamische Phase der Besiedlung der Stadt Volubilis, zu jener Zeit «Walili» oder «Oulili» genannt, lenken. Allerdings wird diese Periode aufgrund des lückenhaften Charakters der Dokumentation als Teil der dunklen Jahrhunderte angesehen.[111] Zwar kann die archäologische Recherche in diesem präzisen Fall von großer Hilfe sein, doch unglücklicherweise haben unsere Vorgänger seit Beginn der archäologischen Erschließung des Terrains kein Interesse an der islamischen Besiedlung gezeigt.[112] Meistens wurden die diesbezüglichen Schichten ohne die geringste Analyse mit dem Ziel abgetragen, die an Kunstobjekten reichen römischen Niveaus zu erreichen. Diese Ausgräber haben uns somit einer großen Zahl an Informationen beraubt, die es uns erlaubt hätten, die Evolution der Stadt bis zum endgültigen Verlassen zu verifizieren und besser zu umreißen.

Wenn auch die uns überlieferten arabischen Quellen nicht den Übergang von der antiken Stadt zur mittelalterlichen Ortschaft attestieren, so tragen sie dennoch zum Verständnis des Prozesses der Islamisierung der ganzen Region bei. Auch wenn der Name des Moussa Ibn Nossair stets mit der Islamisierung des Maghreb alaqsa (das heutige Marokko) verbunden bleibt, sind doch die ersten Versuche der Islamisierung, beginnend mit dem Jahr 681 n. Chr. bereits das Werk des Oqba Ibn Nafi. Ibn Khaldoun erzählt, daß Graf Julien, Emir des Landes der Ghmara, ihm die Schlüsselstellungen des Landes genannt hat, indem er ihm geraten hat, «*sich nach Volubilis, dem Sous und dem von den Macmouda besetzten Land zu wenden*».[113] Die Stadt Volubilis wird wahrscheinlich aufgrund des Stellenwertes, den sie in dieser Epoche einnahm an erster Stelle genannt. Gegen Ende des 7. Jhs. n. Chr., präziser zwischen 686 und 687, haben sich die Auraba, ein Berberstamm des Aures, in Oulili (dem alten Volubilis) in der Folge ihrer Niederlage in der Schlacht von Mems, in der sie unter der Führung von Zouhair Ibn Kais gegen die Araber gekämpft hatten, etabliert.[114] Ibn Khaldoun berichtet, daß «*die Auraba, deren Macht durch diese Kampagne gebrochen wurde, sich ganz auf den Mahgreb Alaqsa fixiert haben und während einiger Zeit hört man nichts mehr von Ihnen*».[115] Ibn Khaldoun faßte die Situation dieses Stammes, der bis zum Ende des 8 Jhs. aus der politischen Szenerie verschwand, korrekt zusammen.

***Hintergrundabb. S. 109:** s. Legende zu Abb. 164 S. 111.*

***Abb. 163** Blick vom Ufer des Oued Khoumane über den Westhang von Volubilis, die islamische Siedlungszone. Etwa im oberen Drittel des Hanges verläuft die mittelalterliche Befestigungsmauer.*

***Abb. 164** Strukturen der mittelalterlichen Stadtmauer am Westhang.*

163

Man muß das Ende des 8. Jhs. abwarten, um ihn noch einmal in der politischen Szenerie zu finden.

Die Ankunft Idriss I. und seines Begleiters Rached ist mehrmals von den arabischen Chronisten erwähnt worden. Einmal in Walila etabliert, beginnt Idriss seine Expeditionen mit dem Ziel, die benachbarten Zonen unter seine Kontrolle zu stellen.[116] Das Jahr 789 markiert also die Geburt der Idrissidendynastie, der ersten muslimischen Dynastie im westlichsten Marokko.[117] Die Gründung von Fés durch Idriss I. hatte nicht die definitive Aufgabe Walilas zur Folge; denn Idriss II., Sohn Idriss I., hatte hier wenigstens bis 808 seinen Wohnsitz inne. Nachdem die Stadt Hauptstadt eines Fürstentums namens Awdiya[118] (die Flüsse), Lehen eines der Söhne Idriss' II., geworden war, nahm sie die Bewohner der Vorstädte von Córdoba auf, die den Repressionen von Alhakam I. im Jahre 818 entkommen waren. Ohne Zweifel bewahrte Walila am Anfang des 9. Jhs. noch einen Großteil seiner vorherigen Dynamik.

Während wir archäologisch sehr schlecht über die folgenden zwei Jahrhunderte informiert sind, so geben doch die literarischen Quellen einige Hinweise auf das Fortleben der Stadt. So spricht Abu Obeid El Bekri (gest. 1094) in seinen Aufzeichnungen über die Idrissiden von Oulili als einer Stadt, die noch existiert: «*die Stadt Aghigha ist jetzt aufgegeben, sie verdankt ihre Gründung spanischen Rabedis, von denen ein Teil sich hier niedergelassen hatte; von den Berbern gezwungen, sie zu verlassen, ließen sie sich in Oualili nieder, wo bis in unsere Tage noch eine geringe Anzahl von ihnen verblieben ist*».[119]

Bis zu welchem Punkt können diese schriftlichen Hinweise mit den archäologischen Befunden parallelisiert werden? Es wird allgemein angenommen, daß Volubilis von der römischen Administration gegen Ende des 3. Jhs. n. Chr., präzise gegen 285 n. Chr., aufgegben wurde.[120] Die archäologischen Recherchen haben jedoch greifbare Beweise für das Weiterleben der Stadt in der nachrömischen Epoche erbracht. Allerdings dehnte sich das urbane Leben nicht mehr so weit wie zuvor aus, da sich die Bevölkerung aus bisher unbekannten Gründen in den Westen der Stadt zurückzog[121] (Abb. 163). Während dieser Siedlungsphase muß die späte Stadtmauer konstruiert worden sein, die die «Neustadt» von der antiken separierte (Abb. 164).

Es ist anzumerken, daß die Spuren dieser Besiedlung nicht nur im Westteil der Stadt zu finden sind, sondern auch in der von den Römern verlassenen Zone um das Viertel des Ehrenbogens herum (Haus des Kompaß, Haus mit der Zisterne und Haus der Säulen). So sind einige Grablegen durch archäologische Grabungen freigelegt worden. Weitere Grabstätten sind noch nicht ausgegraben worden. Der mit Platten ausgelegte Hof im Westen des Hauses mit der Zisterne gilt als deutliches Indiz für die Existenz dieses Friedhofs. Es scheint, als ob dieser Sektor für Begräbnisse reserviert war; er befindet sich außerhalb der sog. «späten Mauer», welche die Stadt in zwei ungleiche Abschnitte teilte. In derselben Zone hat man auch christliche Inschriften gefunden.[122] Diese epigraphischen Dokumente, welche die Periode zwischen 599 und 655 n. Chr. abdecken, deuten auf die Christianisierung der Bevölkerung von Volubilis[123] und das Fortbestehen von sozialen Institutionen hin.

Diese Nekropole ist von derjenigen der islamischen Epoche zu unterscheiden, welche ein ausgedehntes Areal umfaßt (Abb. 165). Tatsächlich sind nach den Angaben des Grabungsberichtes die Spuren einer großen islamischen Nekropole im «Haus ohne Namen»[124] (Abb. 166), im Osten des Viertels am Ehrenbogen und in der Umgebung des monumentalen Stadtkerns lokalisiert worden, zu denen man noch weitere Entdeckungen im Südviertel zählen muß[125]: Die fragliche Nekropole ist in einer höhergelegenen, im Gegensatz zur Stadt, von weitem sichtbaren Zone angelegt. Die im tiefergelegenen

164

■	islam. Nekropole
■	christl. Nekropole

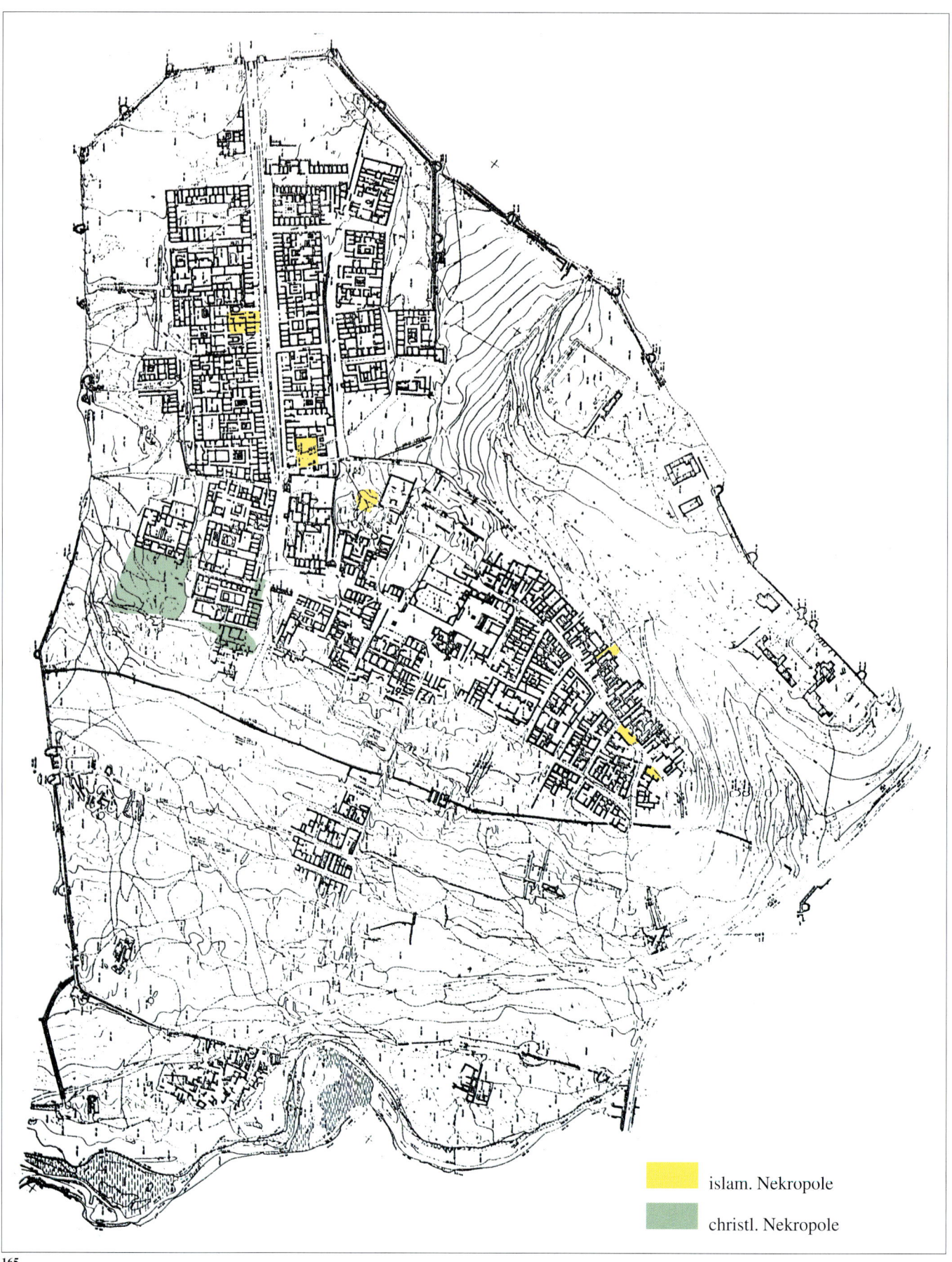

165

Bereich situierte Stadt scheint von der Nekropole dominiert zu sein. Grundsätzliche Voraussetzungen zur Einrichtung einer Nekropole sind auch hier beachtet worden: Die Nähe zur Stadt, aber eine Lage außerhalb der späten Stadtmauer, die Nähe zu den Hauptwegen (der *decumanus maximus* für das «Haus ohne Namen» und der *cardo* Süd I für die Ostversale des Südviertels), das Vorhandensein von Steinmaterial für die Konstruktion der Gräber. Die z. Zt. letzte Entdeckung stellt ein Grab dar, welches während der Arbeiten zur weiteren Klärung des Hauptcardos im Südviertel auf der Mauer

Einige Notizen zur islamischen Besiedlung von Volubilis

der Westfassade der *insula* II oder 8B freigelegt wurde.[126] Der Körper des Verstorbenen ist südwest-nordost ausgerichtet, während sein Blick gen Osten gerichtet ist (die *qibla*) wie es die muslimische Tradition vorschreibt (Abb. 167). Diese Ausrichtung und die spezielle Lagerung des Körpers auf der Seite erlauben es, das Grab in die islamische Epoche zu datieren. Die anthropologische Untersuchung erbrachte ein geschätztes Alter der Verstorbenen von 24 bis 40 Jahre. Dieses Grab ist Teil einer islamischen Nekropole, die das Südviertel zum Teil bedeckt; bis heute sind sechs Gräber gezählt worden, von denen nur zwei freigelegt wurden.

Die Präsenz dieser Nekropole mitten in der antiken Stadt ließ den Lebensraum der Lebenden im Westen vermuten. Dieser fügt sich eigentümlicherweise in das am tiefsten gelegene Gebiet des Plateaus ein, nicht weit vom Oued Khoumane, der entlang der Süd- und Südwestseite der Stadt verläuft. Die Siedlungszone läßt sich schwer von den späten römischen Wohnanlagen unterscheiden und charakterisiert sich über die Wiederverwendung von Wohnraum und Konstruktionsmaterial der römischen Epoche. Die hier vorgenommenen Grabungen haben die Wohnverhältnisse nicht neuerlich klären können, denn im Mittelpunkt des archäologischen Interesses standen hauptsächlich die epigraphischen Zeugnisse.[127] Das einzige identifizierte Monument dieser Zone wurde der christlichen Epoche zugeordnet – eine christliche Basilika.[128] Dasselbe Bauwerk ist zuletzt Gegenstand einer Studie gewesen, die es als eine islamische Thermenanlage identifiziert hat[129] (Abb. 168). Im gleichen Zusammenhang wurde in den letzten Jahren ein neuer archäologischer Sektor in der Umgebung des Viertels am Ehrenbogen eröffnet. Diese neue Grabung, deren Publikation in Arbeit ist, wird gewiß neue Erkenntnisse bringen, denn sie hat als eindeutigen Befund ein islamisches Wohnhaus nachgewiesen.[130]

Die archäologischen Recherchen haben mit den Münzen weitere Dokumente für die Studien zur islamischen Periode überliefert. So hat dieses Gebiet zwei chronologisch unterschiedliche Münzserien geliefert, die erste aus der präidrissidischen, die zweite aus der idrissidischen Epoche.

Die erste Serie wird repräsentiert durch Münzen, die in Walila zwischen 772 und 789 im Namen bestimmter Garnisonskommandeure geschlagen wurden. Aber welchen Status hatte die Stadt während dieser Periode? Es handelt sich hier um eine der Schlüsselfragen, auf welche keine konkrete Antwort gegeben werden kann. Einer These D. Eustaches zufolge, der die meisten Forscher folgen, korrespondieren die beiden Daten mit der abbasidischen Okkupation von Nordafrika, und «*diese Periode des relativen Friedens erlaubte den abbasidischen Garnisonskommandeuren eine gewisse Kontrolle über drei Plätze, welche die Route von Ifriqia nach Tanger abstecken...*».[131] Dieser Aussage stehen aber folgende Fakten entgegen: Die Ankunft Idriss I. in Walila markiert das Ende der Emission dieser Münzen, die von den idrissidischen Emissionen verdrängt wurden. Die Garnisonskommandeure sind in den Quellen niemals erwähnt. Die Vasallen herrschen

Abb. 165 Lageplan der islamischen und der christlichen Gräber, Konservation Volubilis.

Abb. 166 Schemazeichnung, Islamische Grablege im Peristyl des «Haus ohne Namen», Konservation Volubilis.

Abb. 167 Islamische Grablege, insula 8B.

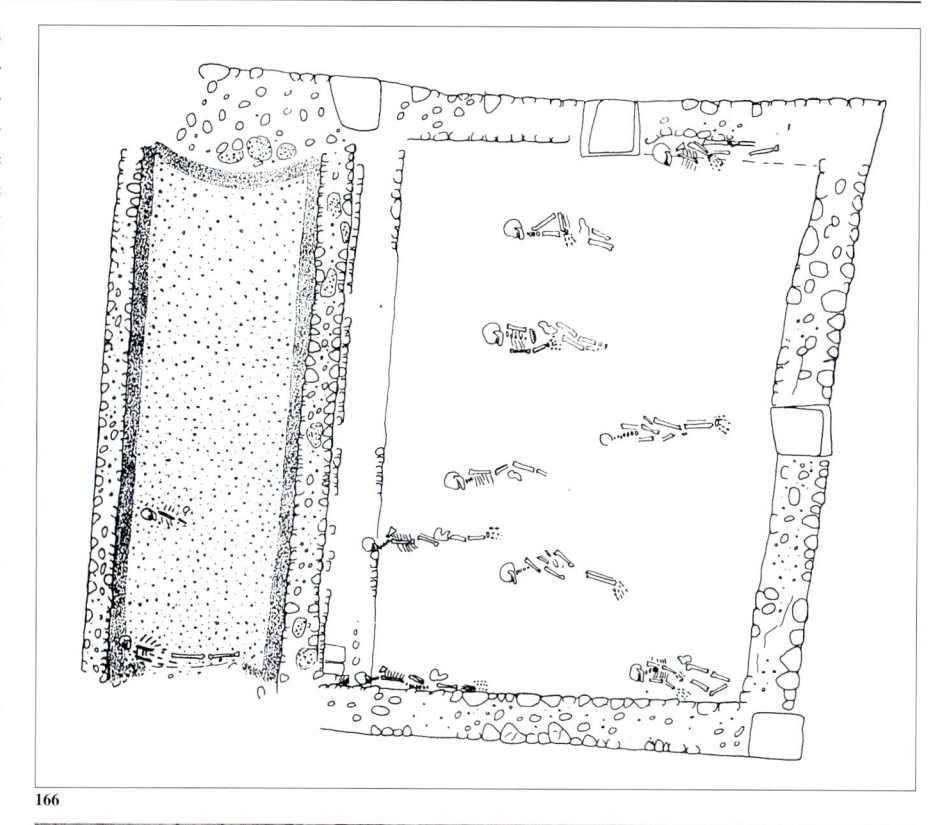

168

169a 169b

angeblich im Namen der Abbasiden. Wie läßt sich dann aber erklären, daß Idriss I. 789, nachdem er infolge des Massakers an der Familie der Aliden bei Fakh durch die Abbasiden vertrieben worden war, in Walila Zuflucht fand und als Oberhaupt der Gläubigen (*Imam*) proklamiert wurde. Im übrigen erwähnen die Quellen sogar seine Adoption durch die Aureba. Es hat also niemals abbasidische Garnisonskommandeure gegeben.

Auch die zweite Münzserie wurde in Walila im Namen von Idriss I. ab 789 n. Chr. geprägt.[132] (Abb. 169).

Wenn auch die Numismatik es erlaubt, zwischen zwei Perioden der islamischen Besiedlung zu differenzieren, so ermöglicht das Studium der archäologischen Befunde (Besiedlung, Nekropole) diese Unterscheidung nicht, da die Besiedlung sich von der idrissidischen Epoche wenigstens bis zur Zeit der Almoraviden kontinuierlich fortsetzt.

Obwohl die Erforschung der islamischen Besiedlung zunehmend an Bedeutung gewinnt, ist es nicht möglich zum einen wegen des Mangels an wissenschaftlicher Genauigkeit vorangegangener Untersuchungen, zum zweiten wegen des Schweigens der Schriftquellen und schließlich wegen der Lücken innerhalb der archäologischen Dokumentation, ein umfassendes Bild über die wenigstens vier Jahrhunderte der islamischen Präsenz in Volubilis zu entwerfen.

Abb. 168   Islamische Thermenanlage am Ufer des Oued Khoumane, außerhalb der römischen Stadtmauer.

Abb. 169a. b   Münze aus der Zeit Idriss I., Archiv Volubilis.

Volubilis und der erste König / Volubilis – Wiege Marokkos

von Sigurd Müller

Moulay Idriss Ibn Abdallah al Kamil (Moulay Idriss), ein direkter Nachkomme des Propheten (Ali und Fatima, Neffe und Tochter Mohammeds, waren seine Großeltern) flüchtet nach dem Überfall von Fakh bei Mekka (786) – einer Auseinandersetzung zwischen der Familie der Abbasiden und ihren Verwandten aus der direkten Linie des Propheten – nach Volubilis. Zu dieser Zeit war Volubilis eine verfallene Stadt, von den Römern und ihrer Kultur längst verlassen. Auch die Phase einer christlichen Gemeinde war mit dem Erscheinen von Moulay Idriss längst beendet.

Schon 100 Jahre früher war ein arabisch-muslimisches Heer unter Oqba Ibn Nafi in die ehemalige Provinz Mauretania Tingitana vorgestoßen, mußte sich aber zurückziehen. Unter Mussa Ibn Noceir wird ungefähr 30 Jahre später (ab 705) die ganze ehemalige Provinz Mauretania Tingitana eingenommen. Die Muslimkrieger stoßen weit über die Südgrenze der einstigen Provinz bis tief in die Saharazone vor. 711 überquert ein Heer von Arabern und Berbern die Meerenge und betritt bei dem heutigen Gibraltar (*Djebel*, Berg des Tarik) unter Tarik Ibn Ziad europäischen Boden. Die Omajaden, welche von Damaskus ausgehend das erste Kalifat in der muslimischen Welt gebildet haben, besetzen das hispanische Festland. Córdoba machen sie zur Metropole dieser Provinz. Während sich im sonstigen westlichen Europa die nur ansatzweise zivilisierten Germanen anschicken, endgültig das Regiment von den Römern zu übernehmen, blühen in Córdoba Kunst und Wissenschaften.

In diesem Zeitraum gründen die Berber auf dem Gebiet des heutigen nördlichen Marokko mehrere unabhängige Königreiche. Diese sog. «harigitischen» Berber vertreten eine Auffassung über den Islam, der bis auf die Auseinandersetzung von Siffin 657 zurückgeht, bei der sich mehrere Fraktionen der arabischen Aristokratie darüber streiten, wessen Recht es sei, das Kalifat zu übernehmen, also die Nachfolge des Propheten anzutreten. Vereinfacht ausgedrückt bildet sich eine harigitische Fraktion mit der Vorstellung, jeder Muslim könne Kalif werden, es müsse nur der beste Muslim von allen sein, der dieses Amt antritt. In einer Zeit, wo selbst die mächtigen Frankenkönige des Lesens und Schreibens nicht mächtig waren, fand unter der hochgebildeten Schicht von Muslimen, die Gelehrsamkeit und Kriegertum zu vereinen wußte, ein erbitterter philosophischer Disput statt. Dabei ging es in erster Linie nicht um den Machtanspruch an sich, sondern um die Fragestellung, wie der Mensch den Anforderungen der Offenbarung Mohammeds gerecht wird. Der Vorgänger des

Abb. 170 Die heidnischen Relikte der Römer (Kapitol) vor dem Hintergrund der heiligen Stadt Moulay Idriss, die das Grabmal des Heiligen beherbergt, der von Volubilis ausgehend das erste muslimische Königreich in Marokko gründete.

Kalifen Ali, der Kalif Otman, ein enger Weggefährte und Vertrauter Mohammeds, hatte den Koran in Schriftform unredigiert aus den Aufzeichnungen des Propheten, zum Teil auch aus direkter mündlicher Überlieferung Mohammeds, was die Reihenfolge der 114 Suren anbelangt, herausgegeben.

Als Moulay Idriss in Volubilis ankommt, erwartet ihn niemand. Die Legende berichtet, daß er über Ägypten gekommen ist. Er hatte keine Gefolgschaft außer einem Diener. Seine Verwandten, die Abbasiden – von Bagdad ausgehend gründen sie das riesige, nach Ablösung der Omajaden entstehende Kalifat – haben ihn für vogelfrei erklärt. Einen Bruder von Moulay Idriss, der sich bis in den äußersten Nordosten der damaligen muslimischen Welt geflüchtet hat, lassen sie im Kerker verhungern. Die Berber vom Stamm der Auraba hielten wenig von arabischen Aristokraten. Der Partei Alis, in die Moulay Idriss gewissermaßen hineingeboren wurde, standen sie genauso feindlich gegenüber. Obwohl als semitische Völkerschaften den Arabern verwandt, wollten sie sich zu diesem Zeitpunkt keinesfalls von den Arabern beherrschen lassen. Indessen, der Übergang vom mittellosen Flüchtling zum unumschränkten Anführer und König über tausende von Kriegern, riesige Ländereien, ganze Stämme und Völkerschaften gelang Moulay Idriss scheinbar mühelos. Aber was für eine innere Kraft muß dieser Mensch ausgestrahlt haben, daß sich ihm die wilden Berberkrieger ohne zu zögern unterwarfen. Moulay Idriss weist den ihn umgebenden Muslimen einen neuen Weg. Weder die Partei Alis, noch die Harigiten, nicht mehr die Zwistigkeiten arabischer Aristokraten oder der überhöhte Muslimbegriff der Harigiten spielen noch eine Rolle, sondern das Brauchtum, das alle Muslime verbindet, um Allah zu dienen. Mit dieser von Moulay Idriss initiierten Ausrichtung des Islam wurde es möglich, daß alle Stämme und Völkerschaften in Marokko unter dem Dach des Islam eine Heimat fanden.

Marokko als nationales Gebilde entsteht etwa im gleichen Zeitraum wie die Staaten Frankreich und Deutschland. Das Großreich Karls des Großen wird aufgeteilt unter seinen Söhnen: 843 im Vertrag von Verdun bekommt Karl II. Gebietsanteile im Westen, «Ludwig der Deutsche» erhält das Gebiet im Osten des fränkischen Reiches. Beschleunigt wird das Auseinanderdriften durch die Sprachteilung der Franken. Durch die zentrale Führung Frankreichs über die Metropole Paris bildet sich unter Einbeziehung keltischer, germanischer und lateinischer Elemente das Französische als Sprache. In Deutschland braucht man durch die dezentrale Führung der römischen Kaiser und deutschen Könige länger, um aus den Dialekten verschiedener germanischer Stämme eine deutsche Hochsprache zu entwickeln.

Voraussetzung für die Bildung christlicher Nationalstaaten war aber das Aufhalten der islamischen Expansion, die über den *Maghreb* (= der Westen der muslimischen Welt) kommend große Teile des westgotischen Reiches auf dem Boden der ehemaligen römischen Provinz Hispania eroberte. Arabisch-marokkanische Eroberungsheere stoßen bis über die Pyrenäen in die fränkische Interessenzone vor, werden aber durch die Franken (Schlacht bei Tour und Poitier 732) gestoppt und zurückgeworfen.

Die Entwicklung im 9. Jh. in Marokko unter den Nachfolgern von Moulay Idriss, den Idrissiden, vollzieht sich unter anderen Voraussetzungen. Unter den *Muslim* (= die Gläubigen) besteht kein Zweifel, welcher Herkunft sie auch sein mögen, daß das Arabische die religiöse Sprache aller Gläubigen ist, hat sich doch Allah in dieser Sprache gegenüber dem Propheten Mohammed offenbart. Der *Koran* (= das Wort Allahs) ist bei Allah hinterlegt. Arabisch ist religiöses Ausdrucksmittel aller Muslime.

Anders verhält es sich in Europa. Wohl hatte die zentrale Gewalt Roms einen starken Einfluß auf die Ausweitung des Christentums genommen, selbst eine entlegene Stadt wie Volubilis, auch für Rom im äußersten Westen, wurde christlich. Das Latein der Römer als Sprache der Christenheit konnte sich aber nicht in der Form durchsetzen wie das Arabische in der muslimischen Welt. Welcher Sprache ist auch das Neue Testament? Aramäisch, Griechisch oder Lateinisch? Auch finden die nach christlichem Verständnis heidnischen römischen Gottkaiser keine Fortsetzung als Führungsinstanz der Christenheit, vielmehr spaltet das Christentum die zentrale Macht in geistiges Oberhaupt (Papst) und weltlichen Führer (Kaiser). Daraus leitet sich die europäische Gewaltenteilung zwischen Kirche und Staat ab.

In Marokko wird die Behandlung dieser zentralen Position zum Auslöser für die Bildung des marokkanischen Nationalstaates.

Nun mag es so gewesen sein, daß Moulay Idriss durch die bröckelnde Pracht des alten Volubilis ritt, er am Ehrenbogen des Caracalla vorbeikam und dann mag er es wohl auch als Zumutung begriffen haben, daß ihm, einem Muslim, diese blasphemische Verehrungsform so monumental aufgedrängt wurde. Der heidnische Charakter von Volubilis mag ihn auch bewegt haben, seinen Wohnsitz nicht in das Zentrum der alten Stadt zu legen, sondern nach Westen an den Rand von Volubilis. Dort fand man Überreste von muslimischen Gebäuden, z. B. eines arabischen *Hamam* (= Badehaus, Therme) in noch recht beeindruckendem Zustand aus der Zeit von Moulay Idriss oder kurz danach.

Eines stand für Moulay Idriss, einen erblichen Nachkommen des Propheten, wohl außer Frage, daß geistige und weltliche Macht eine Einheit bilden. Die Grundlage seiner Identifikation als Herrscher oder König im *Maghreb* (Marokko) der Gemeinschaft (*Umma*) der Gläubigen (*Muslim*) ist die Umsetzung von Allahs Wort (*Koran*). Er ist der weltliche Wahrer von Allahs Befehlen. Er steht der Gemeinschaft der Gläubigen als geistiges und weltliches Oberhaupt vor. Dafür wurde er von Allah eingesetzt. Er hat darüber zu wachen, daß sich die Gemeinschaft der Gläubigen nach den Gesetzen Allahs (*Scharia*) entwickelt, daß der wahre Glaube in den Geschlechtern der Menschen weiterentwickelt wird (*Schiad*).

Seine Nachfolger, die Idrissiden, wurden um 1060 von den Almoraviden abgelöst. Es folgten die Almohaden, Meriniden, Ouattasiden, Saaditen bis zu den heutigen Alaouiten. Bis in die Jetztzeit hatte Marokko eine sehr wechselvolle Geschichte. Ohne eine ständige Metropole wurde Marokko von verschiedenen Städten aus regiert. Schon die Nachfolger von Moulay Idriss verlegten die Hauptstadt von Volubilis nach Fés. Aber auch Städte wie Marrakesch, Meknès bis zum heutigen Rabat waren Hauptstädte von Marokko.

Die Person des Königs bestimmt bis auf den heutigen Tag sehr stark die Politik des Landes. War er schwach, lag das Land danieder. War er stark, entwickelte sich das Land positiv. Das ist bis auf den heutigen Tag so geblieben. An afrikanischen Zuständen gemessen ist Marokko ein wirtschaftlich und politisch stabiler, moderner Staat. Da Marokko im Gegensatz zu vielen anderen afrikanischen Ländern eine alte und historisch gewachsene Nation ist, besteht auch eine starke und einheitliche Identifikation der Marokkaner mit ihrem Land. Im König sieht die Masse des Volkes noch immer den legitimen Vertreter geistiger und weltlicher Macht. Der König ist gewissermaßen ein Garant für das Bestehende – ein Bewahrender. Gleichzeitig und in Kontinuität

Abb. 171 Abendstimmung über den Ruinen von Volubilis.

171

mit der Geschichte Marokkos ist er aber auch der Vorantreibende, auf die Zukunft Gerichtete.

Moulay Idriss ist nach dem Verständnis der Marokkaner der erste König in Marokko. Vorher gab es die Territorien sich bekämpfender Berberstämme. Es gab phönizisch-karthagische Niederlassungen vornehmlich an der Küste des Landes. Es gab Rom und seine Provinz Mauretania Tingitana. Die Städte dieser Provinz lagen wie einsame Inseln im Meer des sie umgebenden ungezügelten «Barbarenlandes». Selbst Moulay Idriss hat es an die Gestade von Volubilis gezogen.

Anhang

ABKÜRZUNGEN

Abkürzungen und Zitierweise entsprechen weitgehend den Richtlinien des Deutschen Archäologischen Instituts (Archäologischer Anzeiger). Außerdem wurden folgende Abkürzungen verwendet:

BA	= BCTH
BAC	= BCTH
BAM	*Bulletin d'Archéologie Marocaine*
BCTH	*Bulletin Archéologique du Comitée des Traveaux Historiques et Scientifiques*
BSAF	*Bulletin de la Societé Nationale des Antiquaires de France*
BSNAF	= BSAF
CRAI	*Comptes rendus de séances de l'année*
Février	*IAM pun. et néopun.*
ILM	L. Chatelain, *Inscriptions latines du Maroc* (1942)
IAM	J. Gascou (Hrsg.), *Inscriptions antiques du Maroc*, I: *Inscriptions libyques* (L. Galand), *puniques et néopuniques* (J. Février), *hébraiques* (G. Vajda), II: *Inscriptions latines* (M. Euzennat / J. Marion).
MEFR	*Mélanges d'Archéologie et d'Histoire de l'École Française de Rome*
MEFRA	*Mélanges de l'Ecole Francaise de Rome. Antiquité*
PSAM	*Publication du Service des Antiquités du Maroc*
RA	*Révue Archéologique*
REA	*Révue des études anciennes*

LITERATUR

Allgemeine Literatur zu Volubilis

Carcopino, J., *Le Maroc antique* (1943) 167–199.
Chatelain, L., *Le Maroc des Romains* (1944) 139–315.
Luquet, A., *Guide de Volubilis* (1972).
Ponsich, M., *Volubilis in Marokko*, Antike Welt 1/2 (1970) 3–21.
Thouvenot, R., *Volubilis* (1949).

Reiseberichte des 18. und 19. Jhs.

De La Faye, J. B., *Several Voyages to Barbary*. Illustriert von H. Boyde ²(1736) Abb. S. 141.
De La Martinière, H., *Journeys in the Kingdom of Fez and to the Court of Mulai Hassan* (1889) 186–191.
Lenz, O., *Timbuktu* II (1884) 203.
Tissot, M., *Recherches sur la géographie comparée de la Mauretanie Tingitane* II (1877) 147–156.
Trotter, Ph. D., *Our mission to the Court of Marocco in 1880* (1881) 247–252.
Von Augustin, F., *Erinnerungen aus Marokko* (1838) 68f. Abb. Nr. 13, 14.
Windus, J., *Reise nach Mequineß* (1725) 47–49 Taf. 3.

Volubilis in punisch-mauretanischer Zeit

Akerraz, A. / Lenoir, E., *Volubilis et son territoire au Ier siècle de notre ère*, Actes du colloque sur l'Afrique dans l'Occident Romain, Ier s. av. J.Chr. – IVème s. ap. J.Chr. (Rom 1987) 1990, 213–219.
Behel, M., *Fortifications préromaines au Maroc. Lixus et Volubilis*, in: *Lixus* (1992) 239–247.
Behel, M., *Un temple punique à Volubilis*, BCTH NS. fasc. 24 (1997) 25–51.
Boube, J., *Un chapiteau ionique de l'époque de Juba II. à Volubilis*, BAM 6 (1966) 109–114.
Bouzidi, R., *Nouvelle maison Romain à Volubilis*, L'Africa Romana (1998) – im Druck befindlich.
Camps, G., *A propos d'une inscription punique*, BAM 4 (1960) 423–426.
Carcopino, J., *Volubilis, capitale de Juba*, BSAF (1933) 146.
Carcopino, J., *Volubilis, résidence de Juba et des gouverneurs Romain*, Hésperis 17 (1935) 1–24.
Euzennat, M., *Le temple C de Volubilis et les origine de la cité*, BAM 2 (1957) 41–64.
Ghazi-Ben Maissa, H., *Volubilis et le problem de «regia Jubae»*, L'Africa Romana 10 (1992) Bd.1 243–261.
Jodin, A., *La tradition héllenistique dans l'urbanisme de Volubilis*, BAM 6 (1966) 511–516.
Jodin, A., *L'enceinte héllenistique de Volubilis*, BCTH NS.1/2 (1968) 199–229.
Jodin, A., *Un brûle-parfums punique à Volubilis*, BAM 6 (1966) 499–504.
Jodin, A., *Volubilis regia Jubae* (1987).
Jodin, A. / Etienne, R., *Volubilis avant les Romains*, Archéologia (1977) 6–19.
Luquet, A., *Un mausolée préromains*, BAM 5 (1964) 331–338.
Majdoub, M., *Nouvelles données sur la datation du temple C à Volubilis*, L'Africa Romana (1994) 301–312.
Morestin, M., *Le temple B de Volubilis* (1980).
Ponsich, M., *Le temple dit à Saturne à Volubilis*, BAM 10 (1976) 131–144.

Forum

Chatelain, L., *Les fouilles de Volubilis*, BCTH (1916) 73–75.
Chatelain, L., *BCTH* (1919) S. CLXXXII f.
Christol, M., *Les homages publics de Volubilis*, L'Africa Romana (Sassari 1958) 1986, 83–96.
Euzennat, M., *L'archéologie marocaine de 1955 à 1957*, BAM 2 (1957) 207 f.
Euzennat, M., *L'archéologie marocaine de 1958 à 1960*, BAM 4 (1960) 557.
Euzennat, M. / G. Hallier, *Les forums de Tingitane*, Ant. Afr. 22 (1986) 73–103.
Khatib, N., *L'archéologie marocaine de 1961 à 1964*, BAM 5 (1964) 362.
Lenoir, M. / Akerraz, A. / Lenoir, E., *Le forum de Volubilis*, in: *Los foros romanos de las provincias occidentales* (KB Valencia 1986) Madrid 1987, 203–219.

Basilika

Luquet, A., *La basilique judicaire de Volubilis*, BAM 7 (1967) 407–445.

Kapitol

Brouquier, V. / Rebuffat, R., *Temple de Venus à Volubilis*, BAM 18 (1998) 12–140.
Luquet, A., *Restauration du capitole*, BAM 5 (1964) 351–356.
Thouvenot, R., *L'area et les thermes du capitole de Volubilis*, BAM 8 (1968/72) 179–195.

Öffentliche Thermen

Akerraz, A., *Les thermes du capitole*, BAM 16 (1985–86) 101–112.
Thouvenot, R., *L'area et les thermes du capitole*, BAM 8 (1968–72) 179–195.
Thouvenot, R., *Les thermes dit de Gallien á Volubilis*, PSAM 1 (1935) 11–31.
Thouvenot, R., *Les thermes du Nord*, PSAM 7 (1945) 156–165.
Zehnacker, H. / Hallier, G., *Les premiers thermes de Volubilis et la maison à la citerne*, MEFR 76 (1964) 343–418 und MEFR 77 (1965) 87–152.

Caracallabogen

Chatelain, L., *Les fouilles de Volubilis*, BCTH (1916) 70–72.
Chatelain, L., *Rapport sommaire sur les fouilles de Volubilis*, BCTH (1920) LXVI–LXIX.
Chatelain, L., *Journal de Savants* (1916) 36 f.
Domergue, C., *L'arc de triomphe de Caracalla*, BCTH (1963/64) 201–229.
Domergue, C., *La représentation des saisons sur l'arc de Caracalla à Volubilis*, in: *Mélanges André Piganiol* (1966) 463–472.
Euzennat, M., *Deux voyageurs anglais à Volubilis*, Hespéris (1956) 325–334.

Inschrift

Chatelain, L., BSAF (1915) 261–269.
Chatelain, L., PSAM 3 (1937) 11–21.
Piganiol, A., RA 1 (1924) 114–116.

Privathäuser des Südviertels und des Viertels am Caracallabogen

Thouvenot, R., *La maison d'Orphée á Volubilis*, PSAM 6 (1941) 42–67.
Thouvenot, R., *La maison au chien*, PSAM 7 (1945) 105–113.
Thouvenot, R., *La maison à l'ephèbe*, PSAM 7 (1945) 114–131.
Thouvenot, R., *La maison aux colonnes*, PSAM 7 (1945) 132–145.
Thouvenot, R., *La maison au cavalier*, PSAM 7 (1945) 146–155.
Thouvenot, R., *La maison voisine de la boulangerie*, BAM 10 (1976) 161–170.

Nordostviertel

Akerraz, A. / Lenoir, M., *Nouvelles observations sur l'urbanisme du quartier nord-est*, L'Africa Romana (1986) 445–460.
Etienne, R., *Maisons et hydraulique dans le quartier nord-est à Volubilis*, PSAM 10 (1954) 25–211.
Etienne, R., *Le quartier nord-est de Volubilis* (1960).
Makdoun, M., *Encore sur la chronologie du quartier nord-est de Volubilis*, L'Africa Romana (1994) 263–281.
Picard, G.-Ch., *Le quartier nord-est de Volubilis et l'architecture domestique dans l'Afrique romain*, RA 19 (1963) I, 89–94.
Thouvenot, R., *La maison aux gros pilastres*, BAC (1946) 12–14.
Thouvenot, R., *La maison à la crypte*, BAC (1947) 5–7.
Thouvenot, R., *Le quartier nord-est. La rive droite de decumanus maximus*, PSAM 8 (1948) 49–122.
Thouvenot, R., *Maisons de Volubilis. Le palais dit de Gordien et la maison à la mosaïque de Venus* (1958).
Thouvenot, R., *La maison à la discipline à Volubilis*, BAM 9 (1973–75) 329–345.
Thouvenot, R., *Maisons de Volubilis*, PSAM 12 (1958) 49–86.

Mosaike

CHATELAIN, L., *Le Maroc des Romains* (1944) 139–315.
ETIENNE, R., *Dionysos et les quatres saisons*, MEFR LXIII (1951) 93–118.
LIMANE, H./REBUFFAT, R./DROCOURT, D., *Volubilis. De mosaique à mosaique* (1998).
QRUNBA, Z., *La composition de la mosaique d'Orphée de Volubilis*, BAM 18 (1998) 181–202.
THOUVENOT, R., *La mosaique du «navigium Veneris» à Volubilis*, RA (1977) 37–52.

Bronzeplastik

BOUBE-PICCOT, Ch., *Note sur l'existence d'ateliers de Bronziers à Volubilis*, BAM 5 (1964) 195–200.
BOUBE-PICCOT, Ch., *Techniques de fabrication des bustes de bronze de Juba II. et de Cato d'Utique*, BAM 7 (1967) 468–475.
CHATELAIN, L., *L'éphebe versant à boire*, in: Monuments Piot 33 (1935) 107–118.
CHATELAIN, L., *Le cheval de bronze*, in: Monuments Piot 36 (1938) 59–66.
ETIENNE, R., *Nouvelles bronzes volubilitains*, RA XLI (1953) 148–162.
H. A., *Volubilis regia Jubae* (1987) 279–284.
MICHON, E., *L'éphebe couronée*, in: Monuments Piot 33 (1933) 119–134.
SOUVILLE, G., *Tête d'Hercule en bronze*, BAM 2 (1957) 186–187.
THOUVENOT, R., *Maisons de Volubilis* (1958) 78–85.
THOUVENOT, R., *Bronzes gréco-romains trouvée à Volubilis*, in: Monuments Piot 43 (1948) 71–79.

Bäckereien und Ölmühlen

AKERRAZ, A./LENOIR, M., *Les huileries de Volubilis*, BAM 14 (1981–82) 69–120.
AKERRAZ, A., *Y-a-t-il des huileries préromain à Volubilis*, Nouvelles Archéologiques 2 (1998) 7.
AKERRAZ, A./LENOIR, M., *Nouvelles observations sur l'urbanisme du quartier nord-est de Volubilis*, L'Africa Romana 4 (1987) (Sassari 1986) 459 f.
BEHEL, M., *Note sur une huilerie du quartier est de Volubilis*, L'Africa Romana 11 (1996) (Ozieri 1994) 607–610.
ETIENNE, R., *Le quartier nord-est de Volubilis* (1960) 156–163.
JODIN, A., *Volubilis regia Jubae* (1987) 245–250.
LENOIR, M., *Aspects de la transmission du savoir téchnique. Les huileries de Volubilis*, L'Africa Romana 11 (Ozieri 1994) 597–605.
LUQUET, A., *Blé et meunerie à Volubilis*, BAM 6 (1966) 301–316.
OUAHIDI, A., *Nouvelles recherches archéologiques sur les huileries de Volubilis*, L'Africa Romana 10 (1994) (Sassari 1992) 289–299.
SOUNNI, A., *Etude méchanique d'un pressoir de Volubilis*, BAM 14 (1982) 121–131.

Volubilis in nachrömischer Zeit

AKERRAZ, A., *Note sur l'enceinte tardive de Volubilis*, BCTH NS. 19B (1985) 429–436.
BERTHIER, P., *Essai sur l'histoire du massif de Moulay Idris* (1938).
BOUBE-PICCOT, Ch., *Bronzes coptes du Maroc*, BAM 4 (1966) 329–347.
CARCOPINO, J., *La fin du Maroc Romain*, MEFR 57 (1940) 349–448.
COLIN, G. S., *Monnaies de la période Idrissides trouvées à Volubilis*, Hespéris 22, fasc. II (1936) 113–126.
DE VILLEFOSSE, H., *Un encensoir en bronze découvert à Volubilis*, BSNAF (1891) 149.
ELKHAYARI, A., *Les thermes extra-muros à Volubilis*, L'Africa Romana (Oristano 1992) 301–312.
EUSTACHE, D., *Corpus de Dirham Idrissites et contemporains* (1971).
EUSTACHE, D., *Monnaies musulmanes trouvées dans la maison au compas*, BAM 6 (1966) 349.
LENOIR, E., *Volubilis, de Baquates aux Rabedis*, BAM 15 (1983) 299–309.
LENOIR, E., *Volubilis du bas empire à l'époque islamique*, BCTH, NS. 19B (1985) 425–428.
LIMANE, H./CHERGUI, A./ICHKHAKH, A., *Une tombe islamique au quartier sud de Volubilis*, Nouvelles Archéologiques et Patrimoniales 1 (1997) 8.
LUQUET, A., *Note sur la destruction définitive de Volubilis*, Bulletin de la Société d'histoire du Maroc 3 (1970–71) 31–33.
THOUVENOT, R., *Les origines chrétienne en Mauretanie Tingitane*, REA 71 (1967) 371 f.

Verschiedenes

CHATELAIN, L., *Inscription relative à la révolte d'Ademon*, CRAI (1915) 394–399.
CUQ, E., *L'inscription de M. Valerius Severus à Volubilis*, CRAI (1916) 261 f.
ETIENNE, R., *Les carriéres de calcaire dans la région de Volubilis*, BCTH (1950) 23–32.
EUZENNAT, M., *Le limes de Volubilis. Studien zu den Militärgrenzen Roms. Vorträge des 6. Internationalen Limeskongresses, Köln, Graz* (1967).
EUZENNAT, M., *Le limes de Tingitane* (1989).
FERAY, G./PASKOFF, R., *Recherches sur les carrières romaines des environs de Volubilis*, BAM 6 (1966) 279–300.
FRÉZOULS, E., *Une synagoge juive attestée à Volubilis*, Acta Intern. Congr. Epigraphy 5 (1967) 287–292.
GASCOU, J., *La succession des bona vacantia et les tribus romaines de Volubilis*, Ant. Afr. 12 (1978) 109–124.
LENOIR, M., *Inscriptions nouvelles de Volubilis*, BAM 16 (1985/86) 191–232.
LUQUET, A., *Contribution à l'Atlas archéologique du Maroc: région de Volubilis*, BAM 5 (1964) 291–300.
LIMANE, H./REBUFFAT, R., *Les confins sud de la présence Romaine en Tingitane dans la région de Volubilis*, Histoire et Archéologie de l'Afrique du Nord (Avignon 1990) 1992, 460–478.
MARION, J., *La population de Volubilis à l'époque romaine*, BAM 4 (1960) 133–187.
O'FARRELL, J., *Note sur les chapiteaux de Volubilis*, PSAM 6 (1941) 99–111.
PASKOFF, R., *Note sur une site romaine des environs de Volubilis*, BAM 6 (1966) 523–530.
PONSICH, M., *Volubilis. Dégagement d'un columbarium et d 'un tombe*, BAM 5 (1964) 343–349.
PONSICH, M., *Cippe funéraire à Volubilis*, BAM 6 (1966) 469–472.
REBUFFAT, R., *Le développement urbain de Volubilis au II. s. de notre ère*, BA NS. 1/2 1965/66, 231–240.
SIRAJ, A., *L'image de la Tingitane. L'historiographie Arabe Médiévale et l'antiquité Nord-Africaine* (1995).
THOUVENOT, R., *Une porte de l'enceinte romain de Volubilis*, BAM 7 (1967) 607–616.

ANMERKUNGEN

[1] J. WINDUS, *Reise nach Mequineß* (1725) 47–49 Tab. 3.
[2] J. B. DE LA FAYE, *Several Voyages to Barbary. Illustr. von H. Boyde* ²(1736) Abb. S. 141.
[3] M. EUZENNAT, *Deux voyageur anglais à Volubilis*, Hespéris (1956) 325.
[4] F. FREIHERR VON AUGUSTIN, *Erinnerungen aus Marokko* (1838) Abb. 13, 14.
[5] M. TISSOT, *Recherches sur la géographie comparée de la Mauritanie Tingitane* II (1877) 147–156.
[6] S. Bibliographie in diesem Anhang.
[7] PH. D. TROTTER, *Our mission to the Court of Marocco in 1880* (1881) 247–252.
[8] Insbesondere: A. JODIN, *Volubilis regia Jubae* (1987).
[9] JODIN a. O. 33–57; DERS./R. ETIENNE, *Volubilis avant les Romains*, Archéologia (1977) 12 f.
[10] A. LUQUET, *Un mausolée préromain*, BAM 5 (1964) 331–338.
[11] G. u. C. CHARLES-PICARD, *So lebten die Karthager* (1959) 51. Zur Konstruktion und zum Aussehen punischer Häuser vgl. auch F. RAKOB, *Karthago* I (1991) 238 ff.
[12] Zur Konstruktionstechnik vgl. JODIN/ETIENNE a. O. 13 ff.
[13] A. JODIN, *Volubilis regia Jubae* (1987) 163 ff.
[14] JODIN a. O. 167.
[15] H. MORESTIN, *Le Temple B de Volubilis* (1980).
[16] JODIN a. O. 168 ff.
[17] Die letzten Informationen verdanke ich R. Bouzidi, Konservation von Volubilis.
[18] Die Informationen sind der am Forum aufgestellten Inschrift des M. V. Severus zu entnehmen, IAM lat. 448.
[19] Vgl. A. GUTSFELD, *Römische Herrschaft und einheimischer Widerstand in Nordafrika* (1989) 10 f, 42–123.
[20] M. RACHET, *Rome et les Berbères* (1970) 183 f.
[21] IAM lat. 376.
[22] IAM lat. 348–350, 357–361, 384, 402.
[23] Zu den einzelnen Inschriften W. KUHOFF, *Die Beziehungen des römischen Reiches zum Volksstamm der Baquaten in Mauretanien*, Arctos 27 (1993) 55–71. Die gleiche Interpretation vertreten auch A. GUTSFELD a. O. 145 ff.; E. FRÉZOULS, *Les Baquates et la province Romaine de Tingitane*, BAM 2 (1957) 65–116; M. BÉNABOU, *La résistance africaine à la Romanisation* (1976) 212–214. Dagegen interpretieren die Zusammenkünfte als Friedensgespräche zur Beendigung militärischer Konflikte: M. SIGMAN, *The role of the indigenous tribes in the Roman occupation of Mauretania Tingitana* (1976) 153–166; R. THOUVENOT, *Rome et les barbares africains*, PSAM 7 (1945) 166–183.
[24] Weitere mögliche Gründe für den Bau der Stadtmauer s. M. EUZENNAT, *Le Limes de Tingitane* (1989) 232 ff.
[25] H. LIMANE/R. REBUFFAT, *Les confins sud de la présence Romaine en Tingitane dans la région de Volubilis*, in: *Histoire et Archéologie de l'Afrique du Nord 1992* (1990) 459–477.
[26] Vgl. M. EUZENNAT, *Le limes de Tingitane* (1989) 98 ff.; s. a. Rezension von J. EINGARTNER, Gnomon 64 (1992) 542.
[27] EUZENNAT a. O. 241 ff.
[28] IAM lat. 816. 817. Vgl. R. REBUFFAT, Africa Romana 4, 1987 (Sassari 1986) 76.
[29] EUZENNAT a. O. 255 ff.
[30] REBUFFAT, a. O. 38.
[31] Im Einzelnen nachzulesen bei: J. MARION, *La population de Volubilis à l'époque romaine*, BAM 4 (1960) 131–187; M. CHRISTOL, *Les hommages publiques de Volubilis. Epigraphie et vie municipale*, L'Africa Romana 3 (1985) 83–96.
[32] IAM pun. et neopun. 1, 2, 3, 4.
[33] IAM hebr. 3, 4, 5.
[34] MARION a. O. 179.
[35] IAM lat. 367.
[36] IAM lat. 484.
[37] IAM lat. 439, 440.
[38] IAM lat. 377.
[39] MARION a. O. 181.
[40] R. THOUVENOT, *Volubilis* (1949) 29.
[41] M. EUZENNAT, *L'archéologie marocaine en 1955–57*, BAM 2 (1957) 208.
[42] M. LENOIR / A. AKERRAZ / E. LENOIR, *Le forum de Volubilis*, in: *Los foros romanos de las provincias occidentales* (1987) (KB Valencia 1986) 212.
[43] LENOIR / AKERRAZ / LENOIR a. O. 212 f. Hier auch nähere Beschreibung des Gebäudes und seiner verschiedenen Bauphasen.
[44] LENOIR / AKERRAZ / LENOIR a. O. 205 f. Dagegen für eine Lokalisierung der alten Forums im «Nordwestbezirk»: M. EUZENNAT / G. HALLIER, *Les forum de Tingitane*, Ant. Afr. 22 (1986) 73–103.
[45] R. MARTIN, *Agora et Forum*, MEFRA 84 (1972) 903–933.
[46] PICARD, *Civitas Mactarina*.
[47] IAM lat. 376, 378, 379, 388a.
[48] IAM lat. 439, 440, 448.
[49] IAM lat. 407 und 410.
[50] Elagabal (IAM lat. 396), Julia Sohaemias (IAM lat. 398), Annia Faustina (IAM lat. 400) und Severus Alexander (IAM lat. 399 und 401).

[51] M. Euzennat, *Inscriptions nouvelles du Maroc*, BAM 2 (1957) 236.
[52] A. Luquet, *La basilique judicaire de Volubilis*, BAM 7 (1967) 407–445.
[53] Z. B. J. B. Ward-Perkins, *The severan buildings of Leptis Magna* (1993) Fig. 30.
[54] Vgl. Luquet a. O. 240 f.
[55] R. Thouvenot, *L'area et les thermes du Capitole de Volubilis*, BAM 8 (1968/72) 179–195.
[56] ILM 45.
[57] V. Brouquier / R. Rebuffat, *Temple de Venus à Volubilis*, BAM 18 (1998) 127–140.
[58] ILM 48.
[59] IAM lat. 347.
[60] A. Luquet, *Restauration du Capitole*, BAM 5 (1964) 351–356.
[61] H. Zehnacker / G. Hallier, *Les premiers thermes de Volubilis et la maison à la citerne*, MEFR 76 (1964) 343–418 und MEFR 77 (1965) 87–152.
[62] L. Chatelain, *Bulletin archéologique du Comité* (1927) 169.
[63] Vgl. R. Thouvenot, *Les thermes dit de Gallien à Volubilis*, PSAM 1 (1935) 11–31.
[64] Publiziert von A. Akerraz, *Les thermes du Capitole*, BAM 16 (1985/86) 101–112. Hier auch Grundrisse der verschiedenen Bauphasen. S. a. R. Thouvenot, *L'area et les thermes du capitole*, BAM 8 (1968–72) 179–195.
[65] Akerraz a. O. 107. 110 sieht in Raum 7 allerdings ein trockenes Schwitzbad.
[66] R. Thouvenot, *Les thermes du Nord*, PSAM 7 (1945) 156–165; E. Lenoir, *Les thermes du Nord*. Thèse du doctorat, Paris-Sorbonne (1986).
[67] Z. B. die großen Nordthermen in Timgad: A. Ballu, *Les ruines de Timgad* (1903) Pl. IX.
[68] Kritik an der Rekonstruktion s. M. Euzennat, *Deux voyageurs anglais à Volubilis*, Hespéris (1956) 325–334; C. Domergue, *L'arc de triomphe de Caracalla*, BCTH (1963/64) 201–229. Weitere Literatur s. Bibliographie.
[69] Vgl. z. B. die Viktorien in den Zwickeln des Titusbogens in Rom: M. Pfanner, *Der Titusbogen* (1983) Taf. 71 f.
[70] Vgl. R. Bartoccini, *Africa Italiana* 4 (1931) Taf. 21.
[71] Vgl. K. Scheffold, *Vergessenes Pompeji* (1962) Taf. 136.
[72] Vgl. D. Krencker / E. Krüger, *Die Trierer Kaiserthermen* (1929) Abb. 484a.
[73] R. Amy u. a., *L'Arc d'Orange* II (1962) Taf. 62.
[74] Vgl. E. Nash, *Bildlexikon zur Topographie des antiken Rom* (1961) Taf. 62.
[75] C. Domergue, *La représentation des saisons sur l'arc de Caracalla à Volubilis*, in: *Mélanges André Piganiol* (1966) Abb. S. 467.
[76] Als Jahreszeitendarstellungen zuerst interpretiert von Domergue a. O. 466 ff.
[77] Vgl. R. Brilliant, *The arch of Septimius Severus* (1967) Taf. 22, 35.
[78] Windus (1725) 48 f.
[79] C. Domergue, *L'arc de triomphe de Caracalla*, BCTH (1963/64) 204 und Taf. 12.
[80] R. Thouvenot, *La maison d'Orphée à Volubilis*, PSAM 6 (1941) 42–66.
[81] Zur vorrömischen Phase der insula vgl. A. Jodin, *Volubilis regia Jubae* (1987) 149 f.
[82] Publiziert von R. Thouvenot, PSAM 7 (1945) 105–155.
[83] Publiziert u. a. von R. Etienne, *Le quartier nord-est de Volubilis* (1960). Außer den 23 von Etienne untersuchten Häusern: Haus der Disziplin, östlich des Gordianuspalastes, s. R. Thouvenot, BAM 9 (1973–75) 329–345; Haus der Zisterne, nördlich des decumanus Nord I, s. H. Zehnacker, MEFR 76 (1964) 343–418 und MEFR 77 (1965) 87–152. Weitere Literatur s. Bibliographie.
[84] CIL VIII 21605.
[85] A. Boethius, *Appunti sul carattere razionale e sull'importanza dell'architettura domestica di Roma imperiale*, in: *Scritti in onore di B. Nogara* (1937) 21–32.
[86] A. Maiuri, *Pompeji* (1945) 15, 17 Fig. 1.
[87] Für Olynth vgl. z. B. D. M. Robinson, *Excavations at Olynthus* XII (1946) Taf. 120, Haus B vi 8.
[88] M. Blanchard-Lenée, *Maisons à mosaiques du quartier central de Djemila* (1975) Fig. 4, 43.
[89] C. Poinssot, *Les ruines de Dougga* (1958) 19.
[90] A. Luquet, PSAM 9 (1951) Plan V.
[91] D. M. Robinson / J. W. Graham, *Excavations of Olynthus* VIII (1938) 141–151.
[92] R. Thouvenot, *Maisons de Volubilis. Le palais dit de Gordien et la maison à la mosaique de Venus* (1958) 49–86; R. Etienne, *Le quartier nord-est de Volubilis* (1960) 77 ff.
[93] R. Thouvenot, PSAM 8 (1946) 114–117; Etienne a. O. 65 f.
[94] M. Blanchard-Lenée, *Maisons à mosaiques du quartier central de Djémila* (1975).
[95] A. Luquet, *Blé et meunerie à Volubilis*, BAM 6 (1966) 302 f.
[96] H. Schneider, *Einführung in die antike Technikgeschichte* (1992) 57.
[97] Genauer nachzulesen bei Luquet a. O. 303.
[98] R. Etienne, *Le quartier nord-est* (1960) 162.
[99] Vgl. hierzu: F. De Martino, *Wirtschaftsgeschichte des alten Rom* ²(1991) 529 f.
[100] Schneider a. O. 53.
[101] A. Akerraz / M. Lenoir, *Les huileries de Volubilis*, BAM 14 (1981–82) 70.
[102] Für eine Datierung aller erhaltenen Ölmühlen in die römische Zeit: Akerraz / Lenoir a. O.; Etienne a. O. 156 ff. Für die Datierung einiger Mühlen in die vorrömische Epoche: A. Ouahidi, *Nouvelles recherches archéologiques sur les huileries de Volubilis*, *L'Africa Romana* 10 (1994) (Sassari 1992) 289 ff. Diskussion erneut aufgenommen bei: A. Akerraz, *Y-a-t-il des huileries préromaines à Volubilis*, *Nouvelles Archéologiques et Patrimoniales* 2 (1998) 7.
[103] Daremberg / Saglio s. v. *olea* (Besnier).
[104] Akerraz a. O. 63.
[105] Etienne a. O. 157.
[106] Akerraz / Lenoir a. O. 74 Anm. 17.
[107] Zur Entwicklungsgeschichte der Olivenpressen vgl. Schneider a. O. 65 f.
[108] A. Luquet, *Blé et meunerie à Volubilis*, BAM 6 (1966) 308.
[109] R. Thouvenot, *Une colonie romaine de Maurétanie Tingitane*, *Valentia Banasa* (1941) Pl. VI Fig. 19.
[110] P. Cesar Moran / C. Gimenez Bernal, *Excavaciones en Tamuda* (1948) 19–20. Fig. 1 und 2.
[111] Eine These s. Doktorarbeit A. Akkerraz, *La Mauretanie tingitane du sud de Dioclétien aux Idrissides* (1985); s. a. E. Lenoir, *Volubilis de Baquates aux Rabedis*, BAM 15 (1983) 299–309 und Dies., *Volubilis du bas empire à l'époque islamique*, BCTH, n. s. 19B (1985) 425–428.
[112] Nur wenige Wissenschaftler interessieren sich für diese Periode. Die erste Publikation reicht in die 30er Jahre zurück: P. Berthier, *Essai sur l'histoire du massif de Moulay Idris*, Rabat (1938).
[113] Ibn Khaldoun, *Histoire des Berbères et des dynasties musulmanes de l'Afrique septentrionale*, übers. von Slane, T. 1, Alger (1851) 287.
[114] Khaldoun a. O. 290.
[115] Khaldoun a. O. 290.
[116] Ibn Abi Zarâ, *Roudh el Kartas*, übers. von A. Beaumier (1860) 13–25.
[117] In kürzester Zeit hatte Idriss I. ein großes Gebiet des *Maghreb alaqsa* unter seiner Autorität vereinigt, mit Ausnahme der Zone zwischen den Flüssen Bouregreg und Oum rabiâ, das Land der Bergouta.
[118] El Bekri, *Description de l'Afrique septentrionale*, übers. von Slane (1965) 241 f.
[119] El Bekri a. O. 295.
[120] J. Carcopino, *La fin du Maroc Romain*, MEFR 57 (1940) 349–448.
[121] A. Akerraz, *Note sur l'enceinte tardive de Volubilis*, BCTH, n. s. 19B (1985) 429–436.
[122] IAM lat. 506, 603, 608, 619.
[123] H. De Villefosse, *Un encensoir en bronze découvert à Volubilis*, BSNAF (1891) 149; R. Thouvenot, *Les origines chrétiennes en Maurétanie Tingitane*, REA 71 (1967) 371–372; Ch. Boube Piccot, *Bronzes coptes du Maroc*, BAM 4 (1966) 329–347.
[124] A. Akerraz, *La Mauretanie tingitane du sud de Dioclétien aux Idrissides* (1985).
[125] A. Oumlil, *Etude de l'architecture du quartier sud de Volubilis*, PHD (1989) 107; M. Behel, *Le versant est de la ville de Volubilis*, Doktorarbeit (1993) S. 67, Pl. VII.
[126] H. Limane / A. Chergui / A. Ichkhakh, *Une tombe islamique au quartier sud de Volubilis*, *Nouvelles archéologiques et patrimoniales* 1 (1997) 8.
[127] Hier wurden viele Inschriften gefunden, die laut der Grabungsberichte meist in jüngeren Konstruktionen wiederverwendet worden waren.
[128] H. De La Martinière, *Souvenirs du Maroc* (1912) 316.
[129] A. Elkhayari, *Les thermes extra-muros à Volubilis*, *Africa Romana* (1992) 301–312.
[130] Die Grabung, seit 1987 von A. Akerraz durchgeführt, konnte verschiedene Siedlungsschichten feststellen, deren jüngste in die islamische Epoche verweist.
[131] D. Eustache, *Monnaies musulmanes trouvées dans la maison au compas*, BAM 6 (1966) 349.
[132] G. S. Colin, *Monnaies de la période Idrisside trouvées à Volubilis*, Hespéris 22, fasc. II (1936) 113–126; D. Eustache, *Corpus des dirhams idrissites et contemporains*, Rabat (1971).

BILDNACHWEIS

Abb. 1, 125, 165, 166: Konservation Volubilis; 4, 5: J. Windus, Reise nach Mequineß (1725) Frontispiz, Tab. III.; 6: F. Freiherr von Augustin, Erinnerungen aus Marokko (1838) Abb. Nr. 14; 7, 69: Archiv Volubilis; 9: nach G. Duby, Atlas Historique (1992) 10, Karte A; 10a.b, 11a.b, 13a.b: J. Mazard, Corpus Nummorum Numidiae Mauretaniaeque (1955) Nr. 103, 107, 366. Photos DAI Berlin; 12: nach H. Kinder / W. Hilgemann, dtv-Atlas zur Weltgeschichte (251991) 94; 15: nach A. Jodin, Volubilis regia Jubae (1987) Fig. 3; 25, 53: nach BAM 18 (1998) S. 128, überarbeitet von M. Riße; 26, 27a–d: A. Jodin, Volubilis regia Jubae (1987) Fig. 20.1 (nach H. Morestin), Pl. 15. Photos DAI Berlin; 30: nach H. Limane / R. Rebuffat / D. Drocourt, Volubilis. De Mosaïque à Mosaïque (1997) 9; 37: Los foros romanos de las provincias occidentales (KB Valencia 1986) S. 207 (nach A. Lenoir / A. Akerraz / E. Lenoir); 46: Hespéris 1956, S. 332; 50: BAM 7 (1967) S. 443 (A. Luquet); 60: nach PSAM 1 (1935) S. 13 (R. Dauriac); 61: nach BAM 16 (1985–86) S. 115; 62: nach PSAM 7 (1945) S. 158; 76: nach PSAM 6 (1941) S. 67; 84, 85: nach PSAM 7 (1945) S. 134, 110; 96, 105–107, 116, 121: nach R. Etienne, Le quartier nord-est de Volubilis (1960) Bd. 2, Pl. III., IV, XVIII, XII, XVII, XIV; 122: nach Lambert: x-486-y-386, Überarbeitung: Konservation Volubilis; 146a.b: Städtische Galerie Liebighaus Frankfurt; 147–149a.b: Archäologisches Institut Mainz, Inv. Nr. 2592.6, 2592.7, 222.14, 2592.5; 157a.b: BAM 6 (1966) S. 306 (A. Luquet); 160: nach N. G. L. Hammond, Atlas of the Greek and Roman World in Antiquity (1981) Karte 21; alle übrigen Photos von S. Müller © 1998.

ADRESSEN DER AUTOREN

Rachid Bouzidi
Abdelfattah Ichkhakh
Chercheur-Archéologue et Conservateur adjoint
Conservation du Site Archéologique de Volubilis
Molay Idriss, Zerhoun
Meknès, Marokko

Prof. Dr. Detlev Kreikenbom
Institut für Klassische Archäologie
Fachbereich 15
Johannes Gutenberg-Universität Mainz
D-55099 Mainz

Hassan Limane
Chef de la Division des Musées
Direction du Patrimoine Culturel
Division des Musées
17, Rue Mechlifen
Agdal Rabat

Martina Risse M.A.
Blücherstr. 15
D-10961 Berlin

Zentraler und westlicher Mittelmeerraum in der Mitte des 2. Jh. n. Chr.

- – – – – Provinzgrenze
- – – – – Ungefähre Grenze des römischen Einflußgebiets
- ● antiker Ort
- ⊙ moderner Ort
- Rusaddir antiker Name
- *Algier* moderner Name